当代经济学系列丛书
Contemporary Economics Series
陈昕 主编

当代经济学译库

经济发展中的金融深化

[美] 爱德华·肖 著
邵伏军 许晓明 宋先平 译
卢骢 洪银兴 彭卫民 校

格致出版社
上海三联书店
上海人民出版社

主编的话

上世纪80年代，为了全面地、系统地反映当代经济学的全貌及其进程，总结与挖掘当代经济学已有的和潜在的成果，展示当代经济学新的发展方向，我们决定出版“当代经济学系列丛书”。

“当代经济学系列丛书”是大型的、高层次的、综合性的经济学术理论丛书。它包括三个子系列：(1) 当代经济学文库；(2) 当代经济学译库；(3) 当代经济学教学参考书系。本丛书在学科领域方面，不仅着眼于各传统经济学科的新成果，更注重经济学前沿学科、边缘学科和综合学科的新成就；在选题的采择上，广泛联系海内外学者，努力开掘学术功力深厚、思想新颖独到、作品水平拔尖的著作。“文库”力求达到中国经济学界当前的最高水平；“译库”翻译当代经济学的名人名著；“教学参考书系”主要出版国内外著名高等院校最新的经济学通用教材。

20多年过去了，本丛书先后出版了200多种著作，在很大程度上推动了中国经济学的现代化和国际标准化。这主要体现在两个方面：一是从研究范围、研究内容、研究方法、分析技术等方面完成了中国经济学从传统向现代的转轨；二是培养了整整一代青年经济学人，如今他们大都成长为中国第一线的经济学家，活跃在国内外的学术舞台上。

为了进一步推动中国经济学的发展，我们将继续引进翻译出版国际上经济学的最新研究成果，加强中国经济学家与世界各国经济学家之间的交流；同时，我们更鼓励中国经济学家创建自己的理论体系，在自主的理论框架内消化和吸收世界上最优秀的理论成果，并把它放到中国经济改革发展的实践中进行筛选和检验，进而寻找属于中国的又面向未来世界的经济制度和经济理论，使中国经济学真正立足于世界经济学之林。

我们渴望经济学家支持我们的追求；我们和经济学家一起瞻望中国经济学的未来。

陈昕

2014 年 1 月 1 日

序

爱德华·肖是美国著名的经济学家，他对发展中国家的经济和金融问题有较深刻的研究和独特的见解。《经济发展中的金融深化》一书比较集中和全面地反映了肖的理论观点，是金融深化理论的经典著作之一。近年来，国内的有关书籍和论文曾零碎地介绍过肖及其金融深化理论。上海三联书店这次组织翻译和出版《经济发展中的金融深化》一书，为大家提供了一个全面了解金融深化理论的机会，这对我国金融理论的发展和金融改革的深化将产生有益的影响。

我国是一个发展中国家，金融业仍不很发达，金融部门在经济发展中的作用远没有充分发挥。目前我国金融业的一些特点同肖所分析的金融浅短有许多相似之处。因此，金融深化理论对我国的经济和金融改革具有重要的参考价值，它所提出的一些政策主张也有可借鉴之处，如：把金融业的发展作为经济发展战略的核心内容之一；主张开放金融、减少行政干预，让金融业比较自由地发展，并同时进行财政、外贸体制的配套改革；反对过分依赖外资，认为必须防止外资输入带来的危害等。

我国的经济和金融体制改革已历经10年。在这期间，我们解决了不少难题，积累了大量经验，但也仍然存在许多需要进一步研究和解决的问题。改革、开放和发展要求我们在立足本国国情的基础上，学习和吸收外国的经验和长处，探索自己国家金融业发展的道路。这是我们广大理论工作者和实际工作者面临的重要任务。尽管这个任务相当艰巨，但我相信，我们一定能够完成。

刘鸿儒

1988年6月4日

译者的话

1

1973年出版的《经济发展中的金融深化》一书是一部影响深远的金融著作，以此为起点，经济发展理论和货币金融理论两股巨流终于交汇融合起来，金融发展理论中一个新的时代终于来临。《经济发展中的金融深化》一书不仅探讨了经济发展与金融业的密切关系，而且针对发展中国家特定的经济和金融环境，提出了以“金融深化”战略为核心的崭新的发展理论。该书也成为这一理论的经典著作。

该书作者爱德华·S.肖1908年生于美国，1929年在斯坦福大学获学士学位，第二年在该校获硕士学位，1936年又在该校获得博士学位。1941年后，肖担任斯坦福大学经济系教授，其间曾任经济系主任。1964年至1966年，肖在布鲁金斯学会任研究员，他还曾在财政部、联储和军队任过职。1964年至1967年，肖作为国际发展机构的一员曾在韩国工作过相当长一段时间，亲身经历了这一时期韩国的金融改革。此后，在1967年，肖还受福特基金会的派遣到乌拉圭工作，这使其对一些发展中国家的情况有较多的了解。1973年前，肖的主要著作有《金融理论中的货币》(与约翰·格利合作)等。在上述理论和背景的影响下，1973年，肖以《经济发展中的金融深化》一书轰动了经济理论界。

值得一提的是，在爱德华·肖发表《经济发展中的金融深化》的同时，斯坦福大学另一经济学教授罗纳德·麦金农也发表了著名的《经济发展中的货币与资本》一书。这两部著作共同构成了金融深化理论的基础。

2

《经济发展中的金融深化》一书之所以成为金融深化理论的经典著作，在于它从一个全新的角度对金融与经济发展的关系进行了开创性的研究。归纳起来，该书的主要内容如下：

1. 比较全面地分析了金融深化的特征、目标和作用，剖析了金融抑制的起源和背景，并揭示了金融抑制的手段和后果。书中指出：传统的经济理论忽视了金融和经济的关系这个主题，事实上，金融部门与经济发展是息息相关的，深度金融和浅度金融分别对经济起着促进或抑制的作用。一国金融业是处于金融深化还是金融抑制状态，可以通过金融资产的存量、流量，金融体系的规模、结构，金融资产的价格等来衡量。在金融深化的经济中，金融资产存量的品种范围扩大，期限种类增多，其与国民收入之比或者与有形物质财富之比逐渐上升；金融资产流量较少依赖财政收入和国际资本，而更多地依赖国内储蓄，货币流通速度也降低了；金融体系的规模扩大、机构增加、职能专业化，有组织的国内金融机构取得了优势；金融价格中的利率更准确地反映投资替代消费的机会，实际利率较高，利率间的差别趋于缩小，在外汇黑市和远期外汇市场上，本国货币的贴水下降。显然，金融抑制与上述特征正好相反，它压低国内金融资产的收益率，从而使金融资产的需求受到抑制。

推行金融深化战略将有利于本国经济的发展。金融深化的各种措施有助于增加私人及政府的储蓄和国际资本的流入，有助于使来自储蓄方面的融资代替财政、通货膨胀和国外援助的收入，也有助于在扩展和多样化的金融市场上，促使储蓄者和投资者展开竞争，优化储蓄的分配和使用，从而有助于增加劳动力就业，有助于收入的增加和分配的平等，也有助于经济的稳定增长，减少时走时停的状况。肖把这些分别称之为金融深化的储蓄效应、投资效应、就业效应和收入效应等。总之，通过用市场代替官僚机构，减少对金融业的干预，让其自由发展，是落后经济摆脱贫困落后的一剂良方。而金融抑制战略的影响则正好相反，它压低了储蓄率，降低了储蓄的使用效率，减少了劳动力的就业，这些对经济发展极为不利，长此下去，只能使落后经济更加落后。

金融抑制的手段多种多样，其中有人为的低利率政策，金融业内的垄断，本币高估，信贷和外汇硬性配给，财政税收政策对金融资产的抑制等。产生这些金融抑制政策的根源也是比较复杂的，肖认为，有些国家是在迫不得已时卷进去的；有些则像是有意的选择，它们对市场的作用产生怀疑，而宁愿相信行政机构的干预能力；有些是患了殖民地时代经济的后遗症；还有一些是受到各阶层利益关系的牵扯。不管怎样，选择金融抑制战略是一种缺乏远见的行为。选择这种战略的原因包括反高利贷心理，货币当局无力控制名义货币量，或者是以错误的理论来对货币政策进行指导。要使经济得到稳定持久的发展，就必须抛弃金融抑制战略，而进行金融改革和金融自由化。

2. 为了使金融深化论更具有理论上的说服力，肖还分析和批判了主流派的货币理论，包括新古典学派的货币财富观和凯恩斯式的货币财富观，指出它们不符合落后国家的实际情况，并对此进行了修改，使之更适合于分析经济发展状况中的金融问题。通过对财富观的社会财富账户、经济模式、货币市场和资本市场的分析与考察，我们可以看到主流派货币理论的一些观点：(1)货币是一种社会财富，而不是政府货币当局或私人银行的债务，信用货币的发行和使用都是无成本的。(2)实际货币余额是和物质资本、劳动力并列的一种生产要素，它的增减变化会影响收入的增减。(3)物质资本形式的“物质储蓄”和货币存量形式的“货币储蓄”共同瓜分总储蓄额，实际货币余额与投资之间存在着替代关系，为此，若要鼓励投资，就应减少实际货币余额。这一理论考察的前提是货币市场与资本市场极为发达与完善，生产要素和产品可无限分割，各生产者都利用最优生产技术。因此，它并不适合落后经济的实际，若把这种理论运用于不发达国家，则很有可能产生误解，导致金融抑制。

肖指出，在落后经济中，没有统一的市场和统一的价格，信息流通不畅，投资风险迭生，收益极不稳定，经济活动中异质性较强，生产要素呈现极大的不可分割性，金融业处于抑制状态。为此，对主流派货币理论进行一番改造的债务中介论更适合落后经济的情形。债务中介论认为：实际货币不是社会财富货币，也不是生产要素，实际货币余额的增减不影响社会收入的变化，货币只是债务中介；储蓄者和投资者是独立的，它们通过金融市场联系起来，作为要素投入品，资金也是有成本的；由于资本市场的不完善，在落后经济中，外源融资比较困难，内源融资是较普遍的集资方式，而且非货币金融资产也不发达，因此，对生产者来说，要进行实物投资，必先积累一定额的现金，这样，物质资本与货币不但不是相互竞争的替代品，反而是相互补充的互补品。从此理论可知，增加投资、发展经济与货币金融业的发展、深化是一致的。在落后经济中，争取金融深化的发展战略，能带来前述的储蓄效应、投资效应、就业效应和收入效应等，从而促进经济发展和社会稳定，使落后经济走上稳定的理想增长道路。

3. 在上述理论分析和描述的基础上，肖针对落后经济中存在的金融抑制现状，提出了金融改革的建议。

肖认为，金融深化首先要求货币深化，为此要刺激实际货币需求，确保货币供给的外生性和低的通货膨胀率。他主张放弃利率限制，以便让储蓄得到合理配置，并将场外市场融合到有组织金融中去。在落后经济中，有些非银行金融中介是融资专业化的反映，但许多是人为的产物，应当消除人为因素对金融市场的分割，打破银行业内的垄断，在可能范围内，尽可能支持民营金融事业。随着经济发展，应逐步扩展金融工具的期限，建立一个新的华尔街，这是金融改革的最后一个步骤。总之，应放开利率，促进金融业内的竞争。

金融改革应当与财政税收改革同步进行，扭曲的财政政策将减少社会的金融资产，制造金融业内不平等的竞争环境，导致分配的不公平，妨碍金融深化。要使金融、财政改革相互配合，一方面要求两者各尽其职，金融不能代为行使财政职能，如靠通货膨胀帮助政府增加收入，或以利率进行补贴；财政也不能干预金融事业，如以财政拨款等形式优先投资，进行硬性的资金配置等。另一方面要改革税制，使“财政基础”得以深化，并富有弹性，为此要减少财政赤字，消除通货膨胀，简化税种和税收管理成本，不再对金融资产的收入进行歧视。

金融改革还要与外贸改革配套进行。作者认为，落后经济中的外汇市场处于非均衡状态，国内金融和国际贸易两者相互影响，形成一种恶性循环。外贸改革的核心是汇率自由浮动，外币自由交换，并逐步取消进出口的歧视性关税，减少对外资流入的依赖，调低本币币值，最终达到外贸自由化。

肖提出的这些改革建议，都是以金融自由化为核心的，一些发展中国家如韩国，事实上也采用了他的这些主张，并取得了令人满意的成果。

4. 分析和探讨了落后经济的不稳定性。总的看来，落后经济的波动较大，而且呈周期性。传统的理论认为，这是外部经济环境、经济结构单一等的影响。对此，肖提出了新的看法，他认为每一个周期都发端于一次"冲击"，这个冲击影响资本市场，使储蓄增加，经济景气，但落后经济中内在的因素，总是使经济走向"过热"，若干权宜之计虽能使"过热"得到一定的维持，但过度膨胀的经济终究无法支持而陷入衰退，重新回到低的增长水平，等待新的一次冲击而开始新的一轮周期。"冲击"为经济摆脱低水平发展状况提供了一次契机，但落后经济采取的公共政策却不能抓住这个机会。在"冲击"造成的经济高涨阶段，由于没有采取金融深化而是采取金融抑制和通货膨胀政策，从而储蓄不能得到完全动员，资金缺口逐步加大，使经济走向"过热"。当然，落后经济中不适当的财政政策和外贸政策等也是周期性波动的原因。为此，肖提出，金融、财政和外贸等政策的协同改革是落后经济走向健康发展的道路。

3

《经济发展中的金融深化》一书在金融发展理论上进行了开创性的研究，其贡献和影响是多方面的。在我们看来，它至少有以下几个重要的贡献：

第一，它强调了金融体制和金融政策在经济发展中的核心地位，在经济和金融理论中第一次把金融业和经济发展紧密地结合起来，克服了传统经济发展理论对金融部门的忽视。作者指出：金融部门和经济发展息息相关，它有利于被抑制经济摆脱徘徊不前的局面，加速经济增长。但如果金融被抑制或者扭曲，它就会阻碍和破坏经济的发展。它比较详细地分析了金融部门对经济发展的各种影响，把金融发展摆到了经济发展战略中的重要位置上。

第二，在货币和金融理论方面，它批判了传统的经济理论，如新古典学派和凯恩斯学派关于货币与实物资本是相互竞争的替代品的假定，认为这不适合于落后经济。在落后经济中，货币和实物资本在很大程度上是互补品。它还批判了一些落后经济中盛行的结构性通货膨胀理论，认为在经济发展和结构演变中，通货膨胀是可以避免的，金融体系和实际经济完全可以在物价稳定的环境中同步发展。在政策主张上，它既不同于凯恩斯学派的低利率刺激投资的政策，也不赞同货币学派过分倚重控制货币发行的做法，而是主张通过金融自由化和提高利率，在增加货币需求的同时，扩大投资规模，优化投资分配，从而使经济稳定、持续增长。除此之外，还提出了财政、外贸政策配套改革的一系列建议，要求尽量减少人为干预，发挥市场的调节作用，这些对发展中国家的经济改革具有重要的参考价值。

第三，它还剖析了依赖外资和外援的危害性，反对对外资、外援的传统溢美之词，指出外资和外援并无多大益处，反而会削弱本国的经济基础，加剧本国经济的扭曲，带来周期性的经济波动，其作用远不是大家所想象的那么大。在此基础上，它提出了经济自主发展的主张，认为落后经济只要进行金融改革，则完全可以在本国资金市场上筹集到所需要的资金。目前一些发展中国家严重的外债问题也说明这一理论确实有其独特之处和合理的一面。

当然，任何理论都有其缺陷和不足，金融深化理论也不例外。从马克思主义劳动价值论的观点看，利息是剩余价值的转化形式，它是借贷资本、产业资本和商业资本共同瓜分剩余价值的结果。而金融深化理论则以主观的边际效用价值论和供求均衡论为基础，以供求关系的变化说明利率的形成，从而没有触及决定利率的真实基础。此外，金融深化理论还有一些值得商榷之处。如它过分强调了金融体系的作用，对发展中国家的经济结构问题考虑不足，同时，对金融自由化和经济自主发展等政策估计过高，忽视了发展中国家特殊的经济和社会环境。就债务中介观而言，它认为货币只是一种债务，而不是一种财富，从而完全否认货币与实物资本的替代关系。这似乎也有些过分。这些并不会掩盖金融深化理论对经济发展理论和实践的重大影响，事实上，这一理论本身也正在得到完善和发展。

4

对我国正在进行的经济体制和金融体制改革而言，金融深化理论对我们的启示是很明显的。

第一，应当把金融改革作为经济体制改革的主要内容之一。金融业发展的好坏在很大程度上制约着经济发展的快慢和稳定与否。

第二，在金融体制改革过程中，一方面要打破金融体系内的行业垄断，大力扶持发展各种金融机构，特别是民营机构，引进竞争机制，促使金融机构企业化经营，并逐步减少来自各方面的人为干预。另一方面，要大力发展各类金融市场，促使企业和金融机构在市场见面，同时，拓展金融资产的种类和期限，适当放开利率和汇率，让储蓄者和投资者在较大的范围内相互选择，从而优化投资效果。

第三，在金融改革的同时，要对财政、外贸等管理体制实行配套改革。财政不能向银行透支，依靠发行票子搞建设，同时，用财政拨款和补贴搞建设只是一种权宜之计，而且在价格不合理时，会加剧经济中的扭曲现象。因此，应尽量减少对经济的行政干预，避免和消除通货膨胀，税种和税率的设计应尽量公平合理，要为企业竞争和市场发育创造条件。应给外贸企业更大的自主权，让其参加到国际市场的竞争中去，并在外汇管理上适当放宽限制。

第四，对引进外资应有一个清醒的合乎实际的认识。国内金融和经济的改革与发展是根本，应充分挖掘和利用国内资金，外资和外援当然应该尽力争取，但它只是辅助条件。外资流入能带来一些就业和收入上的好处，但管理和利用不当也会造成国内金融、财政和国际收支方面的扭曲，拉美等发展中国家的经验值得我们借鉴。

金融深化理论的内容较为丰富和复杂，我们对这一理论的认识难免会有欠缺和偏颇。我们只是希望通过本书的翻译出版和读者一起加深对它的了解，并从中获得一些收益和启示。

邵伏军　许晓明　宋先平

1988年6月于北京

前言

这是一部老式的著作。在赞同相对价格对经济发展有影响这一点上，它是属于新古典主义的；而在主张货币及其相对价格会影响实际经济发展过程这一点上，它是属于货币主义的。本书注重金融市场的这种功能，即金融市场促使较贫困经济的增长步伐变得更加迅速和稳定的功能。它强调金融深化，或者说关注金融资产比非金融财富更快的增长，而这无论是在资本主义经济还是在社会主义经济中，都意味着经济分权这种趋向。本书集中探讨市场和将经济系统中各个市场联结在一起的纽带。

本书研究的对象是“落后经济”。在落后经济中，不适当的金融、财政和国际经济政策凌驾于市场机制之上，从而使市场参与者的收入和财富总水平停留在原有的水平上，这是落后经济陷入贫困境地的一部分原因。它们依靠计划手段、人为的管制、配给制、许可证和特权待遇，去追求资源分配和使用的最优化。尽管政府部门效率极低，但它却能够阻碍市场的自由化，而在市场自由化情况下，分散决策会改善经济效益。落后经济的贫困是根深蒂固的。

本书的主旨和观点完全受作者本人亲身经历的影响。即使没有确证中央集权和受管理市场的优点，以及金融和“市场力量”的缺点，但如以不同的落后经济和先进经济作样本，也有可能得出另外的结论。但事实是：经济活动的动力和约束条件在各个经济社会中是如此相同，以至于对不同情形的考察都会证实前页所表述的观点。

在此，我要对许多人表示深深的谢意！感谢我很久以前的老师伯纳德·F.黑利和丹尼斯·H.罗伯逊。感谢罗纳德·I.麦金农在本书形成前与我的合作。感谢斯坦福大学的同事们，特别是摩西·阿布拉莫维茨、埃米尔·德普雷和蒂博尔·西托维斯克。感谢对我在国外的考察给予热情支持的各位政府官员。感谢杰拉尔德·迈耶，特别是伊丽莎白和珍妮特对我的鼓励和他们所做的编辑工作。

爱德华·肖

1972年11月29日

于斯坦福大学

CONTENTS

目　录

1 金融深化

本书的主题是，经济中的金融部门与经济发展息息相关。金融机制会促使被抑制经济摆脱徘徊不前的局面，加速经济的增长；但是，如果金融领域本身被抑制或扭曲的话，那么，它就会阻碍和破坏经济的发展。

金融部门是交易各类金融资产和发生金融业务的市场的总称。它有自己的行业，货币体系就是其中之一。在这个部门中，各行业按照相应的技术，组织生产要素的投入。它也拥有自己的上层建筑，即具备许多控制手段，并存在推行某些政策的管理当局。它还不可避免地同国外金融部门发生各种联系。从它的市场、价格、机构和政策对其他部门的影响程度看，金融部门是独一无二的。货币是唯一能同其他商品进行交换的商品。利率是与经济决策最密切相关的相对价格。

导致金融"浅短"的发展战略，常常会产生那些低水平人均收入和低水平财富的非集中经济。通过扭曲包括利率和汇率在内的金融资产的价格，再加上其他手段，这种战略会缩小或压低相对于非金融部门的金融体系的实际规模或实际增长率。总之，该战略会中止或严重妨碍经济发展的进程。相反，具有金融"深化"效应的新战略——金融自由化战略——则会不断地促进经济发展。自由化对经济发展是至关重要的。但是，我们的基本观点并不认为只有金融自由化才重要，相反，我们认为金融自由化是与金融部门以外的其他补充手段有机地联系在一起的。

经济发展的实践和占据支配地位的传统理论，没有涉及金融同经济的相互关系这个主题。有些发展理论似乎只是针对物物交换经济的；而在另一些理论中，金融却处于被动和从属的地位，金融深化不过是“真实”资源加速增长的副产品。有些学说则认为，金融深化是经济发展的障碍之一，从而它们推崇金融抑制。在一般情况下，推行经济发展的指导纲领及经济计划，往往也漠视金融因素。虽然“国际复兴开发银行”和“国际货币基金组织”这样的国际机构提出的指导经济发展的意见是具体和详尽的，如通过财政预算为政府融资，以及通过国际收支差额进行国际融资，但一般说来，其中却不包括实行金融深化的含义和技术手段。

名义金融和实际金融

要阐明金融对经济发展的作用，首先应该把金融资产的实际价值及实际收益率同与之对应的名义价值及名义收益率区分开来，以消除分析中可能产生的货币幻觉。在实行金融抑制战略的经济中，名义货币总量，比方说政府证券和社会信托基金，增长速度一般都很快。然而，这些货币总量在被包括国内商品和劳务的总和性价格指数消胀后，其实际增长速度很慢，甚至还是下降的。名义金融呈现出较快的增长速度，实际金融的增长速度却很慢。这样，实际上金融还是浅短的，在某种程度上，这是由于金融被征收了通货膨胀税。

表 1.1　货币(包括定期存款和储蓄存款)的增长形态

年份	加纳	泰国	伊朗	乌拉圭
名义价值指数				
1963	1.00	1.00	1.00	1.00
1968	1.63	1.96	2.16	8.10
实际价值指数				
1963	1.00	1.00	1.00	1.00
1968	1.01	1.74	2.00	0.45

资料来源：International Monetary Fund，*International Financial Statistics*。

表1.1中4个国家在1963—1968年间的经历，表明了名义金融增长同实际金融增长的差异。

乌拉圭的货币、定期存款和储蓄存款在名义上增长了710%，但其实际价值却下降了55%。在比索名义数量的增加同价格上涨的攀比中，后者还要厉害。加纳实行的是扩张以塞地为单位的流动性债权的名义存量和使其实际存量保持不变的政策。相反，伊朗和泰国却实现了金融深化，这两个国家实际金融的增长消化了名义金融的增长量。1963—1968年，乌拉圭经济发生了崩溃，加纳经济出现了衰退，而伊朗和泰国则增加了实际收入和消费。在对金融与这些显然不同的经济增长过程的关系的分析中，我们注意到，新塞地、里亚尔、铢和比索*等货币的名义价值和实际价值的运动轨迹是各不相同的。

我们发现，在金融浅短的经济中，相对于国民收入或其他非金融财富而言，金融资产的实际收益率很低，甚至常常是负数。对金融资产(包括货币)的持有者来说，他们持有更多的金融资产，却得不到报酬，反而因此受到损失。1965—1969年，加纳的货币余额占国民生产总值的比率从14.4%下降到10.7%。货币余额的名义利率是零，但实际平均收益率却是负8%，因为实际的通货膨胀率是8%。

表1.2　货币的两种价格和一种收益率：以新塞地为例

年份	名义价格	相对价格	实际收益率(%)
1965	1.00	1.00	—
1966	1.00	0.79	−21.0
1967	1.00	0.80	1.3
1968	1.00	0.83	3.7
1969	1.00	0.74	−10.8

资料来源：Central Bureau of Statistics, *Economic Survey*, *1969*, Accra, Ghana, 1970。

工会和雇员注重名义工资率和名义工资收入同实际工资率和实际工资收入的差别，而金融管理当局则很少考虑名义的和实际的金融收益率、流量

* 塞地、里亚尔、铢和比索分别是加纳、伊朗、泰国和乌拉圭的货币单位。——译者注

和存量。例如,他们似乎没有注意到,货币有4种价格。第一种价格是票面单位(见表1.2的第1栏),即货币单位的法定价格——1个新塞地、1个铢、1个里亚尔、1个比索等等。第二种价格是 $1/P$(见表1.2的第2栏),它是货币对某些商品和劳务的购买力指数。按照票面单位或者账面价格计算的货币存量是名义存量(M),而按照商品和劳务的相对价值计算的货币存量是实际存量(M/P)。

如果货币的第二种价格同实际货币存量正数相关,那么,边际货币单位一定能提供有收益的服务。这些服务可能是实物,包括增加消费者的福利和提高生产能力,也可能采取第三种明确的货币价格形式。它是存款的实际利率 d,即货币余额的名义利率 $\underline{d}$ 与货币的第二种价格的变化率 $\dot{P}$ 的代数和:$d=\underline{d}-\dot{P}$。对1969年发行的新塞地而言,存款的名义利率为零,$\dot{P}$ 为负数10.8%,所以,d 或者说加纳货币的实际收益率也是负数10.8%。货币的第四种价格是汇率,即一种货币对另一种货币的交换比率,如新塞地对美元的交换比率。如果两种货币之间只有一种比价,不存在实际(或购买力平价)汇率和名义汇率、即期汇率和远期汇率的差别,那么,金融分析就会简单得多。

多重价格是金融资产的特征,货币和非货币性金融资产都是如此。名义金融量与实际金融量之间,名义收益率与实际收益率之间,同样具有这种特性。某些影响名义金融量的政策工具同某些影响实际金融量的政策工具,也具有这种特性。以后各章将阐述这种观点:金融深化导源于适宜的影响实际金融的政策;这种政策的主要工具影响实际金融资产存量的实际收益率;金融浅短在一定程度上是金融资产价格受到扭曲的后果。

金融深化的衡量及其标尺

有许多标尺和衡量标准可用来表示金融深化。这里,只要列出其中的几项就足够了。一类是有关金融存量的指标。在推行金融自由化政策时,当金融价格的扭曲被消除或者减轻时,流动性资产的储备就会增加。例如,中央银行一般会设立外汇储备,而很少通过配给或许可证制,对外汇市场进行严格的干预。以稻米、小麦和其他商品库存等形式持有流动资本要花费成本,农民会通过持有金融资产来代替它们。各个市场上的买者和卖者都保有一定的流动性资产余额,这免除了物物交换的不方便所造成的不必要的资源浪费。金融资产存量与收入之比,以及它们占有形财富存量的比重都上升了,其品种数量也增加了。在金融市场上,资产的期限拉长了,更多的、各种各样的债务人参与到了金融市场的活动中。金融资产的组合被分散化了,因而,借款者和贷款者可以按相当小的幅度调整他们的负债结构和资产组合。

金融流量易于表证金融深化。例如,在金融浅短的地方,经济就会更多地依赖政府的财政预算和国际资本项目,用这些方面的储蓄流量为资本积累融资。金融深化则会减轻财政的压力,并缓和对国外储蓄的要求。通过走私或者其他形式使储蓄流向国外,以及扩大未评估的社会基建规模,是厌恶金融的一般表现。金融深化阻止和扭转了资本外流,并从在建的办公大楼和住房建设中转移出储蓄。货币的流通速度减慢了。

在金融浅短的情况下,银行系统包揽了有组织的金融活动,其他金融活动只能通过外汇交换、高利贷者和互助团体的非法市场进行。银行系统是一个高成本但又定能获取高利润的寡头。国外提供的援助、高成本的卖方信贷和来自国外的直接投资,支配着外汇方面的金融活动。场外非法市场局限于某些高风险的短期交易,这些风险是由借款者的违约拖欠和政府的压制产生的。相反,金融深化会扩大货币体系的实际规模,也给其他金融机构——从证券交易商到产业银行和保险公司——带来了获利的机会。金融深化意指金融职能和金融机构的专业化,以及相对于外汇市场和场外非法市场而言,有组织的国内金融机构和金融市场会获得收益。

金融资产价格也许是金融深化与否的最明显的表现。在金融浅短的经济中,金融资产的需求被低水平的实际利率所压制,初级证券的供给被信贷配给所压抑,甚至场外非法市场也被反高利贷法和政府的管制所制约。金融市场的交易是按照这样的利率水平进行的,即相对于即期价值而高估其远期价值的利率。金融深化意味着,利率必须准确地反映客观存在的、能替代现时消费的投资机会和消费者对延迟消费的非意愿程度。在金融深化的经济中,实际利率很高,各种利率之间的差别趋于缩小。例如,存款利率同贷款利率的差别，有组织市场上的利率同场外市场上的利率的差别，就会逐渐缩小。

金融浅短一般同官方即期外汇市场上对本国货币的高估有关。管制性政策会力求本国货币余额对外国货币余额的溢价，以及近期外汇余额对远期外汇余额的溢价。尽管金融浅短不利于出口和储蓄，但却会刺激进口和消费。在消除了相对价格上的这些偏差时，金融深化就会来临。人们所期待的金融深化的征象应该是：黑市和远期外汇市场上本国货币贴水的下降。

金融深化的目标

金融自由化有助于提高国内私人储蓄对收入的比率。增加的储蓄中有些可能是幻觉，有些可能被计入了国民收入账户，有些可能是从各种难以度量的资本外流形式中转移出来的。但是，增加的某些储蓄则肯定是出于储蓄的报酬比较高（较高的实际利率）和储蓄者获得了分散国内资产结构的机会。此外，金融机构的实际增长，也给更多的投资者提供了获取借款的途径，刺激他们进行储蓄和积累财产，这会使借款更加廉价。最后，在金融自由化的情况下，储蓄者的视野会伸得更远，对收入的预期也会变化，这会相对地减少现时消费的吸引力。

金融自由化将使政府部门的储蓄趋于增长。在非集中的经济中，当金融浅短时，政府的储蓄一般很少。政府依赖通货膨胀税获得财力，而政府企业的利润和税入对通货膨胀的无弹性，一般会减少政府储蓄。金融自由化也会影响国外部门的储蓄。当一些被扭曲的相对价格——利率、汇率等——被纠正后，进入国外资本市场就比较容易，国内资金的外逃将被扭转。在某些情况下，国外资金的流入甚至会达到这样的程度，即在稳定的国内物价水平下，这些外资很难被完全吸纳。

在一定程度上，金融自由化会使得动员和分配储蓄的融资活动有可能取代财政活动、通货膨胀和国外的援助。在落后的经济中，财政手段也是落后的。以财政手段获得收入的能力，通常受到政府消费需求的限制，在通常情况下，也受到最低限度的社会保障支出的限制。财政为各种投资提供资金的附加要求，势必影响经济效率和社会平等，这会抵消资本积累给一些人带来的利益。在落后经济中，国外援助在很大程度上代替着国内的储蓄；这个援助额，在某种程度上反映了落后经济对储蓄的较大需求，但它们却推行着抑制国内自身储蓄的相对价格。专门的计划模型可以划定人均收入的范围，但它们却使发展中经济产生储蓄和外汇的短缺，不过，在纠正了扭曲的相对价格后，这些模型就不怎么适合了。

通过金融市场——各种投资机会在其中争夺储蓄流量——的扩大和多样化，金融自由化开辟了优化储蓄分配的道路。在金融被抑制的经济中，储蓄主要流往储蓄者本人的投资：内源融资盛行。在金融自由化经济中，储蓄者有较大的资产选择范围。他们的储蓄投放市场扩大了；在更大范围内选择金融资产的规模、期限和风险成为可能；比较各种投资选择的信息也容易获得。各地的资本市场通过一体化，成为一个统一的市场，集聚储蓄和专营投资的新机会到来了。

在扩展的资本市场上，利率这种价格可用来甄别各种投资选择，扩展的资本市场往往是新投资企业和技术创新投资项目出现的相应条件。各种投资竞相争夺储蓄支配权。在这方面，它同金融抑制状况形成了鲜明的对比，在那里，储蓄通过不受相对价格制约的狭窄管道，流入了企业，特别是政府企业和贸易行业的重复性投资项目。在金融抑制下，对储蓄的投资用途的研究，往往是随意和偶然的，很少进行投资收益率的比较。看来，金融深化是对储蓄流量进行竞争性和创新性分配的一个重要前提。可以肯定，在金融浅短的经济中，边际投入—产出比率很高。

落后经济中的失业，在某种程度上是金融抑制的结果。稀缺的储蓄只能给生产提供不充足的资金。更糟糕的是，阻塞储蓄的低利率，加上比较高的最低工资率，给劳动者提供了不合适的生产设备。这样，即使资本稀缺而劳动力丰富，资金还是投向了资本密集型产业。导致劳动密集型农业和本土制造业丧失比较优势的汇率高估，也不会改善劳动者的境况。

金融自由化及其相关的政策，有助于促进收入分配的平等。在某些落后的经济中，劳动力对资本的替代弹性也许很高，因而，相对于工资率而言，利率和汇率的提高可能既增加就业又提高工资收入的份额。再者，金融自由化会减少垄断收入，这种收入是通过进口和其他许可证，流向有特权的少数进口商、银行借款者或电力消费者的。而且，在金融自由化经济中，以很小的破坏平等与危及政治和社会稳定的代价就能实现资本迅速积累的金融和税收措施，能够取代被抑制经济中流行的对农民或工人的扭曲贸易条件——这种扭曲会为投资者榨取利润和储蓄。

金融自由化和金融深化有利于就业和产出的稳定增长，从而可能摆脱经济徘徊的局面。所以如此，原因之一就是增多的储蓄流量中的一部分，可用来增加国际储备。更灵活的汇率也可以承受国际贸易中发生的一些冲击。如果因采取适宜政策而改善了国际收支的经常项目和国内储蓄流量的话，那么，经济对卖方信贷和国外援助的数额波动，就具有较高的承受能力。从稳定的角度看，金融自由化最重要的地方，就是可以减少对爆发式通货膨胀和以通货膨胀税平衡财政预算的依赖，并使货币变量置于货币纪律之下。

在被抑制经济中，政策策略的特征就是干预主义。由于货币变量难以控制，详尽的价格控制就显得很有必要了。由于汇率高估，因而要实行复杂的关税制度、进口许可证制和对出口进行不同的补贴。由于储蓄稀缺，贷款就要逐项配给。一个丧失了边际相对价格灵活性的经济，必定要求助于人为的干预政策去平衡市场，但这是行政机构不可能胜任的任务，并且，还要为之付出高昂的低效率和贪污腐化的代价。自由化的一个主要目的，就是用市场去代替管制机构。

金融抑制的起源和背景

金融抑制是经济发展战略的一个典型特征，它是这个战略的组成部分。正如我们已经提过的，高估本币的价值是这种战略的另一组成部分。包括通货膨胀的金融政策降低了实际利息率，使储蓄变得很廉价，以至于廉价到必须硬性地配给，汇率政策则压低了外汇的本币价格，从而出现了对储蓄和外汇的过度需求。在外汇的配给中，一般先满足资本设备的需要，一旦设备安装以后，再去购买备件和零件及生产用料。

这种战略中的高估本市价值，会降低国内生产的初级产品的相对价格。

对城市的工业企业来说，工业原材料定价很低，它们还从低利率和廉价进口品中得到好处。对城市的工人来说，食品定价便宜是为了缓和他们要求提高工资的矛盾。当国内供给出现短缺时，初级产品就不能出口，稀缺的外汇将优先用于替代品的进口。

这种发展战略产生了双重的劳动力市场。劳动力中相当小的一部分被资本密集型行业所雇用，这种行业得到了低利率、低汇率和廉价国内投入品的好处。尽管通货膨胀降低了实际工资水平，工业劳动者工会的成立以及最低工资率限额的实行，还是造成了农村劳动力流入城市，从而加重了城市的失业状况。城市人口的基本生活需要，让政府预算背上了越来越重的包袱，并减少了政府的储蓄数量。

在这种环境中，财政政策是可想而知的。政府会通过各种各样的手段，包括动用市场委员会，从传统出口行业中征收大量的税。税入的另一个重要来源，是对高档消费品征收的销售税和对某些商品征收进口关税——这些商品同资本密集型行业的产品相竞争。假如对不动产征税，那么税率是很低的。对工业“飞地”则安排了各种税收豁免；公营企业提供着便宜的、甚至是亏本的各类服务，在某种为了同工业化计划相适应的程度内，它们与储蓄和外汇一样，也实行配给。财政总收入同通货膨胀和实际国民产出的增长之间变得没有弹性了。

对储蓄的过度需求，波及到了国际收支账户中的资本项目。在最糟糕的情况下，这个项目不得不寻找高成本的短期信贷，直至找到其他的筹资途径为止。国外的私人直接投资和官方拨款——其中有些要用本国货币配套——也许会改善这种状况，它提供了一个减轻财政预算负担的方法。

这种发展战略是一个经济转换和结构变化时期的战略。它使用一系列相对价格——储蓄、外汇、基本材料、劳动力和公用事业的相对价格，并通过配给来消除这些价格下出现的过度需求。当然，这种战略的总的目的，是想通过改变国民产出和投入的结构，将经济从比较低的收入和消费水平中解脱出来。然而在最好的情况下，它顶多是一个拙劣的战略，而在一般情况下，它是一个自我打击的战略。这种一般情况是指：按照人们希望的或可以接受的收入和消费增长率，却不能消除某些市场上存在的过度需求或“缺口”，以及劳动力市场和资本密集型工业品市场上发生的过度供给。这些过度需求和供给抑制了经济的发展。

我们还不清楚为什么有些国家要选择造成过度需求的发展战略。有些国家似乎是无意卷入的。最初的失调,例如传统的出口商品外贸条件的改变,可能导致储蓄和外汇的短缺。如果对此的反应之一是提高通货膨胀率、弥补政府赤字或为进口账单融资,或者,如果储蓄和外汇,以及新的出口商品和政府公用事业的相对价格不能承受相应的变化,那么,抑制的进程很快就会开始。

在某些国家,使用固定名义价格和采取配给手段在一些主要市场上实行干预战略,好像是有意这样选择的。他们借口市场上相对价格的反应灵敏度离合意的水平要么太高,要么太低,或者市场容易被人利用,或者"这个国家的国情不同",从而怀疑"市场的力量"。他们相信行政机构有能力去规定和安排合适的经济增长轨迹,特别是相信计划委员会的能力。

这种战略选择也许是殖民时期这种或那种经历的反映。旧的殖民体制可能遗留下比较强有力的政府机器、比较弱小的本土企业家阶层和比较原始的国内市场(特别是金融市场)。在有效的市场和灵活的价格条件下,完全靠自己动手来把握经济发展进程,其代价会高得难以接受,因此,殖民统治后走向经济独立的捷径,也许就是进行政府干预。

社会各阶层的利益也影响着发展战略的选择。顽固的行政机构——它能安排迅速增长的劳动力就业——可能不愿让位给"市场力量"。有些集团同造成过度需求的体制利害攸关,他们从进口许可证、信贷和投资特许、税收豁免、对政府企业的廉价产品与劳务的供应、随补贴性工业"飞地"发展起来的都市化,以及对国内农业的贸易条件的转变等中得到利益。

在一定程度上,金融抑制战略也许应归咎于在经济决策上缺乏远见。它可能没注意到,负数利率使储蓄对投资者廉价,并导致了储蓄短缺;同样,使外币对进口商廉价的高估汇率,也使出口商对生产和贸易失去了吸引力。有时这一点也被忽视了,即政府保证减少常规税,却往往会去启用通货膨胀税,或者可能去谋求昂贵的国外借款。给某些经济部门带来好处的微观经济决策,没有适当考虑对其他部门的影响。

本书各章安排

在货币理论中，对金融抑制和金融自由化的分析，即对金融浅短和金融深化的分析是很有必要的。本书第 2 章概述了包括凯恩斯学说在内的传统理论的主体，涉及稳定增长条件下的货币和非货币金融的观点。第 3 章介绍经修改的上述传统理论的观点，它们看来更适于分析经济发展过程中的金融问题。第 4 章描述了落后经济中实行的抑制金融的政策。第 5 章考察了一些能够深化金融的政策问题。第 6 章讨论金融领域同财政部门的相互影响，指出金融浅短和财政政策不当是共生的，为此需要金融改革和财政改革的配套治疗。第 7 章讨论落后经济国际收支中的“非均衡货币”问题。最后一章提出了一个关于经济中短期性不稳定状况的一般模型，该模型可用来解决金融浅短、财政政策不当和外汇不均衡等问题。抑制增长的政策会引起动乱，与财政部门和国际收支领域的改革相吻合的金融深化，则会促使经济高速而稳定地增长。

2

货币、金融和资本积累(Ⅰ财富观)

在金融深化过程中,首先应该进行的是货币改革。只有影响实际货币余额的政策,从阻止甚至压制金融转为自由化后,金融体系才能有效地介入经济发展的进程。如果没有金融的深化,摆脱过度需求和干预主义的前景就是暗淡的。货币的相对价格的扭曲,是不合理的政策给经济发展设置的障碍,不过,合理的政策能够而且应该迅速地消除这一障碍。

本章介绍有关货币和金融的传统理论观点,即财富观(WV)及其凯恩斯式的变种(WVK)。虽然财富观不是针对发展中经济的特定环境的,但它得出的结论——关于简单稳定增长条件下货币的作用——对落后经济会产生有益的影响。使金融浅短的某些政策,源于对财富观的曲解。第3章将介绍另一种观点,即债务中介观,它吸收了财富观的某些部分,但摒弃了其他内容,我们觉得这种观点更适合经济发展的特定情形。

显而易见,对单个货币持有者来说,实际货币余额就是财富。财富观认为,实际货币余额对整个社会来说,也是财富。按照财富观的观点,实际货币余额(本质上)是无成本服务的根源,它直接代表各种财富:铜和石油蕴藏之类的自然资源;

人力资本;工厂生产出的真实资本、纺织机和船舶等等。从实际货币余额被定义为财富出发,人们可能会得出一些惊人的结论。财政部长若苦于税入太少,那么他可以通过超额发行名义货币,来对货币财富征税:通货膨胀税是一种便利的财政手段。劳工部长担忧劳动力的经常性失业,往往埋怨储蓄者以窖藏货币财富来替代用于再生产的物质资本:在他们看来,这种货币窖藏扩大了失业。相反,货币主义者坚持认为,实际货币量对劳动力和物质资本比率的上升,会使大家生活得更好,至少在该比率达到某一极限前是这样。显然,财富观无论对先进经济还是落后经济中的福利都有重要的影响。

下面的第一部分介绍财富观的社会财富账户,第二部分描述财富观的经济理论、它的市场、生产条件以及收入与产出账户中的流量。接着考察货币市场,然后再考察针对储蓄而言的资本市场。最后讨论货币机构、融资技巧和货币政策。

社会财富

财富观设计的社会资产负债表,反映了 3 个经济部门中的 4 种财富。第一类资产是物质资本 K,它按实际利率定值,这个利率既是投资的边际收益,也是私人的定期贴现率。这类资产可能被私人部门持有(用 K^p 表示),或者作为政府的资产(用 K^g 表示)。第二类资产是非货币性的政府债券,它对 K 有完全的资产替代性,这类资产可能被银行部门或者私人非银行企业持有。在下面的资产负债表中,它用 B/iP 来表示,其中 B 表示以本国货币单位计算的未清偿政府债券的年金,i 表示名义利息率,P 表示产出的货币价格。第三类资产是实际货币余额,即 M/P,在私人的资产组合中,它对 K^p 和 B/iP 有部分替代性。第四类资产是政府或私人银行造币利润的值,对一个固定的实际货币存量来说,这个造币"特许权"的值为$\frac{(i-\underline{d})M/P}{i}$,其中的 $\underline{d}$ 代表对货币持有者支付的名义存款利率。在投资者和储蓄者分离的模型中,人们还发现了第五类资产,其形式是私人债务、股票或债券,它们对 K 也有完全的替代性。

财富观模型的资产负债表中只有一个负债项——政府公债。净值可能被政府(如果政府参与货币发行,或通过财政活动获得物质资本的话)、普通的私人储蓄者和作为银行家的私人储蓄者共同瓜分。表 2.1 列出了这些构成要素。

表 2.1 财富观理论的社会资产负债表

财富		负债	
物质资本	K	政府债务	B/iP
实际货币	M/P	净值	
政府债务	B/iP	政府	K^g-B/iP
银行特许权	$\frac{(i-\underline{d})M/P}{i}$	私人	K^p
			M/P
			B/iP
			$\frac{(i-\underline{d})M/P}{i}$

按照财富观的看法,实际货币是私人和社会的财富,它产生一系列有价值的、可由 $i(M/P)$ 表示的劳务,为此,货币持有者宁愿放弃其他财富,包括人力和资本产生的劳务。如果货币是法定货币而不是实体货币,那么,实际货币就是无成本的社会财富,它提供的服务也是无成本的:实际货币的积累——"投资"于货币——不需要投入要素,货币的使用既不需要折旧也不必支付要素费用。货币不是货币当局的债务,也不是私人银行的债务。如果"银行造币特许权"是昂贵的,在货币发行中,就会存在一定程度的垄断,而这个差额 $(i-\underline{d})$ 则可能使生产和收入与财富的分配偏离竞争标准。

在财富观模型中,所有的财富都是无风险的。而按照凯恩斯式的财富观,只有货币是无风险的,物质财富、政府公债和银行契据的收益率,在财富所有者看来都是变化不定的。当这些财富的收益相对于某一基准下降时,私人预计的这方面收益的变动会加大,但不存在客观的风险。风险是人们主观想象的和难以预见的。不过,在决定相对于其他形式的财富的私人货币需求时,风险仍然是重要的因素。

财富观的经济理论

市场

财富观的经济理论包含6个市场。其中4个如下:把储蓄转化为新投资的资本市场、货币市场、银行特许权市场、涉及财政政策问题的政府公债市场。另外2个市场暂且不论。第一个是同质劳动力的市场,在财富观中它被假定处于充分就业的均衡状态,在凯恩斯式财富观中则处于非充分就业的均衡。第二个是同质消费的市场,它经常是均衡的,不存在过度需求。在财富观模型中,不存在私人证券市场,因为私人证券和私人物质资本这二者是完全替代的:实际上,储蓄者也就是投资者。但是,在凯恩斯式财富观中,则含有私人证券市场,它把拥有金融资本的储蓄者同占有物质资本的投资者分离开来,以便说明储蓄决策同投资决策的差别。

对财富观所指的经济来说,每个市场都是统一的市场。除了存款和通货可能有不同收益的货币市场和不完全竞争时的银行特许权市场外,各个市场上的交易没有成本,并且是以统一价格进行交易的。各个市场基本处于均衡状态。在财富观中,所有的市场都是可以完全预见的。消费品、劳动力和货币的相对远期价格从来都是很确定的。货币价值的变化率,即相对的物价水平 P,也完全可以预测,没有必要从所发生的变化率中进行推测。甚至在资本市场上,也可以完全预测按产出计算的资本价格——实际利率 r,以及按货币计算的资本价格——货币利率或名义利率 i。而凯恩斯式财富观同它的基本差别就在于:承认实际利率本身的不确定性,假定价格是刚性的,则它同货币利率相等。

财富观所指的经济,能够在所有的市场上都使用最有效的技术。在给定了单一的实际工资率和唯一的实际利率时,现时产出的生产是采取最佳技术的。在下述意义上,即货币的出产没有成本,并且对货币的每一实际存款利率都不存在增加货币余额的方法时,货币市场也是最优的。货币政策在无成本且完全被预见的情况下被加以运用,尽管这一假定并不总是成立。财政政策的实施也使用了最佳手段:征收和使用政府税收的过程不花费成本。对要达到的目标而言，在金融政策和财政政策之间进行最优选择总是可行的。

在增长模式中，财富观严格运用了这些市场限定条件。当财富观被用以分析发达经济的金融和财政政策时，这些限定条件被假定在长期内总是成立的。但持有财富观的学者们认为，这些限定条件对落后经济并不是完全适用的。

生产条件

在财富观理论中，产品是可以无限分割的，一种同质的产品，既可以消费，也可用作生产性投入要素。它是为一个竞争的市场生产的。在财富观的某些模型中，投入要素只包括劳动力和可以无限分割的资本，但更精确的模型，还把实际货币作为一项生产要素。按照这种模型，总体生产函数可以写成：

$$Y = G(K, L, M/P) \tag{2.1}$$

式(2.1)中，Y 代表产出，K 代表资本存量，L 代表同质的工时投入，M/P代表实际货币余额，它由货币当局或私人银行发行，被消费者家庭或企业持有。式中这三种可以相互替代的要素，其边际产出都为正值，而且不存在规模经济效益。我们可以假设，技术进步是提高劳动效率的“哈罗德中性”因素，所以，L 代表的是按人力的效率单位而不是按人力的自然单位计算的工时投入。

面对人口的不断增长和技术的逐步复杂化，劳动力效率单位获得了一个稳定的增长率 n，它可以容易地把公式约简为以人均为基础，或更精确些，以每个效率单位为基础的生产函数：

$$y = g(k, m) \tag{2.2}$$

人均产出和物质资本对劳动的比率与货币财富对劳动的比率正数相关。对我们的分析来说，强调下面这一点，即在财富观的这种模型中，m——相对于劳动的货币深化——的增加，将提高每一资本—劳动比率 k 的生产能力，是很重要的。在这个生产函数中，m 的增加对消费者的福利来说，有正数相关的收入效应。

在增长过程中,劳动的边际产出是实际工资率 w,资本的边际产出是实际利率 r,货币的边际产出是它内含的存款利率 u。按照通常的描述,符合黄金规则的增长轨迹,会使实际利率 r 和产出的短期变化率 Y 相等,也和劳动力效率单位的稳定增长率 n 相等,并使可获得的人均消费水平达到最大。我们将会看到,财富观还附加了另一个条件,那就是:因为货币的生产是无成本的,所以货币的边际产出 u 应该为零。

在较复杂的财富观模型中,考虑到了货币的产出。既然实际货币存量是财富,那么它的增加部分,不管是来自名义货币量 M 的增加,还是来自物价水平 P 的下降,也必定是社会收入。因而,社会收入的公式应改为:

$$Y' = Y + \Delta(M/P) \tag{2.3}$$

此外,实际货币还提供一定量的服务,价值至少为 $i(M/P)$,如果这些是最终服务,那么就应该加到式(2.3)中,如果这些属于中间投入物,则可忽略不计。在此,我们接受了这样的观点:甚至对消费者家庭来说,这些服务也可被看作是中间投入物。然而,货币持有者获得了这些服务,以实际货币增加表示的收入,既可以被货币体系获得,也可以被货币持有者获得,这取决于前者向后者支付的名义存款利率及通货膨胀率。

收入与产出账户的流量

收入 Y' 以下述方式在各个要素的份额之间进行分配:

$$Y' = wL + rK + \Delta(M/P) \tag{2.4}$$

它也可以划分为下面的消费、储蓄和投资结构:

$$Y' = C + I + \Delta(M/P) \tag{2.5}$$

$$S_p = I \tag{2.6}$$

$$S_m = \Delta(M/P) \tag{2.7}$$

这里,S_p 是"物质"储蓄,表现为物质资本 I 的增加,S_m 是"货币"储蓄,表现为实际货币存量的增长。实际货币和真实投资瓜分了总储蓄 S。这意味着,在财富观看来,生产函数中的货币深化,对人均消费水平可能有一个负的替代效应,对收入则有正数效应。货币—劳动比率的提高,往往带来资本一劳动比率的下降。这是财富观的一个主要结论，我们在讨论资本市场时，将会再次遇到这个观点。

总收入 Y' 在货币持有者和货币发行者——货币当局，或者私人银行，或者二者兼而有之——之间进行分配。因为货币发行没有成本，货币行业中也就不存在要素收入。如果最初的名义货币量作为转移支出分散给了货币持有者，而实际货币的增加全部取决于物价下跌，那么，因实际货币增加产生的收入 $\Delta(M/P)$，就全部被货币持有者获得，它等于 $-\dot{P}(M/P)$，其中 $\dot{P}$ 是物价的短期变动率。

实际货币是财富，因此可对其征税。凯恩斯勋爵对此有些看法，他认为，盖赛尔货币印花税与其说是向货币发行者转移收入的一种方法，不如说是阻止财富所有者在其财富构成中用货币代替物质财富的手段。①他认为这是一种开支税，它被用来惩罚以货币财富进行储蓄。通货膨胀是对货币征税的另一个常用手段，这在落后经济中尤其如此。其税率相当于实际的通货膨胀率 $\dot{P}$，从货币持有者转移给货币发行者的税入为 $\dot{P}(M/P)$，通货膨胀造成了实际货币财富的损失，为了保持特定水平的实际存量 M/P，货币持有者以牺牲消费或非货币储蓄为代价，用他们的一部分收入来弥补这一损失。货币持有者放弃的应得的非货币产出增加了货币发行者的税入。

人们往往选择一个固定的物价水平，作为衡量通货膨胀税率的基准，而下面的公式给出了另一些基准：

$$\Delta(M/P) = \Delta M/P - \dot{P}(M/P) \tag{2.8}$$

正如我们已经指出的，当 ΔM 为零时 *，实际货币的增加会使货币持有者增加收入。货币体系发行的任何名义货币，都会给货币当局或者银行带来一些收入，这部分收入往往被当作造币利润或税收。如果我们把它视作税收，那么，这个税率的衡量基准，就是当 M 不变时的通货紧缩率。如果我们把货币体系的这一实际收入，分为造币利润和税入两部分，衡量税率的基准就是等于零的 $\dot{P}$。于是，造币利润就是式(2.8)第二项所表示的实际货币增加的部分。

* 即名义货币量不增加。——译者注

当货币当局或者银行支付的名义存款利率$\underline{d}$——一种负数盖赛尔税——等于$\Delta M/(M/P)$的,货币体系增加的收入也就分配给了货币持有者。在这种情况下,货币体系未发生要素成本,也没有获得收入,这正如所有实际货币的扩张都是通过物价紧缩所发生的情形一样。除了上述两种情形外,货币体系能够发行货币,并以此获得部分物质产品。② 这一部分物质产品如何在消费、投资和转移支出之间分配,而不用来支付利息,取决于货币体系的储蓄倾向。主张通货膨胀税和反对支付存款利息的一个众所周知的理由是,金融委员会和计委可能期待和要求货币体系,用其收入去增加资本K,或者用于其他有社会价值的项目。

人们可能会得出这样一个结论,当货币体系不保留任何收入(都用于存款利息支付)和不发生要素成本时,它什么也没有发行,因此,M/P不能算作社会财富。财富观认为这种看法是错误的,因为对货币持有者来说,实际货币和利息的增加——物价下跌或货币持有者收到存款利息——会增加实际收入。

货币市场

任何经济都存在货币市场,人们可以给出该市场的货币供求函数。在货币市场均衡时,实际货币存量等于实际货币需求量,存量的增长率等于货币持有者所希望的增长率。物物交换的社会没有货币市场;没有对实际货币的需求,也没有对它的供给;没有货币财富,社会账户中也没有因发行和使用货币产生的收入。财富观所考察的经济是完全货币化的经济,即使货币发行、持有和兑换技术没有变化,也能增加在每一实际利率水平下的实际货币需求量。

货币需求

货币市场上的货币需求,是对实际货币的需求。同其他市场一样,在货币市场上,不存在货币幻觉,这在一定程度上是合理的,因为家庭和企业家(包括银行家)作出的行为选择,是以实际变量为基础的。没有货币幻觉,也意味着对价格水平波动的预期不是一成不变的。根据实际货币余额进行规划的人们，并不理所当然地认为价格水平将在原地不动。他们意识到，如果实际的物价变化率 $\dot{P}$ 是膨胀型的，这种物价变化就是对他们的货币财富的征税，反之，如果实际的物价变化率 $\dot{P}$ 是紧缩型的，这种物价变化就会给他们的货币财富增值，他们对预期物价变化率 P^* 很敏感。在货币财富观中，由于对 $\dot{P}$ 能够完全预测，所以，$\dot{P}$ 和 P^* 是相等的。

实际货币需求是对一种财富的资产组合需求。这种需求受财富总量的限制，在财富观的稳定增长模式中，增长率 Y' 代表总财富。作为财富积累的一种形式，实际货币需求还受到消费引诱力的制约，这种制约可以用消费者的时间偏好率 r_c 来衡量。*

最后，实际货币需求还受到物质资本财富和政府公债的实际收益率的影响，对这种收益率的预期，在财富观中是确定的，而在凯恩斯式财富观中是不确定的。我们把这个实际收益率称作 r。除了财富对货币需求的限制和其他财富对货币的替代效应外，实际货币需求的基础便是它自身的收益率 r_m。③

货币自身收益率 r_m 是一个混合物。显然，它必须包括 P^*，还应该包括名义存款利率 $\underline{d}$，也应该包括货币服务的收益，这由一个实际边际产量 u 表示。在财富观的无风险经济中，每一实际货币存量的边际产出代表资源 K 和 L，这些资源在交换过程和支付过程中被节约下来了，又从产品生产中释放出来了。给定 K 和 L 的存量，这就代表产出的增加，这种产出增加导源于实际货币余额的边际变化。在其他条件相同的情况下，这个边际产出会逐渐递减为零，但不会更少，因为货币的贮藏是无成本的。

单个财富所有者按照下列条件，就可使自己的财富分配达到最优化：

$$r_m = r = r_c \tag{2.9}$$

已知财富观经济模式中的市场是完整的统一市场，可以假定，所有财富所有者都会在同一相对价格水平下达到最优，这样，式(2.9)也是总体最优化的一个条件。r_m 的定义如下：

---

* 时间偏好(time preference)：一种利息理论认为，有些人宁愿现在使用金钱而付出代价；而另一些人如能得到利息，则宁愿将使用权力推迟到将来。——译者注

$$r_m = u + \underline{d} - P^* \tag{2.10}$$

假设 $\underline{d}$ 等于零，当

$$u = r + P^* = r_c + P^* \tag{2.11}$$

我们可知，实际货币财富处于最优数量状态。也就是说，货币的边际生产率可以从持有货币的机会成本，即名义利率或货币利率 $i = r + P^*$ 中推导出来。

从生产能力函数中——该函数描述了递减的货币边际产出 u、财富约束因素和最优条件——人们可以推导出下面的货币需求函数：

$$D_m = l(Y', r_c, r, r_m) \tag{2.12}$$

式中，Y'、r_m 同 D_m 正数相关，r_c、r 同 D_m 负数相关。如果用实际货币需求和收入的即期变化率表示公式(2.12)，可能更加方便：

$$\dot{D}_m = l'(\dot{Y}', r_c, r, r_m) \tag{2.13}$$

财富观中常用的假设是，D_m 对 Y' 的弹性为 1，即收入增长率每变动一个百分点，会导致实际货币需求增长率变动一个百分点。需求函数中的那些相对价格 *，不决定货币需求的增长率，但能影响货币需求占收入或财富比重的稳定性。相对价格中的某一项发生变化，会导致不影响 D_m 的 D_m/Y' 的一次性调整。财富观认为，这种调整是很重要的，它们在落后国家的货币化经历中占有重要的地位。

在财富观中，完全流动性的货币需求、充分满足的货币需求、或货币需求与收入之比，是很重要的，我们可以通过对公式(2.11)的修改来表示它：

$$u + \underline{d} = r + P^* = r_c + P^* \tag{2.14}$$

当 u 为零且名义存款利率 $\underline{d}$ 等于货币利率时，此时的货币需求就是完全流动性需求。而在边际产出为零时的实际货币存量下，财富的不同用途会导致均衡的边际收益率。如果满足下式，就存在相同的货币存量需求。

$$u - (-P^*) = r = r_c \tag{2.15}$$

也就是说，与利率 r 和 r_c 相等的预期的和实际的通货紧缩率 P^*，使货币

* 指 r、r_c、r_m。——译者注

需求达到了货币边际产出为零的水平。当达到这一水平且货币的完全流动性需求又得到满足时,货币体系便不能从发行货币和通货膨胀税中获得收益。

图 2.1 有助于说明货币需求的理论。

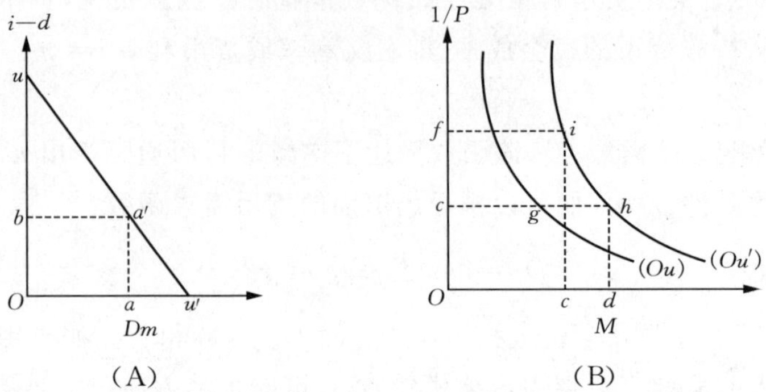

图 2.1　货币需求图示

在图 2.1(A)中,给定 Y', uu'就是货币需求不断扩大时货币的实际产出的轨迹,收入增加将使 uu'往右上方移动。Oa 是货币需求量,Ob 是 $r+P^*-\underline{d}$ 的代数和。当 $\underline{d}$ 增加,或者预期物价下跌,或这两者共同作用,从而使代数和 Ob 减为零时,货币需求量达到充分满足的水平,即 Ou'。当实际货币量为 Oa 时,由实际货币量带来的私人和社会净福利的增加,由 $ua'a$ 下面的面积所表示;当实际货币量为 Ou'时,福利的增加由 uu'线下面的面积来表示。如果以货币利率和名义存款利率的差额表示的持有货币的净机会成本为零,那么,在货币需求量为 Ou'时,福利将达到最大值。

图 2.1(B)中的双曲线,表示与图 2.1(A)相同的两种货币需求量。在曲线 Oa 上,名义货币量 M 和它的单位价值 $1/P$ 的各种组合,对货币持有者来说都是无差异的:g 点并不优于其他任何点。较大的货币需求量 Ou'同样也是由 i 和 h 或其他各点组合而成,各点对货币持有者来说也是无差异的。相应地,货币持有者并不在乎实际货币需求的各种增长率是如何取得的:任何 $\dot{D}_m$ 都可以由许许多多符合 $\dot{D}_m=\dot{M}-\dot{P}$ 这个条件的 $\dot{M}$ 和 $\dot{P}$ 的组合予以满足。

货币供给和货币政策工具

任何实际货币存量都可以由 M 和 P 的各种不同的组合构成。名义货币

增长率 $\dot{M}$ 和物价增长率 $\dot{P}$ 的各种相应的组合，形成了不同的实际货币存量增长率$\dot{\underline{M}}$：

$$\dot{\underline{M}} = \dot{M} - \dot{P} \tag{2.16}$$

在长期内，由于货币市场处于持续均衡状况，因而：

$$\dot{\underline{M}} = \dot{D}_m \tag{2.17}$$

而且，在货币市场上，物价变化率 $\dot{P}$ 由上述差额决定：

$$\dot{P} = \dot{M} - \dot{D}_m \tag{2.18}$$

当财富所有者的实际货币需求和货币体系的名义货币供给这两者的增长率给定时，通货膨胀率或通货紧缩率——货币市场上的一种现象——会维持货币市场的均衡。货币体系可以满足任何实际货币增长率的需求，这种满足是由 $\dot{M}$ 和 $\dot{P}$ 的无数相应的组合达到的。货币体系用确定 $\dot{M}$ 这一简单的手段来行使它的抉择。货币持有者对任何 $\dot{M}$ 和 $\dot{P}$ 组合下的 $\dot{D}_m$ 是无差异的，所以，货币体系可以对 $\dot{M}$ 和 $\dot{P}$ 的组合进行选择。

由货币供应者控制的 $\dot{M}$，是货币政策的一个工具，因为它是控制 $\dot{P}$ 的手段。因为 $\dot{P}$ 可以完全被货币持有者预见，所以，货币供应者对 $\dot{P}$ 的调整，也是控制预期通货膨胀率 P^* 的一个手段。反之，价格水平的预期变化率又是控制实际存款利率 $\underline{d} - P^*$ 或 d 的一个手段，当然，控制这种利率的另一个手段是名义存款利率。实际存款利率是货币政策的最终手段，M、P 和 $\underline{d}$ 只是被当作间接手段。实际存款利率的上升会导致货币深化，它们会提高货币存量需求对收入的比率，从而，增加相对于收入的均衡货币存量；而实际存款利率的下降，则使这些比率的实际值和意愿值降低。如果像财富观常常假设的那样，P 有完全的灵活性，那么，货币市场上的所有参与者，对代数和为 d 的 $\underline{d}$ 和 $\dot{P}$，或 $\underline{d}$ 和 P^* 的无数种组合必定是无差异的。

财富观与最优货币政策

财富观和凯恩斯式财富观对各种存款利率的选择——对最优货币政策的选择——是非常简单的。对没有发行成本的货币而言，实际存款利率的制定必须与物质资本的实际收益率和消费者的定期贴现率相等。这样，货币的边际生产率就下降为零，实际货币存量的需求和供给，就处于完全流动性水平或充分满足水平。相当于零的边际生产率等于货币的边际成本，这样，货币深化的收入效用就达到了最大。

在名义货币存量固定、价格水平灵活变动的情况下，货币政策的这个最终目标是能够实现的。在货币需求的收入弹性为1的稳定增长模式中，物价紧缩率和收入增长率将相等，名义存款利率 $\underline{d}$ 则由收入增长率 $\dot{Y}$ 和物质资本收益率 r 的差额决定。按照 $\dot{Y}$、$\dot{P}$ 和 r 三者相等的最优增长轨迹，名义存款利率可能是零。货币当局将不增加名义货币的发行，不规定存款利率，并允许物价紧缩，以维持实际货币对实际收入和物质资本的最优比率。在这种情况下，货币当局将无事可干。随着福利达到极大值，货币当局将失业，在技术上它将被灵活的物价水平所取代。

我们可能要放弃物价水平会灵活下降的假设。这样，在短期的收入和就业不稳定时，物价下跌会带来社会福利的损失，这是不可取的。没有理由去偏离完全流动性目标。假定货币需求对收入的弹性为1，货币当局可以使 $\dot{M}$ 和 $\dot{Y}$ 相等，来保持物价稳定，并使名义存款利率等于 r。在由货币当局决定名义货币增长率和存款利率的情况下，物价下跌的刚性不会损害社会福利。诚然，货币当局要忙于分配其造币利润，但这不花费什么成本。

货币持有者也许会预期某个通货膨胀率不会低于 $\dot{P}_e^*$，因为在以往很长时间内，货币当局采用了这种通货膨胀率，从而无法使货币持有者相信物价会更加稳定。再一次没有理由去偏离完全流动性目标。货币当局只须按照实际收入增长率加上 $\dot{P}_e^*$ 之和这个比率去扩张名义货币，并对货币余额支付 $r+\dot{P}_e^*$ 的名义存款利率。如果名义存款利率同自由市场的货币利率完全相等，那么，对任何通货膨胀率而言，经济都能从实际货币中获得最大的收入效应。

对实际的和预期的通货膨胀的描述，可以在实践中不断找到类似的情形。也许，作为避免短期不稳定的一个条件，货币工资率必须按比率 $\dot{W}$ 提高，尽管劳动的边际产出增长率只是更小的 $\dot{w}$。这两者的差额预示着一个可以完全预见的产品价格水平上涨率。为了使货币持有者的货币资产达到完全流动性水平，名义货币的增长率应该是 $\dot{Y}+\dot{W}-\dot{w}$，名义存款利率应该是 $r+\dot{W}-\dot{w}$。有时这种现象被描述成工资推进的通货膨胀。然而，这种通货膨胀是名义货币的相应增长率带来的，而不是由于货币工资率的提高产生。如果想避免短期的不稳定，$\dot{W}$ 的定值应该考虑通货膨胀率水平，而且，由于劳动者在过去经历了 $\dot{P}$ 以及由 $\dot{P}$ 引起的 $\dot{M}$，$\dot{W}$ 才定得很高。实质上，工资推进是价格水平刚性的一个特例。

在我们考察过的所有情形中，都有可能取得货币市场的完全流动性。现在转而考察不能实现最优化的情形。我们假设：$\dot{P}$ 是正值，且不会灵活的下降；由于某些制度上的原因，对存款不支付利息。这样，货币体系很可能要征收通货膨胀税，但它不可能把这些税入作为持有货币的报酬再归还给货币持有者。因而，货币对收入的意愿比率必然要下降到充分满足水平之下，经济中福利的损失将大于通货膨胀税的收入。在图 2.1(A)中，这个超额部分是由 $aa'u'$ 区域来表示的。作为经济中总收入的一个部分，福利的损失会随着最低通货膨胀率的提高而增加，而存款利率却不能补偿它。诚然，货币当局可以获得这种通货膨胀税入，用于一些财政目的，但是，由于这些财政目的的实现，在运用其他手段而不是通货膨胀时不会花费社会成本，所以财富观认为，通货膨胀必然使经济受到损害。

弗里德曼教授最近关于美国货币政策的建议，可以从我们的最后两个事例中推导出来。由于美国曾有通货膨胀的经历，或许还由于工会领导人的虚荣自负，取得的最低 $\dot{W}$ 是零，不可能再低，最佳的物价下降率等于 $\dot{w}$，大约为 3%。已知收入稳定增长 4%，实际货币需求的收入弹性为 1，这样，适宜的 $\dot{M}$ 应该是 1%。如果货币需求的收入弹性增大，假定是 2，那么，适宜的 $\dot{M}$ 应该是 5%。*

按照弗里德曼教授的货币定义计算，美国各类金融资产的平均名义存款利率，还没有高到足以弥补 3%的物价下降率同物质资本收益率之间差额的地步，因为货币包含部分现金，而对现金部分是不可能支付利息的；还因为对存款货币的名义利率 $\underline{d}$ 规定了上限，从而，名义存款利率 $\underline{d}$ 很低。因而，这就表明，完全流动性不可能实现，而包括政府和银行的货币发行者则从货币持有者那里征收了一种不抵偿的税。给定对 $\underline{d}$ 的限制，如果决定名义货币和物价上涨的现行政策很自由，以致可以提高最低限的 $\dot{W}$，并使物价下降

* 因为 4% × 2 − 3% ＝ 5%。——译者注

率达到3%以下，那么，社会福利的损失必然增加。名义货币的扩张必须稳定在2%的范围内。

弗里德曼教授坚信私人银行业具有竞争力量和绕开名义存款利率管制性上限的能力。④他接受这样的观点：通过给货币持有者提供服务，银行能够支付高于上限的存款利率。如果这个观点正确，如果银行被认为可以支付随通货膨胀率的波动而变化的额外费用，那么，对长期社会福利而言，稳定的货币工资率根本不是很重要的，2%的规则也可以被放宽。⑤

资本市场

在由各种市场构成的环境中，货币市场找到了均衡的实际货币存量和实际存款利率，资本市场也会找到均衡的真实资本存量和实际利率。因为在财富观和凯恩斯式财富观看来，在财富所有者的资产组合中，实际货币同真实资本有替代性，货币市场和资本市场将同时达到实际货币对资本、存款利率对实际利率的均衡比率。在这一部分中，我们将讨论资本市场以及它同货币市场的相互依存关系，首先介绍财富观的观点，然后再介绍凯恩斯式财富观的观点。

财富观和资本市场

在财富观的模式中，产出是可以无限分割的，它可用于消费或投资。因为储蓄者就是投资者，故不存在买者同卖者面对面的资本市场。合一的储蓄者和投资者，根据与货币积累这个第三种资产选择有关的同质消费的吸引力，来决定同质资本的持有和积累。他们会获得单一的实际利率。尽管现存资本可用于消费，但下面的分析却将其视作投资的净增长。

物物交换经济中的储蓄—投资　为了便于分析财富观，首先考察一下物物交换经济中资本市场的均衡可能是有益的：

$$I = sF(K, L) \tag{2.19}$$

把公式(2.19)两边按人均基数折算，然后用资本存量 K 去除 I/L 的分

子和分母,并假设经济是平衡增长的,我们可得:

$$nk = sf(k) \tag{2.20}$$

这里,n 是产出、资本和劳动的增长率,k 是资本—劳动比率,储蓄倾向 s 是一个常数。符号 nk 是资本需求的增长,$sf(k)$是可为这部分资本需求融资的储蓄,这两者都是按人均水平计算的。[⑥]

储蓄—投资和无谓货币(deadweight money) 简单的财富观模型把货币当作财富,而不是当作收入和生产要素。货币积累同真实投资 I 发生竞争:

$$I = sF(K, L) - \Delta(M/P) \tag{2.21}$$

如果实际货币需求是收入的一个固定比例 o,如果货币市场是均衡的,那么,公式(2.21)可以写成:

$$I = sF(K, L) - o\Delta F(K, L) \tag{2.22}$$

用收入去除以这个式子,人们可以得到下面两个变量——以真实资本和货币这两种形式积累财富的"常数储蓄倾向"s 同只以真实资本形式积累财富的"真实储蓄倾向"s_p——的重要区别:

$$s_p = s - on \tag{2.23}$$

真实储蓄倾向 s_p 同货币需求系数 o 成反向变动。

用来描述物物交换经济的公式(2.20),必须进行调整,剔除货币化的储蓄:

$$nk = (s - on)f(k) \tag{2.24}$$

该式充分表明了财富观和凯恩斯式财富观的基本主张和观点——实际货币增长对实际资本增长具有替代效应。货币对收入的意愿比率 o 的任何提高,必定导致资本—劳动比率的下降。假定资本—劳动比率没有超过其最优界限,那么,货币的丰裕就是资本的枯竭,货币窖藏就意味着稳定增长轨迹上消费的减少。因为资本—劳动比率 k 的任何下降都会增加资本的边际产出和提高实际利率,积累货币就会造成信贷紧张。如果货币—收入比率 o 是实际存款利率的正函数,那么,实际利率同实际存款利率就有正相关关系,而预期通货膨胀则会降低实际利率。仅仅观察资本市场,人们可能会得出这样的结论:很低的、甚至是负数的实际存款利率会增加消费者福利。而这意味着,当根本不存在货币时,福利会达到最大。

同作为收入和生产要素的货币相联系的储蓄—投资　财富观和凯恩斯式财富观都不会接受这样一个结论:物物交换经济和没有货币的经济的境况会更好。通过对货币市场的分析,人们已经知道,当货币需求得到满足时,会增进福利。资本市场的最优化意味着完全不需要货币,货币市场的最优化要求货币获得充分满足,这个两难问题是很容易解决的。解决这个问题的第一步,是把实际货币增长当作收入,于是,公式(2.22)可由下式来取代:

$$Y' = F(K, L) + o\Delta F(K, L) \tag{2.25}$$

$$I = s[F(K, L) + o\Delta F(K, L)] - o\Delta F(K, L) \tag{2.26}$$

推导过程同公式(2.22)一样,由此,我们得到了公式(2.23)和(2.24)的替代形式:

$$s_p = s - (1-s)on \tag{2.27}$$

$$nk = [s - (1-s)on]f(k) \text{⑦} \tag{2.28}$$

把实际货币增长当作收入进行计算,其结果会提高真实资本—储蓄比率。货币以一种财富观储蓄效应的方式取代了消费,而不仅仅是取代真实资本储蓄,它部分地抵消了替代效应。

摆脱最优化两难问题的第二步,是引进实际货币增长的收入效应。按照公式(2.1),实际货币作为一个要素被列在生产函数中,该函数变成了$G(K, L, M/P)$,而不是$F(K, L)$。在真实资本和劳动力的每一种组合下,货币化社会能够获得的产品数量,都要多于物物交换社会。货币化社会的实际利率、实际工资率和人均产量也在较高的生产可能性边界上决定。

真实储蓄倾向的定义同公式(2.27)一样,保持不变,但是,资本市场的均衡条件,即公式(2.28)变成:

$$nk = [s - (1-s)on]g(k, m) \tag{2.29}$$

我们知道,$g'(m)$是正数,因而,公式(2.29)的右边表示,人均实际货币的增加,都会导致资本市场上人均真实资本储蓄量的相应增加,这样,产出和劳动力的每一个稳定增长率n,会产生较高的资本—劳动比率k。货币需求系数o的增大,一定会提高资本市场上的实际利率:通过收入效应,实际存款利率和实际利率是正数相关的。但是,实际利率倾向于提高,是因为资本更具有生产力,而不是由于它更加稀缺,在每一实际利率水平下,人均收入的相应增加,可以确保更多的真实储蓄和较高的 k。货币提高了最优增长轨迹中资本—劳动的比率和消费—劳动的比率。

公共政策和最优化两难问题　由于替代效应,实际货币增长将储蓄从资本市场上抽走了。由于储蓄效应,被抽走储蓄中的一部分又回归到了市场中。由于收入效应,劳动和可以无限分割的资本变得更有效率,从而,每一资本—劳动比率下的较高水平的人均收入,会弥补被抽走储蓄中相当大的一部分。流往资本市场的净储蓄量是不确定的,但是,最优资本—劳动比率被提高了。

按照财富观的看法,公共政策能够完善地和低代价地解决两难问题,货币的充分满足是以牺牲资本市场的最优化为代价的。经济中可以既有最优的货币量也有最优的资本量——最优的 m 和最优的 k。使货币达到最优的关键,是一种使货币的边际产出 u 减少到零的实际存款利率,而达到最优的 k 和 r 的关键,是真实储蓄倾向 s_p。如果 k 低于最佳水平,财政当局就会把从国营企业获得的收入更多地贮藏起来,也可能对个人所得征税,使政府的储蓄和投资都大于纳税人愿意承受的比例。如果 k 很高,财政当局会对公共消费项目投资,或降低税率。影响 d 的金融手段和影响 s_p 的财政手段,都不花费社会成本,在最终解决最优化两难问题上是可以结合起来的。

显然,在财富观的模式中,货币不是中性的。实际存款利率的任何变化,都会影响生产函数、储蓄函数和消费函数。这意味着,税率、政府消费和投资要作一些相应的调整。诚然,不影响实际存款利率的名义货币的变化是中性的,如果名义存款利率根据通货膨胀率作了调整,那么,通货膨胀率也就无关紧要了。实际货币存量、实际货币存量变化率和收益率都不是中性的,如果想要实现货币财富和物质财富的最优深化,公平地进行干预就是必要的。

凯恩斯式财富观和资本市场

在《就业、利息和货币通论》中,凯恩斯勋爵把资本主义经济置于静态均衡的分析之中,以探索导致人力和物质财富长期处于非充分就业的结构性缺陷。他的分析证实了无发行成本的无谓货币和其他流动性资产是资本主义经济的结构性缺陷之一。在他的 $\dot{P}$ 等于零的固定价格模型中,不管实际货币存量有多大,货币自身的收益是确定的,不可能下降到零以下。私人投资者认为,储蓄的替代形式即真实资本的实际收益率不是确定的,而是容易变化的。这种主观风险依附在真实资本上,其收益率也就没有社会标准:私人对利率的缺乏远见是第二个结构性缺陷。

由于实际货币可以作为私人储蓄的一种方式,物质财富的实际利率若低于平均期望值,私人真实储蓄倾向就会缩小。为了回避风险,就存在着以货币财富替代物质财富的意愿,这种流动性偏好需求,既意味着一种对实际资本积累的替代效应,又包含着一种就业效应。货币需求不会引诱就业,因为货币发行没有成本,而且,除非公共政策进行干预,现有资本和劳动力就业水平的下降,还会阻止货币需求的增加。但在存在实际利率的不确定性时,货币就具有一种就业效应。从整个社会的角度看,存在着解决资本主义社会这些缺陷的方法,它们可以使货币市场和资本市场都达到最优化。

凯恩斯勋爵强调私人部门存在双重储蓄决策。财富所有者决定收入中未用于消费的份额 s,以及相对于实际货币余额储备份额 s_m 的增加而增加的物质财富的储备份额 s_p。由私人证券市场联结起来的储蓄者和投资者的区别显示了双重储蓄决策的重要性,但是,这种区别对凯恩斯所分析的资本主义的缺陷并不重要。在凯恩斯的货币市场上,他注意的是下述两者的区别,即用于交易动机的货币需求同作为逃避真实储蓄投资风险的暂栖所的货币需求的区别。

货币市场的均衡可以表述为:

$$\frac{M}{P} = o_1 F(K, L) + o_2(i) \tag{2.30}$$

这里,交易需求同实际收入正数相关,流动性偏好需求同货币利率负数相关,在某一很低的 i 水平下,货币需求的弹性变得无限大。只有在固定价格模式中,货币利率才与实际利率相等。

资本市场的均衡可以表述为:

$$I = sF(K, L) - o_1 \Delta F(K, L) - \Delta o_2(i) \tag{2.31}$$

由于两种静态均衡的收入水平增加的货币交易需求，以及与函数 o_2 的变动或 i 的下降联系在一起的增加的货币投机需求，都会降低真实储蓄对收入的比率。

$$s_p = s - \frac{o_1 \Delta F(K, L) + \Delta o_2(i)}{F(K, L)} = s - s_m \tag{2.32}$$

这样，公式(2.31)变成：

$$I = (s - s_m) F(K, L) \tag{2.33}$$

公式(2.33)显示了各种财富观一致同意的实际货币增长的替代效应。给定 s，在收入较高或 i 较低的情况下，意愿的真实储蓄比率会逐步递减为零，这是被意愿的货币储蓄比率 s_m 压低的。在特殊情况下，储蓄才会掉进流动性陷阱$[o_2(i)/F(K, L)]$。

在满足下式时，总产出市场将处于平衡：

$$F(K, L) = C + I + G \tag{2.34}$$

这里，C 代表私人的消费需求，G 代表政府对物质产品的需求。有效需求的构成可以改写成：

$$F(K, L) = (1 - s) F(K, L) + s_p F(K, L) + (s - s_p) F(K, L) \tag{2.35}$$

该式表明，如果造币利润在发生财政赤字时被政府支出了，产出就会达到充分就业的水平，但是，造币利润可能被用于购买私人部门的产出。例如，假若私人预期的实际利率 r 不是很低，以至增大的私人财富需求不只是要求增加货币财富时，货币体系就发放贷款。如果充分就业时的差额 $s - sp$ 不能消除掉，商品市场的均衡一定是建立在较低的产出水平上。因为 s 是一种随收入下降的平均比率，只要 s 还没有下降到零，产出就可能下降，由储蓄提供的增大的实际货币需求也会被消除。如果 $s - s_p$ 不能被政府支出、私人产出需求的自发变动、或流动性偏好的下降消除掉，这个差额就只能通过现有的物质和人力财富的不充分就业来消除。

在货币市场、储蓄市场和产品市场处于静态均衡状态时，劳动力市场上可能存在经常性的过度供给。货币工资率和产品价格 P 的下降，对恢复充分就业是无能为力的。给定 r,它们的作用只能是降低货币利率 i,增加货币需求,提高 s_m 和扩大差额 $s-s_p$。这就是说,通过物价下跌来扩张实际货币量,仅仅使货币财富比物质财富更具有吸引力。预期的物价下跌实际是一种货币存款利率。

在《就业、利息和货币通论》中,凯恩斯阐明了他的市场最优化标准和达到这个最优化标准的政策手段。对劳动力市场而言,最优化意味着充分就业。对资本市场而言,最优化意味着食利者的自行消失,以及资本—劳动比率达到最优水平。至于货币市场的最优化,是指实际存款利率和货币边际效用都为零时,货币需求得到充分的满足。

《就业、利息和货币通论》所表达的凯恩斯式财富观,是财富观的一个复杂化的变种,它在财富市场上引进了风险的概念,并追索静态均衡时货币需求对就业的替代影响。财富观后来的发展,加进了储蓄效应和收入效应。作为一位造诣很深的货币理论家,凯恩斯勋爵充分认识到了实际货币对福利的作用,并且毫不怀疑地认为货币的收入效应是理所当然的。

财富观和货币—金融资产结构

在前面的讨论中,货币财富就是政府的法定货币,它们同质且无发行成本。在这一部分中,我们将简略地考察一下财富观模式中货币的其他形式和非货币性金融资产。对每一种新资产来讲,都存在一个新市场,它们各有其最优化的标准。

存款货币和通货

在和谐的财富观中,出于某些不明显的原因,用支票转让的存款同通货之间是有所差异的。此处提出的唯一新问题是,尽管通过物价下跌可以对这两种货币形式支付名义存款利率,但对手持通货支付名义存款利率实际是不可行的。如果排除物价下跌的因素,完全流动性的存款利率就只能支付给存款,其结果就是公众对通货的需求减小,货币需求不可能达到充分满足水平。可以设想这一差异会增强实际货币增长的收入效应,但是,它的作用却要打点折扣了。

实体货币

法定货币没有发行成本和贮存成本,在社会资产负债表中,它属于净财富。而实物货币或实体货币不是无成本的,它的发行不是社会财富的增加,而是从其他用途财富中转移出来的财富。在生产货币和为货币流通服务的资源被算作财富后,如果再把实际货币存量算作财富,这就是重复计算了。

实体货币的最优存量,不是完全流动性的存量。原因很简单,在达到完全流动性时,等于零的货币的社会边际效用,将低于生产货币的实际边际成本。财富观认为,实体货币是无效的,因为它很昂贵,没有理由能说明为什么采取实体货币形式就会增加货币需求。法定货币明显地比实体货币(如黄金)优越。人们在理性上不喜欢法定货币,其根源在于理性和预见性的僵化、顽固和偏见,而这些在财富观模式中是根本不存在的。

内部货币和外部货币

财富观没有涉及内部货币和外部货币的差别。实际货币是财富,不管它是国家发行的,是私人银行制造的,还是美国运通公司发行的旅行支票。不管货币的发行者怎样把它们投入流通,它们都是财富。最优化的完全流动性规则适用于所有的无成本货币。在所有情况下,实际货币增长的收入效应和替代效应都是相同的;如果不同的货币发行者以同样的方式花掉造币利润,那么,储蓄效应也是相同的。

私人银行业

货币体系不是只由货币当局独家组成的。该体系中往往还有私人银行业;货币供给可能是由货币当局发行的高能货币和银行货币构成的,也可能只有银行货币。这里,我们只考虑各种可能的组合中的两种情形:一种是私人垄断货币发行,另一种是竞争性银行业和货币当局共同发行货币。在这两种情形中,都有一个银行营业特许权的新市场,它有自己本身的供求条件和社会最优价格。

私人货币垄断者可能没有货币幻觉,他不关心名义货币存量 M 和物价

水平 P。货币当局则必须确定 M 的一个基期总量。于是,该垄断者往往要去确定变化率 $\dot{M}$ 和 $\dot{P}$,以及名义利率,这是使其实际收入流量最大化,并在实际利率给定时,使其注册资本价值最大化的名义利率。他将固定实际存款利率,以使人均实际货币存量达到这样的规模,即在这种存量规模下,货币持有者对其产品、即货币的需求具有数值为 1 的弹性。显然,完全流动性存款利率不合私人货币垄断者的口味。货币当局可以用一种新的货币控制手段,一种等于货币利率和充分满足的实际货币存量乘积的税负,将完全流动性利率强加给他。这是一种负债,它超过了由低于充分满足的实际货币存量的实际货币余额产生的收益。这种税负可能使该垄断特许权的价值降低到零,为此,一个精明的垄断者会抛弃它的营业特许权。

相反,货币当局会尝试着把货币发行的权根转交给由许多银行企业组成的银行业。货币当局将按照申请,免费颁发营业执照,但要规定每个银行最初的名义货币发行额。货币当局不规定存款利率,也不使用税收去影响它,因为在财富观模式中,银行业不花费成本,银行之间的完全竞争将形成一种完全流动性利率。竞争会迫使每一家在营业中未投入要素的银行,把通过货币发行获得的全部收入都归还给货币持有者。当货币当局就是货币发行垄断者时,如果货币当局确定了实际存款利率,使它和 r 相等,那么最优化就实现了。就私人银行业的各种情形而言,如果银行的营业特许权没有价值,最优化也就实现了。这暗含着,在财富观模式中,不存在有理性的私人银行家。

对私人银行规定百分之百准备金的建议,符合货币财富观的思想。虽然这样一种准备金会准许私人银行发行名义货币,但是,在完全流动性状况下,货币当局会占用货币发行产生的实际收入,当局应该把这部分收入转移给货币持有者。这种情形是对政府当局垄断货币发行、对私人货币发行垄断者征收一种完全流动性税收,以及银行业自由竞争等等情形的替代形式。在这种情况下,银行特许权是没有价值的。

非货币性金融资产

在财富观理论中,没有论及不完全货币(part moneys),以及具有不同程度货币性质和真实资本权益的那些工具。财富所有者可以通过持有一部分货币和一部分真实资本,来取得合理的财富结构,而不需要持有混合形式的财富来节约成本。此外,货币当局对货币市场最优化的认识还不会如此无知,会去把存款利率压低到完全流动性水平之下,以促使银行去区别货币和创造能逃过当局检查的、有较高存款利率的新型货币。货币是简明和同质的货币。

在财富观看来,非货币性金融中介的存在缺乏合理的依据。掌握和持有物质财富的产权证书,并不能取得规模经济的效益,在获得真实资本收益率的信息上,也不存在特别的优势,而这种收益率是以中介机构按低于r的利率出售其间接债券为基础的。在财富观中,人们不会找到又是货币又是中介债务的资产,存在的只是优良证券和货币。在下一章中,我们希望能够搞清财富观是否需要货币。

如果财富观的模式试图把储蓄者同投资者区别开来,以便引出私人证券,证券的到期日仍是无足轻重的。因为资本的边际产出是固定和可以完全预见的,所以,任何期限的证券都可以流转,所有证券的实际利率都是相同的。假若货币当局采用了一个固定的通货膨胀率,对各种期限的证券来讲,货币利率将是相同的。虽然变动的通货膨胀率会使不同期限的证券产生不同的收益,但是,对远期利率而言,通货膨胀率是完全可以预测的。证券市场将是一个同质的市场,它也将是一个没有存在必要的市场。

结　论

财富观离落后经济太远,凯恩斯式财富观稍微靠近了一点,因为后者考虑了风险和风险的回避。然而,甚至在稳定增长的经济中,财富观和凯恩斯式财富观的一些原理也极易受到批评。例如,在一条平衡增长轨迹上,货币是如何扩大生产可能性的,这点很不清楚。还有,正如我们将在下一章要指出的,替代效应是虚构的。但另一方面,财富观和凯恩斯式财富观考察的货币市场与资本市场的各种情形,又是与落后经济密切有关的,譬如,对货币的相对价格、货币的实际存款利率以及货币深化的重要性的重视。由于没有吸取财富观和凯恩斯式财富观提出的某些教训,落后经济付出了高昂的代价。债务中介观——我们现在就要转向它——的目的,就是要改造财富观和凯恩斯式财富观,使它们能用来发现和改正货币政策与财政政策的失误。

文献目录

关于货币化经济的增长理论不是刚刚产生,而是已经有所发展了。下面这些参考书是这些理论中的代表作,虽然列出的不多,但它们具有相当的代表性。我们的目的是把货币理论的一些原理引入发展中国家或落后国家的政策讨论。下述参考书所分析的范围和深度超出了我们的目的所要求的内容。

Phillip Cagan,“The Non-Neutrality of Money in the Long Run: A Discussion of the Critical Assumptions and Some Evidence”, *Journal of Money, Credit and Banking*, May, 1969, pp.207—227.

Harry G.Johnson,“Inside Money, Outside Money, Income, Wealth, and Welfare in Monetary Theory”, *Journal of Money, Credit and Banking*, February, 1969, pp.30—45.

Allan H.Meltzer,“Money, Intermediation and Growth”, *The Journal of Economic Literature*, March, 1969, pp.27—56.

Jerome L. Stein, “Monetary Growth Theory in Perspective”, *The American Economic Review*, March, 1970, pp.85—106.

注 释

① John Maynard Keynes, *The General Theory of Employment Interest and Money*, pp.353—358.

② 有大量的文献阐述过造币方面的税入,读者可参见 Martin J.Bailey,“The Welfare Cost of Inflationary Finance”, *Journal of Political Economy*, April, 1956, pp. 93—110; Milton Friedman, “Government Revenue from Inflation”, *Journal of Political Economy*, July/August, 1971, pp. 846—856; Robert A.Mundell,“Growth, Stability and Inflationary Finance”, *Journal of Political Economy*, April, 1965, pp.97—109。

③ Edgar L.Feige and Michael Parkin,“The Optimal Quantity of Money, Bonds, Commodity Inventories, and Capital”, *The American Economic Review*,

June, 1971, pp.335—349; Milton Friedman(ed.), *Studies in the Quantity Theory of Money*, pp.3—24.

④ Milton Friedman, *The Optimum Quantity of Money and Other Essays*, pp.46—47.

⑤ Milton Friedman, *op. cit.*, pp.38—39, 47.

⑥ Prakash Lohani and Earl A. Thompson, "The Optimal Rate of Secular Inflation", *Journal of Political Economy*, September/October, 1971, p.981.

⑦ 对这里的分析特别有用的参考文献可见 David Levhari and Don Patinkin, "The Role of Money in a Simple Growth Model", *The American Economic Review*, September, 1968, pp.713—753。

⑧ 在这一点上，特别要感谢詹姆斯·托宾(James Tobin)教授对货币增长理论的开创性研究。参 James Tobin, "Money and Economic Growth", *Econometrica*, October, 1965, pp.671—684。

3 货币、金融和资本积累(Ⅱ债务中介观)

金融抑制战略——一种产生过度需求和实行干预主义的战略——是在同财富观和凯恩斯式财富观的模式大不相同的经济中强制推行的战略。它会使落后经济更加落后,并使其偏离稳定和理想的增长轨道。在清除货币、资本、劳动力和外汇等等市场的扭曲中,包括金融深化在内的自由化战略,并不能创造奇迹。如果要在一个紊乱的经济环境中实施这种战略,那么,衡量和精确地描述它到底能起什么作用还是很困难的。然而,这种战略的确能使市场结构和市场行为发生变化,从而促使落后经济走上理想的稳定增长轨道。

本章讨论的债务中介观,适应(至少部分适应)非稳定增长的经济模式。在这种经济中,产品不是可以无限分割的,也不存在完全的可测性。债务中介观同财富观和凯恩斯式财富观的第二个不同点,就是它不是把货币看作财富,而是把货币当作货币体系的债务。但在许多情况下,债务中介观也运用财富观和凯恩斯式财富观的传统结论,来解释经济发展战略从抑制转向自由化、特别是转向金融深化的积极作用。

下面第一部分所进行的对比研究,将适合于落后经济的债务中介观经济模式同稳定和最优增长模式进行比较。第二部分讨论债务中介观模型的社会账户和生产条件。在第三部分,我们将再一次讨论货币市场,对于货币市场,债务中介观同财富观或凯恩斯式财富观是有分歧的。非货币性金融资产市场是第四部分的主题。第五部分将讨论资本市场。最后要简单地讨论一下金融组织结构问题。

环境对比:稳定增长与缓慢发展

财富观经济模式研究的是简单同质的生产要素,尽管这在实际生活中很难找到,但要汇总却很方便。劳动力市场上交易的对象是同质的有效劳动单位。产品和真实资本是可以无限分割的。生产过程中采用的是稳定发展的、单一化的和最优的生产技术。一种单一的实际利率,不断地消除对物质财富、货币和政府年金的过度要求。然而,落后经济的模式,是以市场的分割闻名的,它不是许多个普通市场的集合体,这种经济中甚至不存在统一的货币市场。

在落后经济的市场上,不会形成统一的价格。市场上不存在单一的实际工资率,相反,却有城市劳动力、农村劳动力、本国劳动力、外国劳动力、有组织劳动力和无组织劳动力等等不同的价格。以商品和劳务反映的货币的相对价格也很难确定,因为一种商品有不同的价格,购买者所购商品的搭配也不尽相同。在所有的市场中,资本市场可能是最为支离破碎的一个市场,这是因为资本稀缺的严重性导致了资本市场上格外普遍的和歧视性的干预。各类市场上的差别价格通常并不是竞争价格:市场力量不仅受到政府控制,还受到市场上私人参与者的操纵。

在落后经济中,人们的时间概念很短。之所以如此,原因之一是资本稀缺,稀缺的储蓄用于短期投资才有高收益。原因之二是真实资本和金融资产的实际收益率曾有不稳定的经历,以往这些收益率的不可预见的波动,使得人们对远期交易产生反感,他们认为从事远期交易可获得的收益波动太大且不可预见。这种反感在金融资产市场上特别明显。在那里,短期金融工具占有支配性的地位,长期金融工具的实际数量很少,如果货币管理当局不规定这些长期工具的低收益,那么它们会有较高的相对收益。由于金融市场上没有形成一系列远期利率,所以物质财富的投资者在对长期投资连续提供融资时,会对风险顾虑重重。

在债务中介观模式中，对预期价格和收益率进行经常和不完整的调整，是同物价和收益的不可预见的变动相伴随的。在货币市场上，物价上涨率 $\dot{P}$ 确实背离了预期价格上涨率 P^*，结果是：具有非递增名义收益的各种资产，特别是货币，其实际价值容易发生不能完全预测的变化。这些资产上的风险，会将资产需求从正当的社会实际收益率中转移出来，并抑制相对于消费的财富需求以及相对于国外财富的国内财富需求。

有关真实资本和金融资产的收益的信息是昂贵和不全面的。投资者、储蓄者，甚至征税者都在一种不知道持有财富的成本和收益的不利情况下进行活动。对新投资项目、新企业和新行业的收益—成本分析，比占卜算卦强不了多少。如果花很少的钱用于数据库的兴建，而不去设立新的商业银行，资金配置上的浪费也会大大减少。

在财富观中，流动性是无成本的：将资源从低效使用转向高效使用不会产生麻烦，纠正资源的不合理配置也不会产生分配方面的后果。债务中介观则必须要考虑资源积累和配置上的失当所造成的长期影响。财富积累是一个渐进的过程，现有人力或资本存量的性质将影响储蓄市场上新的分配。政府对市场（如货币、储蓄或劳动力市场）的某些干预，表明它试图避免以往的失误所带来的社会成本。

在财富观中，除了货币市场和政府债券市场外，储蓄无须通过其他金融市场。储蓄者就是投资者，储蓄函数既描述资源从消费中转移出来，又阐明将资源用于投资。在可以无限分割的投入要素的生产中，不存在规模经济，在资本积累中，不存在大规模累积，而这些却可以证明储蓄者同投资者之间有必要进行专业分工。企业家才能是同质劳动力的一个部分，所有企业家在获取相关的信息和最优技术时，都同样不花费成本。债务中介观则关注一个完全不同的经济环境，在该环境中，投资机会不是同质的，存在着储蓄者和投资者估价不同的风险。债务中介观在其分析中必定会涉及各种各样的金融市场和金融创新，而这两者对资本积累一定会作出反应，并产生一种变动的收益分配。

最优境界是财富观奉行的准则。所有生产者都通晓最优技术，在资本存量、劳动力和由技术进步造成的生产要素相对价格的调整中，不存在时滞。在运用货币政策和财政政策的工具和技术时，不会发生摩擦和花费成本。

政府能够明确地制定政策目标，与此相应的各种政策手段可以随时采用且不花费成本。然而，债务中介观所处的环境却是技术扩散非常缓慢而且代价昂贵，在一定程度上，还要依赖金融市场和其他市场的改革，去支撑技术的扩散。人们意识到了公共政策上的限制条件，这些限制包括货币体系和财政体系的实际成本，政策目标的含混不清，以及政策效用的延滞。在生产、金融和政府干预等等方面，一般很难达到最优状态。

财富观模式中的部门划分非常简单。这种模式有一个私人内在部门和一个公共外在部门。大量的私营资本热衷于最大限度地扩大微观福利，国家则关心社会最优化的宏观目标。在债务中介观中，这种明确的部门划分不复存在，代之而起的是公私合营企业。国家权力被用来区别对待不同的阶层、集团和地区。国家的征税能力和借款能力被严格限制了。在许多方面，国家的所作所为颇像一个私人部门。这表明，在分析落后经济的市场时，这两个部门的债务要同等对待，私人部门的债务同政府部门的债务没有什么差别。①

虽然产出可以无限分割的经济与落后经济的差别很多，但我们这里提到的仅仅是一些对以后的分析特别重要的差别。必须强调的是，这些差别并不意味着，从简单的稳定增长经济中得出的关于货币的结论，对被扭曲的欠发达经济没有意义。在这两种经济中，都存在与其他市场相互影响的货币市场，而且，欠发达经济的所有特性都不能证明"结构主义者"关于货币现象的非理性观点可以代替分析稳定增长时得出的基本原理。

财富、生产和收入

在落后经济的社会账户和总生产函数中，债务中介观的显著特点被显示出来了。实际货币不算作社会财富，实际货币的增长也不被当作社会收入，货币不是一个生产性要素。储蓄单位同投资单位是划分开来的，它们通过各种金融市场被联结起来。就作为生产要素投入物而言，资金是有成本的。为了说明这些差别以及债务中介观和财富观之间的其他差别，我们先观察表格式的社会资产负债表，然后再讨论生产函数，最后去考察一些社会资金流量账户。

私人财富和社会财富

在同落后经济大致相应的债务中介观社会里，会计核算具有很大的不准确性。分割的市场产生不同的劳动力、财富和消费品价格，市场的不完整导致了私人估价和社会估价的差异。对存量和流量的其他估值和汇总方法，也可能形成对实际增长率，以及劳动力、物质财富、产出同金融资产的比率的大不相同的判断。将经济分隔开来，会产生具有不同收益率的金融资产。财富观资产负债表简单明了的特点已不复存在了。

表 3.1　分部门社会资产负债表

赤字部门(a)		盈余部门(s)	
资产	负债	资产	净值
K^a	B/iP	M^s/P	E^s
M^s/P		NM/P	
	净值	B^s/iP	
	E^a	E^b	
		E^c	
货币部门(b)		**非货币性金融中介部门(c)**	
资产	负债	资产	负债
K^b	M/P	K^c	NM/P
B^b/iP		B^c/iP	
	净值	M^c/P	净值
	E^b		E^c

表 3.1 列出了一张分部门的社会资产负债表。该表的第一分录是投资部门或赤字部门，它拥有部分物质财富 K，以及部分以存留利润和原始债务为基础的货币存量。第二分录是盈余部门，它拥有货币、非货币性间接金融资产 NM、一部分未清偿的原始债务和金融机构的实际证券。第三分录作为货币部门，它拥有物质财富和原始债务、作为其债务的货币存量，以及反映资产和负债差额的财产。最后一个分录是非货币性金融中介部门，它拥有物质财富、货币和原始债务，其资产主要来源于非货币性间接债务和存留利润。从眼前的分析目的出发，没有区别国家和私人部门：政府部门可以放

在任何一个或者所有的部门内考察。如果合并以上四个分录,剩下的账目将是资本存量 K 和非金融部门的累计证券这两部分。货币不会再留下来,因为它是被当作部门间的债务而不是被当作财富看待的。

在社会资产负债表中,货币被看作是支付手段,是一种节约寻找—交换过程中的人力和物质财富的工具。根据货币的实际存款利率的预期水平和波动幅度,货币作为私人资产组合中的一种价值贮藏,可能替代物质财富、原始债务或"债券"、公司股票和非货币性金融中介的债权。在金融业发达的经济中,其他资产对货币的替代弹性会从几乎是1逐渐趋近于0。如果货币的定义更广一些,将其看作购买力的暂栖所,握有它会产生非金钱方面的便利,那么,只有想入非非才能把货币与通常意义上的货币当局的政策和政策手段联系在一起。"货币"能给私人和社会提供服务,因为它是所有其他商品想要交换的物品,此外,使用货币可以省略寻找—交换过程,从而节省要素成本。作为支付手段,在用作开支的储备资产方面,货币往往具有压倒其他购买力的优势。

任何形式的货币——硬币、纸币或存款——都是发行者的债务,而不管发行者是货币当局还是私人银行。货币发行者应该为支付过程提供便利,对每一个实际货币存量来讲,都存在一个合适的存款利率。此外,货币发行者有责任兑换货币持有者不愿意持有的那部分实际余额,按照一个稳定的或下降的价格水平来回笼名义货币,或者以通货膨胀的方式拒绝偿付。

实际货币并非没有成本。供应货币要消耗大量资源,其发行费用包括铸造硬币、印制纸币和开立银行账户的小额成本,也包括将实际储蓄转向货币余额积累的成本:货币扩张的"财政"方面的成本是很高的,这在资本市场被分割和有关投资机会的信息很缺乏的落后经济中尤其如此。实际货币发行需要消耗实际资源,提供货币的支付手段服务也要消耗资源。货币领域把人力财富和物质财富从其他用途中抽出来,提供一种生产国民收入的技术,这种技术比物物交换经济中的技术具有更高的生产效率。

货币体系是一种从支出单位吸引储蓄的金融中介,由于货币体系的活动,这些支出单位放弃了消费,持有了更多的实际货币。货币体系把这些储蓄分配给其他支出单位,有些储蓄用于私人或政府的消费,有些储蓄用于私人或政府的投资。此外,货币体系还用自己的货币负债,去购买那些希望增加实际货币余额的支出单位的初级债券。最后，货币体系还在从货币体系购回其初级债券的储蓄者与新的借款者之间作媒介。通过挪用生产要素，货币体系减少了社会财富和收入。但是，如果存留在其他行业（包括家庭）中的生产要素配置比物物交换经济更有效率，那么，货币体系就会增加不包括货币在内的社会财富，也会增加不计入实际货币增额或货币提供的服务的社会净收入。

货币体系是金融体系的一个组成部分，而金融体系必须列入社会核算账户。其他中介体是金融体系的另一个组成部分。在阐明其他中介体上，基本原理是一样的：其他中介体的经营活动会发生要素成本并存在风险，社会资本存量产生的一部分收入会流入这些中介体，再由它们分配给储蓄者。这些中介体的负债就是对债权者提供各种服务的要求权，在某些情况下，这些服务被看作是最终产品生产者的中间投入物，在某些情况下，则被看作是最终消费者获得的利益。金融体系的第三个组成部分是初级证券市场，它以一定的成本提供服务，并按某种“债券”利率进行直接融资，这种利率低于资本边际收益，两者的差额足以弥补市场交易的成本。

货币可以由私人发行，也可以由国家发行。这样，可能会出现直接以国家的货币负债去交换私人部门的初级债券的情况。另外，还可能会出现以实际货币增额去交换私人储蓄的情况。国家可以把这部分储蓄重新分配给私人投资部门，或者用于政府本身的开支，如积累资本、消费和转移支付等。国家的货币供给会耗费以下成本：提供支付系统服务和分配货币发行实际收入的成本。国家往往行使垄断权力，自己占有这个有利的货币发行特权，或把这个特权产生的利益分成几股分发给它所选择的接受者。

生产条件

在落后经济中，生产不仅在私人企业和政府企业中进行，而且为了糊口和进行交换，家庭也参与了生产。投入要素和技术各不相同，产品市场和生产要素市场被分割，不存在统一的价格。国民净产值或国民收入在概念和统计上都难以确定。为了避免叙述和汇总上的困难，我们把总生产条件表述如下：

$$Y = H(K_1, \cdots, K_n, L_1, \cdots, L_n; T) \tag{3.1}$$

这里,Y 是实际收入,$K's$ 是生产用品,$L's$ 是异质劳动力,下标表示使用这些投入要素的各个行业,T 代表总生产过程。有些生产资料用于货币业(K_m, L_m),有些用于非货币性金融业(K_n, L_n),T 则限定了金融业生产函数中的技术。现在,我们假设方程不受规模经济的影响,只存在一般的边际替代关系。在各种行业内,边际产品是实际工资率 W 和实际利率 r 的竞争标准。因为不存在由统一的竞争性市场形成的单一要素价格,所以,不可能确定资本积累的最佳准则。

实际货币存量没有作为一个生产要素列入式(3.1)。但是,非货币性商品和劳务的产出 Y 代替了货币业投入的要素和采用的技术。货币业提供的服务,是其他行业、包括家庭的中间投入要素:实际货币余额一方面扩大了市场范围,另一方面又从寻找一交换过程和"购买力暂栖所"中释放出劳动和真实资本。根据式(3.1),债务中介观定义了一种实际货币增长的双重收入效应。由于实际货币增长将劳动力和资本从其他行业转入了货币行业,从而存在一个负数收入效应。正数收入效应与财富观指出的一样,实际货币增长将增加生产 Y 的各种要素的平均产出和边际产出。② 实际货币存量的增长会扩大各个有关市场内部的生产可能性,并使扩展的市场范围有效。

方程(3.1)表明,财富观主张的完全流动性,不可能成为实际货币增长最优化的目标。首先,不存在单一的名义利率,从而不能确定货币的存款利率水平$\underline{d}$。第二,实际货币的扩张具有边际要素成本,因而,在完全流动性水平下,货币的边际收益将低于边际成本,从社会的角度看,这将损失某些可以获得的产出。完全流动性目标没有考虑到货币的负数收入效应。

收入与产出账户的流量

按照要素份额,我们把国民净收入定义如下:

$$Y = rK + wL \tag{3.2}$$

收益率 r 是异质物质财富的不同收益率的一个向量。在财富市场不统一的经济中,人力财富的收益率 w 是复杂的。因为不能假定生产要素市场是竞争性的,人们之间的收入分配,不仅受其所拥有的生产要素的生产率的影响,而且受到市场力量的钳制,当然,这种分配还受到财政再分配和转移支付的影响。应当指出的是，式(3.2)没有包括实际货币增长，却列入了金融业使用的各种要素的收益。

收入在消费、储蓄和投资上的分配是：

$$Y = C + I = C + S \quad (3.3)$$

收入用于消费或投资，投资是通过储蓄融资的。货币存量的增长不算作财富的增加，这样，储蓄总额是指物质储蓄，并不包括整个社会在实际货币增长上使用的储蓄。货币和其他金融资产不会提供作为消费的一个部分的最终服务。

在分部门衡量收入的分配和转让中，货币和非货币性金融资产确实会出现。[③] 由货币体系和非货币性金融机构组成的中介部门，通过发行它本身的债务(包括货币)，从储蓄超过真实资本投资的盈余部门吸引储蓄，中介部门把这些储蓄用于自身的真实资本积累，或用来交换初级证券或“债券”，以帮助投资超过内源融资储蓄数额的赤字部门积累资本。中介部门还从某些借款客户对债券的偿付中吸收储蓄。最后，在没有吸收新的储蓄而只进行资产结构调整的情况下，中介部门随时可用货币或对它的其他要求权来换取初级证券。

在某种程度上，意愿储蓄是对实际货币余额和其他金融资产增量的需求，意愿投资是初级证券实际增量的供给。货币体系和其他金融机构通过下述方式发挥媒介作用：发行储蓄者愿意持有的实际货币和非货币性间接债券，购买投资者愿意欠下的实际初级债券。相应于债券数量 B 和货币体系资产组合中每张债券的实际价值的变化，通过增加名义货币或降低物价水平，中介过程会增加实际货币存量。

货币体系得到了 rK^a 中与 B^b/P 相等的一个份额，作为其总收入(见表 3.1)。在对自有的 K^b 进行折旧、支付所用劳动力的工资、支出其他投入要素，以及按实际存款利率 d 向货币持有者支付利息时，货币体系会花费成本。r 和 d 之间的差额，是衡量维持支付机制和中介活动的单位成本，也是银行股东承担风险的报酬及银行垄断权力的一个标准。把这个差额降低到竞争性最低限度，是货币政策的一个目标，但是，用提高 d 使这个差额减少到财富观主张的完全流动性，让它同 r 相等，则是无效率的。[④] 货币化和中介化不是没有成本和风险的。同样,非货币性金融机构也获得了 r 同其存款利率 d 之间的利差,使这个利差保持在竞争性水平,也是金融政策的一个目标。

在上一章中,名义货币的增长率被当作对货币持有者的一种征税,通过支付存款利息,这种税可以归还。假若不归还,这种税就是货币体系创造货币财富而获得的收入。按照债务中介观的看法,货币不是财富,其实际存量的增加也不是收入。然而,如果货币持有者不能通过存款利息得到补偿,那么,涉及名义货币扩张而不是物价下跌的中介化,将把货币体系的总收入从货币持有者手中转移给赤字部门或银行股票的所有者。通货膨胀税重新分配了 rK 的一个部分,降低了经由货币体系的中介化流向资本积累的储蓄的报酬。

社会账户描述了 rK 的分配,这是补偿金融过程所使用的要素和为储蓄者分配的。在内源融资中,储蓄者按利率 r 获得收益;在直接融资中,储蓄者按利率 $1-\dot{P}$ 获得收益;对货币持有者来讲,是按利率 d 获得收益;对非货币性中介机构的债权所有者而言,却是按利率 d_n 获得收益。银行股权持有者取得的收入,可能是银行具备的企业家才能和承担风险获得的报酬,或通过货币市场和初级证券市场上的不完全竞争,从借款人或货币持有者手中挪用来的收入。

货币市场

财富观和债务中介观对货币市场的看法有着根本的差别。这些差别的产生,部分是因为两种模式截然不同,部分是因为实际货币在财富观中被当作财富,在债务中介观中则被当作债务。但是,它们都认为货币不是中性的,最优货币政策对社会福利都是至关重要的。

货币需求

除了货币能提供的服务产生对货币的需求外,财富观模型中没有货币财富。我们可以发现,在财富观中,没有货币服务在行使功能。持有可以无限分割的产出和财富没有风险,转移它们也不花费成本。在财富观中,不用货币就能实现完全流动性：对全部货币数量来说，社会生产函数中实际货币的边际产出为零。凯恩斯式财富观假设财富所有者对物质财富收益率缺乏远见，并将这一点作为货币需求的基础。但是，在长期的稳定发展中，缺乏远见这种现象是不可能存在的。在分析银行业活动上，财富观和凯恩斯式财富观是不太合适的，因为在这些模式中，不需要投入要素，对大家都不需要的产品的生产也不支付要素报酬。

在财富观模式中，同质产品可以作为交易的媒介被人们广泛接受。而在债务中介观中，只有货币在以账面单位表示的一个统一价格与其他所有商品交换中，才被广泛接受。货币市场的范围就是一个通货领域，在这个领域内，支出单位用货币结清其他市场上净出售的盈余和净购买的欠债。货币需求的基础是货币在清偿通货领域内所有支付中所提供的服务。

落后和欠发达的经济可能有不止一个通货领域，这些领域之间不完全的"外汇"市场，会缩小产品、财富、劳动力和证券等等普通市场的规模。在某些地区，普通市场被缩小到可以进行物物交换的程度，货币化过程处于很原始的阶段。货币供给条件的改善，以及货币体系的支付和媒介功能的改善，是把这些被分割市场统一起来的先决条件。当这些改善把经济中的通货领域融合起来时，实际货币需求量就会增加。相反，货币供给的管理不当，支付和媒介活动中提供的服务无效率，将使市场进一步分割和物物交换复活。

实际货币需求量与货币作为支付手段所提供的服务正数相关。这种服务是 u 的一个部分，包括在货币的实际收益率 r_u 中。当实际货币存量很小时，与财富相比，其边际收益率很高。当实际货币余额的平均持有水平较低时，支出单位在其出现赤字的市场上拖欠的可能性就会增加。如果支出单位有办法借到款项，这种风险就会减少，但是，借款的代价是很高的。如果支出单位持有非货币性的其他可转让资产，拖欠的风险和借款的费用也可能减少，但是，这些资产的买卖要花费不影响交易的媒介的成本，以贮藏方式持有这些资产，也含有比宝藏货币更大的成本和价值波动。如果支出单位调整支付的间隔期或签订有关支付内容的合同，那么这些风险和成本可能会缩小，但是这些措施的代价也是昂贵的。在实际货币存量相对于财富增加时，货币提供的节约成本和降低清算风险的服务也会出现边际递减现象。

积累货币是储蓄的一种形式，它是通过内源融资的真实资本投资、购买初级证券或获得非货币性间接金融资产来进行储蓄的一种替代形式。它将分配储蓄的责任委托给了贷款官员和货币体系的投资委员会。货币体系中使用的资本和劳力,不仅提供了使货币作为支付手段来使用的服务,而且提供了中介服务。它们在技能和规模上的优势,可以减少储蓄者在安排自身储蓄时发生的成本和风险。这些被避免的成本和风险,构成了货币收益 u 的另一个部分。

在落后经济中,没有无风险的资产。计算货币收益率应该包括实际的通货膨胀率 $\dot{P}$,而 $\dot{P}$ 在债务中介观中,既不稳定也不能完全预测。落后经济中的货币体系不会通过名义存款利率的调整来补偿货币持有者因物价变化所带来的损失。货币是一种有风险的资产,但是,对货币仍然有回避风险和流动性偏好的要求,这是因为,相对于其他资产的收益率的变化来说,货币实际收益率的变动比较小而且可以预测。增加持有货币的风险的货币政策,会迫使人们把回避风险需求转向物质财富、消费或国外资产。

为了满足流动资本和风险回避的要求,货币提供了支付手段和价值贮藏的服务。这些服务代表私人和社会在资本和劳动资源上的节约。这些服务和货币的实际存款利率,引诱了货币需求。在债务中介观中,物价变动率是不能完全预测的:P^* 同 $\dot{P}$ 是不相等的。预期变动率和这些变动发生的概率,是根据经验数据和货币持有者对其他经济现象的观察推断出来的,例如,他们对名义货币供给、政府的财政预算赤字、货币工资的调整或汇率等等状况的观察就是如此。

货币会产生收益 u、P^* 和 $\underline{d}$。为了这些累计等于 r_m 的报酬而持有货币,会发生机会成本。在财富观中,这种机会成本表现为同质物质财富和政府债券的单一收益率 r,还表现为消费者的时间偏好 r_c。债务中介观却有多种不同的机会成本。被分割的资本市场要求把 r 重新解释为机会成本的一个向量,非货币性间接金融资产对货币具有反向吸引作用,在货币需求函数中,它们的收益率 d_n 是一种机会收益。

货币需求取决于货币的自身收益和机会收益。它还依赖财富或永久性收入,以及财富的预期收入流量。这个收入流量不能完全预测,收入获得者还要对该收入流量作出新估价。在发生周期性危机和经济紧缩时期,这种收入量往往会被低估,相应地,货币需求就会减少。当公共政策带来了经济恢复或经济加速增长的转变时，这种收入量会被估高，相应地货币需求又会增加。一些迹象表明，这种重新估价的影响是很大的，实际货币需求存量与当期收入具有很明显的不对应性。

某一时点的实际货币需求由下式决定：

$$D_m = l(Y_p,\ r_c,\ r,\ d_n,\ r_m,\ t) \tag{3.4}$$

式(3.4)中，Y_p，r_m 和 t 对货币需求有正数效应。式中的自变量 t 表示某些因素对货币需求的刺激作用，这些因素是：货币业中的技术改进，通货领域的扩大，以及经济发生货币化导致的结果。自变量 t 也可以理解为是动态项，但是，当发生由 t 的重大变动所表现出的货币机制的根本改善、或大量人口迅速涌向城市时，也会出现意外情况。公式中的其余自变量都具有不确定性，在各个货币持有者之间，甚至对每一个支出单位来讲，收益率都是不相同的。

像财富观和凯恩斯式财富观一样，债务中介观也假设不存在货币幻觉。货币需求是对实际货币的需求，它可以由 M 和 $1/P$ 的不同组合来满足。物价水平预期不是静止不变的。在这里，财富观的货币需求函数从四个方面被修改了。由于当期收入的变化不定，货币持有者预期获得的、经预先折算的收入总量代替了当期收入，货币收益 d_n 作了改动，货币需求的所有决定因素都具有不确定性，并且考虑了技术变化的影响。

货币供给和货币政策工具

货币体系的功能就是提供适当的货币存量和适当的实际货币余额增长率，提供使用这些余额的支付机制。只要实际货币余额的增长会吸引货币持有者进行储蓄，货币体系的功能也就是作为媒介，在各种物质财富的投资中分配储蓄或动用储蓄资金。向货币体系偿还债务的投资者和发行新债务的投资者之间的储蓄流动，也是由货币体系充当媒介的。这样，就存在着“货币”功能和一种“财政”或中介功能。前者将货币体系引入货币市场，后者则将货币体系引入资本市场。

出于本章的长期分析目的，我们假设货币市场处于不断的均衡状态，即实际货币存量的增长率等于货币需求量的增长率：

$$\underline{\dot{M}} = \dot{D}_m \tag{3.5}$$

因为实际货币增长和保有货币存量是有成本的,我们将实际货币的供给函数表述为:

$$\underline{M} = M/P = q(i, \underline{d}, P^*, w, e, g, t) \tag{3.6}$$

优惠利率 i 减去预期通货膨胀率 P^* 之差,是货币体系按照技术 t 提供中介服务能够获得的报酬。存款利率 $\underline{d}$ 减去 P^* 或 d 之差,是货币体系的实际成本。优惠利率同存款利率的差额,会被实际工资成本 w、真实资本实际使用成本 e,以及私人企业或政府认为银行业承受风险的供应价格而引起的一个附加成本 g 所吸收。

债务中介观接受货币数量论对物价水平的解释:

$$\dot{P} = \dot{M} - \dot{D}_n \tag{3.7}$$

因为在货币需求函数公式(3.6)或货币供给函数公式(3.8)* 中没有货币幻觉的迹象,所以,货币当局的责任是在不存在财富观假定的完全可预测的情况下,确定名义货币 M 和它的增长率,来决定 P 和预期通货膨胀率 P^*。

按照财富观的看法,针对实际货币的政策的最终手段是实际存款利率,它可以通过调整 P 和名义存款利率,或执行颁发执照政策来操纵。但在落后经济中,货币当局的责任要复杂得多。在那里,人们通常不能依靠特许权政策去加强银行业的竞争。其结果为货币当局必须去促进投入要素的节约,强制规定竞争性的存放款利率水平,并推动货币银行业服务的技术进步。货币当局还要决定私人银行业本身的净值是否足以防止货币债务的拖欠,以及货币余额的特殊保险措施是否恰当。在货币供求函数的某些区间内,会出现规模经济。这将表明对银行企业发放暂时性的政府补贴是有益的,此外,实际货币增长带来的一些外部经济效益,也将证明补贴是合算的。在债务中介观考察的经济中,货币市场、初级证券市场和银行特许权市场存在着不完善性和不规则性,这似乎预示着需要动用除 $\dot{P}$ 和 $\underline{d}$ 以外的其他货币控制手段。

最优货币政策

债务中介观认为,货币体系同时在资本市场和货币市场上活动。这样,

* 疑原版本印刷错误,应为公式(3.4)、公式(3.6)。——译者注

最优货币政策就是一个关于这两个市场的问题。我们首先考虑货币市场的新的最优化标准,然后回头讨论储蓄市场上关于货币体系的"财政"标准。

在财富观模式中,产品的价格水平是灵活和可以完全预测的,物价变化率 $\dot{P}$ 无关紧要。在债务中介观中,价格只能在较小范围内变动,货币当局可在该范围内选择一个可行和理想的 $\dot{P}$。产品是异质的,包含在价格指数 P 中的各种价格不具备相同的灵活性:在某些时期,P 的增长率的任何变化会引起产品价格的相应变化,但在另一些时期内,则不会发生这些相应变化。劳动力是异质的,包含在一般工资指数 W 中的各种货币工资率不具备相同的灵活性,所以,W 的变化,会导致实际工资率的相应变化。$\dot{P}$ 和 $\dot{W}$ 背离通常的运动轨迹,会导致价格结构的变化,从而影响收入、收入分配和收入增长率的稳定性。

在债务中介观中,对 $\dot{P}$ 的预测是模糊不清的。如果货币当局允许 $\dot{P}$ 随意波动,那么,以现行货币存款利率表示的实际收益就是不确定的。$\dot{P}$ 的不规则变化会导致 P^* 的不确定,为了回避这些风险,人们就会减少对货币、财富,特别是产生长期收入的财富的需求。由此可得出结论:应该稳定 $\dot{P}$。所有远期贷款合同中的调整条款,可能会保护货币市场和资本市场免受物价变动的影响,但是,执行这些调整条款的成本很高,而实际上,这些条款既没有广泛采用,也没有在试行以后予以执行,它只是对物价水平的稳定变化率的一种不完全替代物。

由于经历了长期的通货膨胀,落后经济比发达经济更难承受货币当局所酿成的、经常性的物价水平下跌的压力。实际存款利率不能容纳一个负数的 P^*,这样,应该选择一个稳定的比率 $\dot{P}$,它不应低于零,也不应高于即期价格的灵活变动和远期契约的调整条款所能调节的水平。对大多数经济来讲,最可能的情况是,选择一个接近于物价稳定水平的合适的 $\dot{P}$。一般来讲,不可能方便地对人们的手持货币支付存款利息这个事实,会强化物价的稳定。在落后经济中,硬币和通货的最优数量要比存款多,从而,削弱硬币和通货的需求的因素,会严重阻碍货币化的过程。

在财富观看来,最优的名义存款利率同货币利率相等。不过,这个相等关系对落后经济并不适用,因为落后经济不是只有一种货币利率,而且货币体系还发生实际成本。这样,货币体系补偿全部成本后的收益,应该等于支付给存款人的利息。货币体系的成本包括要素费用和竞争性的资本净值报酬,还应该包括为避免私人货币发行者的违约而向货币持有者支付的保险费用。由于在落后经济中私人保险市场不可能很发达,货币当局就必须承担确定保险费用、管理保险基金和保护货币市场与资本市场免受银行业倒闭冲击的责任。根据各个银行的损益情况收取保险费,可能是对成本昂贵、又让人们总是感觉到的对银行活动进行政府干预的一种有效替代方法。

在货币的边际效用将趋于零这个意义上,关于名义存款利率和实际存款利率的这些表述,并不意味着将达到完全流动性。相反,在货币的发行和宝藏费用昂贵、资本市场被分割、银行资产带有风险等等情况下,这些表述是与财富观制定的标准很接近的一个相似物。它们的意思是,在货币增长承受实际社会成本、从而带来负数收入效应的情况下,应该最大限度地发挥实际货币增长的正数收入效应。

非货币性金融资产市场

在财富观理论中,除了货币和政府债券之外,不存在使用其他金融资产的经济良机。真实资本是同质的,持有这些资本不花费成本,其收益率完全可以预测,且不存在规模经济。货币和政府债券提供了相当于物质财富收入的收益。无论是生产要素的生产率还是消费者效用,都不会因为资产的进一步分化而得到任何好处。

在落后经济中,相对于收入和物质财富来说,实际货币和政府债券的实际数量很少。长期的直接融资投资很少,非货币性间接金融资产的数量也有限。可以看到私人和政府对物质财富进行的内源融资,而短期场外非法市场产生的金融资产数额显然也很大,尽管未知其具体数值。在这一部分,我们要表述的观点是:经济中可能存在不仅深化货币、而且也深化其他金融资产的良机。

如果一种非货币性金融资产能提供中介服务和相当于实际利率 d_n 的非货币收益——这会将储蓄从货币、内源融资投资、直接融资和消费中转移出来,如果在这种金融资产被需求的有效范围内,这种收益率同物质财富收益

率 r 的差额，对提供这种金融资产及其服务，以及分配储蓄流量中使用的要素能支付竞争性报酬的话，那么，就会出现对这种金融资产需求的经济良机。参照货币需求函数[式(3.4)]和货币供应函数[式(3.6)]，就可以定义其需求函数和供给函数。关键问题是，在某个补偿要素成本的利率“缺口” $r-d_n$下面，是否存在一个均衡存量和增长率。

货币体系实行不完全竞争和对其执行非最优化管制政策，结果会导致金融资产之间的某些差异，这在较发达或欠发达国家都是一样的。⑤银行及其管理机构对货币收益率 r_m 规定了很低的上限，这为另一类金融资产及其发行机构提供了一个市场机会。当以吸引储蓄者的利率水平对 d_n 进行补贴时，也会产生其他金融资产。此外，为受控制的储蓄者阶层、特别是政府雇员——他们可能被迫接受很低的存款利率——而设立的金融机构也已经发展起来了。市场上这种或那种不完善性引起的金融差异，往往是投入金融业中的那些要素的浪费，它不能有效地提高储蓄率，它也不能普遍地改善储蓄分配。这不是金融深化。

这样看来，有些金融差异完全是多余的。在落后经济中，鉴于社会和法律的现状，有些差异则是不适宜的。其他一些差异可能是由于陷入了资本短缺的恶性循环而产生的：它们要求对人的技能、寻找和使用信息的手段以及市场装置进行资本投资，但是，由于不能获得用于这些目的的资金，它们不可能利用自己吸收储蓄的功能，去缓解投资者的资本短缺。落后经济中金融资产供求函数上的制约因素，遏制了有效的金融差异，从而产生货币体系的单独增长这样一种现象。

在一定程度上，甚至货币体系的货币发行也存在差异，对此，只有银行垄断权力的作用才能作出解释。可以肯定，银行发行活期存款会有成本和风险，但发行较长期的债券可以降低这些成本和风险，而把存款利率在基本货币利率水平上稍微提高几个档次则是可行的。如果允许货币体系出售几种活期和定期存款负债，来行使其竞争能力，以便为储蓄者简化金融资产系列，那么，肯定就会出现这种情况。

融资的经济机会肯定会出现，但货币体系不能像其他金融机构那样有效地利用这些机会。⑥在一个极端，一个信用合作组织会在市场上占有自己的份额，因为它能够向储蓄者和投资者提供特殊的服务，并会节省直接的要素投入量。在另一个极端,在一个庞大的经济中,股票市场及附属的掮客、交易商、信息专家和其他人员,能够使储蓄者获得一种初级证券的收益率,即使对他们作了适当的风险折扣后,这种收益率仍然会减少人们对间接金融资产(包括货币)的需求。在供应某些间接金融资产和提供有特色的非货币服务时,可能出现规模经济效益,这就证明了专业化的金融企业是合理的。人们可以发现这样的投资领域,它对只有较少存款保险金的货币体系是关闭的,而那些专门从事高风险投资的中介机构,则可以在这个领域内运用它们的储蓄资金。

落后经济开辟很少的金融资产形式,有其充足的理由。从需求方面看,落后经济中财富规模的束缚,储蓄者在估算收益方面的缺乏经验,以及储蓄者习惯采取某些内源融资投资形式,意味着多种金融资产的选择将把整个市场直接分为低效率的小块市场。从供给方面看,金融业的资源稀缺性,意味着只能在少数市场上形成专业化。从管制方面看,政府在履行基本职能时已经相当繁忙,以致无暇再去管理复杂的金融体系。如果储蓄者想要获得包括货币在内的各种资产的最高平均存款利率,那么,在资本存量增加时,对特定状况的社会投资机会而言,简单的金融体系反而好一些。

进口替代和自给自足在金融资产市场上可能是行不通的,实际上在商品市场和劳动市场也同样如此。一旦某些国内金融企业获得了技术和扩大了规模——这个幼小行业可以用存款保险金开始经营——它就能向投入的要素支付竞争性的报酬。在资本市场上,国内其他金融企业必然形成一个无形的障碍。为了避免这些金融企业的高成本、它们对补贴的需求,以及错误的储蓄配置,落后经济往往从国外输入金融服务。甚至相当发达的国家的经济也表明,在提供金融服务方面,各个国家的相对优势或相对劣势往往具有长期性。在某些情况下,金融业的自由贸易是比补贴更加稳固的积累财富的基础。⑦

资本市场

在财富观看来,实际货币的均衡增长,会产生财富所有者愿意对实际货币进行投资的储蓄。给定财富所有者的总财富——货币、政府债券和真实资本——占收入的目标比例，那么，这种货币积累会取代某些物质财富积累，将某些本来会通过资本市场流向生产设备的储蓄，转化成消费。如果通过实际存款利率的适当提高，将货币—收入比率上升到充分满足的水平，结果，利率 r 也会上升；货币深化是以牺牲资本深化为代价的。然而，按照财富观的看法，如果货币财富增加到足以提高人力财富和物质财富的社会生产率，并在给定所有财富—收入比率时，增加收入和各种利率水平下的真实资本需求，从而提高消费者效用的话，那么，上述效应可能会减弱，甚至被扭转。这就是说，货币的收入效应和相应的储蓄效应，可能抵消或超过财富结构中的替代效应。不管这些效应如何平衡，物质财富对收入的最优比率，可以由无成本的财政政策来取得。

债务中介观没有替代效应，因为它不曾把实际货币当作社会财富，也没有将实际货币增长看作是社会收入和储蓄。债务中介观比财富观更加强调实际货币增长的正数收入效应，因为它考察的经济模式还没有达到完全的货币化，这种经济也没有充分利用货币技术来开辟一个统一的通货区域。债务中介观也意识到了实际货币增长的负数收入效应，这是因为货币体系提供服务时需要投入真实资本和劳动。

债务中介观模式没有为私人储蓄者假设一个总财富对收入的目标比率和一个总储蓄对收入的目标比率。它提出了一个实际货币增长和金融深化对私人储蓄倾向的储蓄效应，这与财富观的储蓄效应不同。债务中介观还指出了一个投资效应。实际货币和其他金融资产的增长，是同金融中介活动联系在一起的，这些中介活动统一了被分割的资本市场，提高了可获得财富的收益率。最后，债务中介观不同意财政手段具有无摩擦的完美性，反而发现，落后经济中政府的财政策略加强了资本短缺，在吸收和分配储蓄时，可以有效利用的财政手段并不能完全替代货币和其他中介体，而且，财政活动还得益于金融的增长。

金融增长和储蓄率

私人和社会资本积累的增长，是经济发展过程的显著特点之一。当落后经济中的高速增长将要结束时，私人预算和公共预算都将从资本积累转向消费；当增长速度再次加快时，资本积累也会加快。这种时断时续的过程，在一定程度上是同金融抑制和金融自由化联系在一起的。

随同金融深化而增加的储蓄，其中一部分可能是幻觉。储蓄可能已列入国民收入统计的一些项目，也可能是从各种不可测度的资本流动中转移出来的。例如，由于存货的衡量显然是不全面的，用于存货的储蓄可能不在计算之列，而由收益率提高所引诱的这部分相同的储蓄，则会被计算在内。走私带来的收入和储蓄，在统计中没有反映出来，但汇率和利率调整导致的正常渠道出口则很容易计算。

储蓄的增加不完全是幻觉。在人均实际货币存量的一定数额内，实际货币增长的正数收入效应大于负数收入效应，从而收入就会增加。给定私人的储蓄倾向和税率，相对于现有资本存量而言，较高水平的收入意味着有较大的私人储蓄、公共储蓄和投资流量。由寻找—交换过程中的货币扩大而扩展的市场和经济，会提高要素的生产力，增加收入和储蓄流量。

因实行自由化而增加的一些储蓄，看来只是昙花一现。这种储蓄增长，表明了以放弃消费为代价的财富需求的暂时增加，目的也许是为了补充库存，这些库存在发生汇率高估和实行出口许可证制的通货膨胀时期被消耗掉了。它们也可能是为了更换那些没有注意保养的资本设备。这会把财富结构一次性调整到理想水平，它暂时提高了储蓄—收入比率，一旦这个过程完结，就不会再对资本紧张发生持久的影响了。

然而，有充足的理由可以解释私人和公共储蓄—收入比率上的永久性效应。新投资机会的出现，也许是因为对农业和出口的限制取消了，也许是因为进口实行了自由化，或者是因为包括资本和劳动力在内的生产要素投入物的相对价格发生了变化，这些机会会刺激用于内源融资投资的储蓄。实际货币存量的增加，使得银行信贷资金的流动更加自由，尽管利率可能很高，货币增加也使得借款者能够增加资产以争取贷款资格。

提高金融资产实际收益率的措施，减缓收益率波动的措施，改进金融技术的措施，加上非金融领域内的各项配套措施，开阔了储蓄者的时间和空间视野。当储蓄者可以在一体化的资本市场上更有效地分散投资时，当在一段相当长的时期内可以比较精确地预测财富收益流量时，每一收入水平上似乎是适宜的财富量，就显得太少了。如果储蓄者的前景是明朗的，那么，预计他们就会降低定期贴现率。

对发达国家储蓄行为的观察，明确表明了储蓄者资产结构的收益率对理想的储蓄—收入比率只有相当小的，甚至是负数的影响。[8]但是，当落后经济的收益率在完全不同的实际收入增长率，完全不同的通货膨胀率以及完全不同的金融政策之间来回摆动时，发达国家收益率的变动范围要比落后经济中收益率的变动范围小。人们推测，当财富收益在已知的正负水平之间波动时，储蓄者确实会通过内源融资、直接融资和间接融资作出反应。储蓄者可能会漠视收益率的短期变动，如从 4％提高到 6％，但是，在经济改革促使收益率变动，如从负值变到正数的 10％、15％或甚至更高时，他们就不可能保持原有的储蓄—消费格局。在落后经济中，已知财富相对短缺，因此，不应该期望高收益率的收入效应会大于较多财富对现时较少消费的替代效应。

由于各种原因，金融深化及其配套措施将改变私人部门内部，以及私人部门和公共部门之间的收入分配。正如我们在下一部分中将要指出的那样，这必然是一个有利于劳动、而不利于财产的收入转移。进口商、银行和银行借款者的垄断收入将会减少。而公共部门则能从公共企业的高利润、增加的税入、甚至福利和其他消费开支的节约中获得收入。公共部门内部和它们同私人部门之间的收入再分配，是否必然改变社会的储蓄—收入比率，还不清楚。但是，如果我们根据已经实行自由化的各个国家的经历来判断，那么看来这个比率是趋于上升的。

金融深化消除了货币和其他金融资产上未补偿的通货膨胀税。恶性通货膨胀的经历表明，通货膨胀税提高了物质财富的收益率，从而刺激了储蓄。[9]但是，相反的证据却表明，通货膨胀税减少了储蓄，因为它迫使储蓄者不去持有实际货币和其他金融资产，压缩了金融中介过程的资金流量，而实际税入总额会受到它的反向影响，它还带来了非货币化所导致的减少收入的效应。或许通货膨胀可以暂时地提高资本品的相对价格，从而促使货币余额减少，并刺激储蓄为资本品融资，但是，用低效率的投资方式代替高效率的投资方式所产生的长期后果，只会使储蓄和消费枯竭和减少。

毋庸置疑，缩小利率差额 $r-d$ 的适宜的实际融资政策，对增加实际货币存量和非货币性间接金融资产的需求有直接作用。不管它对各种形式的意愿储蓄和稳定的储蓄有何影响,在短期内,它对实际货币及其类似替代品需求的影响是很大的。在这种情况下,如果货币当局能够把握这种需求的增加,并供应适当的名义货币增量,那么,中介过程中流向借款者的储蓄流量马上就会增加。如果货币当局未能作出反应,那么,不能满足的金融资产实际存量需求,就会导致通货紧缩。提高资本积累增长速度的金融深化,可能会引起货币政策、财政政策和对外经济政策的激烈动荡。

金融增长的投资效应

在财富观的分析中,资本是同质的,资本耗用是通过最优技术进行的。获得信息不需花费成本,各种预测是完善的。存在明确无误的总财富—产出比率测度,对最优比率的确定不会发生偏差。在落后经济中,这些条件没有一个能适用。结果就存在各种机会,使得金融增长能够改善各种投资,减少各种产出增长率下的储蓄投资需要和提高财富收益率。

金融增长有可能统一资本市场。它会减少地区之间和行业之间投资收益的差异,并提高平均收益水平。在扩大的市场上,每一债券利率下的低效投资机会竞争储蓄的可能性较小。再者,倡导金融增长的政策,会逐步减少物质资产和金融资产远期收益率的不确定性,从而在短期和长期投资之间,可以作出更合理的选择。资本市场的暂时扩大和突破利率上限的自由化,可以节制落后经济中时常出现的投资二元化,即实际收益率被压制在很低或负数水平区域内的大量投资和实际收益率客观反映储蓄稀缺区域内的少量投资。与不能预期通货膨胀率变动、不能调整名义利率和汇率的政策不同,自由化政策会尽力缩小意外收益和意外损失在投资决策中的影响。

金融增长在其他方面对甄别选择各种投资机会也会产生有益的影响。当把储蓄集中于金融市场时,私人部门就有可能进行大规模投资。在金融机构积累起来的经验和信息的基础上,先进技术的推广会加快。同被分割的资本市场相比,投资之间的互补作用往往被更快地加以利用。资本市场的统一,是劳动力市场、土地市场和产品市场统一的基础,这就可以获得更有效地使用资源、规模经济和产出的相对优势中的好处,其结果将会提高资本形成的综合收益和平均收益。

在落后经济中,资本市场难于寻找和甄别各种投资机会。这些国家不提倡对投资项目、尤其是对私人部门的投资项目进行经常的和严格的审查。通常的情况是，在获得财政预算和国外资助的一笔资金时，就匆忙决定上马一些不一定可能收益的项目。投资的主要利润取决于同管理进口许可证的机构讨价还价的成功与否，取决于信贷配额，取决于税收豁免，取决于使投资者不为在竞争性资本市场上争夺储蓄而担忧的其他有利条件。

在落后经济中，除了某些存货、建筑物和土地之外，物质财富是不允许在市场上买卖的，它们是一种冻结的资产。金融深化开创了转让部分财富和转移全部财富所有权的新手段。不管是通过金融中介还是通过初级债券市场，财富所有者可以在提高财富收益率的同时，增加某些财富的流动性。当现存财富面对一个有效市场时，竞争条件下对这些财富的价值评估，就是开辟新投资机会的有用线索。具有洞察力的企业家可以将其资产从原有企业转移到被人忽视的新型投资中去。家庭企业可以开辟新的财产来源，使之扩展成更大的或更有效率的经营规模。

金融深化的储蓄效应必然提高财富—收入比率，从而，对既定的财富总量而言，它会降低收益率。然而，收入和投资效应会提高收益率。在落后经济中，所有这些效应都是金融改革明确希望达到的目标。

资本和就业

金融自由化和金融深化的实质是放松实际利率管制，使之反映储蓄的稀缺性和刺激储蓄，提高可以获得的投资收益率和更有效地区分各种投资。这种金融改革的结果就是提高利率，于是，在给定资本品的生产成本或进口价格时，它们的使用成本也会提高。在劳动力同资本发生替代或土地同资本发生替代之处，资本价格的上升，在某种程度上将导致劳动密集型或土地密集型的生产过程和产品去取代资本密集型的生产过程和产品。利率上升给出了资本稀缺的信号，经济体系对此的合理反应，就是更加节约地使用资本，更多地使用劳动力和土地。

较高的劳动—资本比率，甚至会改变收入的分配，以增加劳动力在其中的份额。当然，这取决于生产函数中各种要素的替代弹性。弹性可以定义为：

$$e = \frac{-\Delta(L/K)}{L/K} \Big/ \frac{\Delta(w/r)}{w/r} \qquad (3.8)$$

这里，r 代表资本的租金率(rental rate)，而不是利率。e 大于 1。相对于 r 的下降，w 将使每一个单位资本所耗用的劳动增加，这就导致相对于收入和产出中资本份额的 wL 上升。这样，收入的重新分配有利于劳动。

有关经济发展的某些传统分析把要素替代弹性接近于零看作是理所当然的。于是，认为没有必要再去分析金融深化的下述作用：对较高的收入而言，金融深化能在已降低的实际工资率下促使更多的劳动力就业。传统的分析同样假定：储蓄对利率的弹性是很小的。这样，也就没有必要去分析金融深化的这个作用：通过把储蓄引入更多的工厂、机器和存货——生产函数中的资本 K，金融深化可以促使更多的劳动力就业。如果存在第三种假定，即雇主对储蓄的需求具有利息弹性，那么，结论必然是金融深化不会提高劳动者的工资率，反而减少就业：它使工人阶级贫困到无一人得益，并阻碍物质财富的积累。

在大多数落后经济中，考虑到人口和劳动力的增长速度，如果劳动力替代资本和储蓄替代消费的利率弹性比较低，总投资对储蓄价格又很敏感，那么，社会安定和经济迅速发展的前景确实是暗淡的。这样，除非外国提供援助，落后经济在长时期内将摆脱不了高失业率。在资本密集型产业的城市“飞地”旁边，存在大量的未雇佣劳力。劳动力必须主要依靠市场以外的活动来保证本身的收入份额。

除了非常极端的情况外，金融深化不但具有其收入效应、储蓄效应和投资效应，还有“就业效应”，甚至还有“分配效应”。技术和人的素质，并不像人们想象的那样是不可逾越的约束条件。生产要素的不同组合，可以生产出类似的产品。产品构成对相对价格的引诱肯定会作出反应。储蓄行为对储蓄报酬的反应并不迟钝。

货币金融结构

在生产要素具有完全流动性、价格相当灵活、具有完全可预测性和充满竞争的财富观中，金融体系没有什么作用。这种模式只需要可以无限分割的投入要素市场和劳动力市场。落后经济的情形则截然不同。在那里，金融积累既产生实际收益又发生实际成本，财富所有者的金融资产组合的收益率，是一种影响消费、储蓄流量和储蓄分配、就业以及劳动力报酬的相对价格。金融非常重要。在这种环境中，金融组织对希冀的金融增长将是相当重要的。

在落后经济中，人们可以设想各种金融构造方面的规划。对它们的选择，是根据收入、储蓄、投资和就业等等效应的最大化原则进行的。在货币市场和其他金融资产市场上，根据这种效应最大化原则进行选择，就意味着储蓄者的最高实际收益率同金融企业财产投资的竞争性效益是一致的。财产收益的计算，可能包括金融增长的外部经济效益带来的任何补贴，它是金融企业不曾预料到的。储蓄者实际收益率的最大化，意味着投入金融业的实际资源的节约、有效地选择金融技术和接近完全竞争。在资本市场上，主要应考虑的因素是金融企业在大量的储蓄分配方式中进行选择。由于各种投资机会不只有一个收益率，加上收益率不能被准确地预测，金融企业的资产组合方式，将取决于它们对资本生产率信息的收集和正确使用。

关于金融组织的两个关键问题是：国家拥有金融企业的程度和国家管理私人金融企业的方式。在一个极端，金融业可能完全由私人所有，在另一个极端，它们完全由政府所有，这两个极端当中存在各种各样的变通方式。对政府来说，它可以掌握从零到全部的货币和其他金融资产的发行权，并持有金融体系资产总额的任何份额。不管政府的份额多大，金融管制不单单是对名义货币、高效货币以及私人货币发行的管理，其管制范围在金融资产实际存量的需求函数和供给函数中就已经给定了。金融管理所涉及的内容包括市场利率、融资的实际要素成本和技术、金融特许权的市场价值以及金融机构对各种投资用途作出的选择等等。管理的具体方式将留待下面两章讨论。

注　释

① 关于这一差别在经济分析中所起的作用，请参见 Lloyd A. Metzler，“Wealth, Saving and the Rate of Interest”，*Journal of Political Economy*，April 1951，pp.93—116；Robert A. Mundell，*Monetary Theory：Inflation，Interest and Growth in the World Economy*，pp.14—22。

② 大量的、不断问世的文献分析了货币的存在和使用所带来的生产力收益，这些文献包括：W. J. Baumol, "The Transactions Demand for Cash: An Inventory Theoretic Approach", *Quarterly Journal of Economics*, November, 1952, pp.546—556; Karl Brunner and Allan H. Meltzer, "The Uses of Money: Money in the Theory of an Exchange Economy", *The American Economic Review*, December, 1971, pp.784—805; Edgar L. Feige and Michael Parkin, "The Optimal Quantity of Money, Bonds, Commodity Inventories, and Capital", *The American Economic Review*, June, 1971, pp. 335—349; Sir John Hicks, *Critical Essays in Monetary Theory*, pp.1—60。

③ Raymond W. Goldsmith, *Financial Structure and Development*, Chapters 1 and 2; John G. Gurley and Edward S. Shaw, *Money in a Theory of Finance*, Chapters I—III; John G. Gurley and Edward S. Shaw, "Financial Structure and Economic Development", *Economic Development and Cultural Change*, April, 1967, pp. 257—268.

④ John Hicks, *Capital and Growth*, Chapter XXIII.

⑤ "The President's Commission on Financial Structure and Regulation: A Symposium", *Journal of Money, Credit and Banking*, February, 1971, pp.1—34.

⑥ James Tobin, "Notes on Optimal Monetary Growth", *Journal of Political Economy*, July/August, 1968, Part II, pp.839—859.

⑦ Organization for Economic Cooperation and Development, Committee for Invisible Transactions, *Capital Markets Study: General Report*.

⑧ Irwin Friend, "Determinants of the Volume and Composition of Savings with Special Reference to the Influence of Monetary Policy", in Commission on Money and Credit, *Impacts of Monetary Policy*, pp.649—688; K.L.Gupta, "Personal Saving in Developing Nations: Further Evidence", *The Economic Record*, March, 1970, pp.243—249; John Maynard Keynes, *The General Theory of Employment Interest and Money*, p. 93; Ryutaro Komiya, "Japan", in National Bureau of Economic Research and The Brookings Institution, *Foreign Tax Policies and Economic Growth*, pp.60—61; Warren E. Weber, "The Effect of Interest Rates on Aggregate Consumption", *The American Economic Review*, September, 1970, pp.591—600; Colin Wright, "Some Evidence on the Interest Elasticity of Consumption", *The American Economic Review*, September, 1967, pp.850—855.

⑨ Reuben A. Kessel and Armen A. Alchian, "Effects of Inflation", *The Journal of Political Economy*, December, 1962, pp.521—537.

4 金融抑制

落后经济中的实际金融增长受到了抑制,社会为此付出了代价。对落后经济而言,如果货币化程度更高,国民收入的水平就可能提高;如果储蓄者能够获得灵活可变的收益率,储蓄—收入比率就会上升。如果利率在投资机会中进行客观选择的作用得以充分发挥,储蓄的配置就会更有效率。如果劳动力不是经常为资本所替代,就业水平就应当更高;如果政府不那么倚重抑制和干预政策,收入分配不均的程度就可能降低。

本章首先讨论政府推行金融抑制的方法。这些方法很简单,但名目繁多;它们广为人知,并到处使用。制定这些方法的宗旨,就是使国内金融资产的收益率不具有什么吸引力,从而来压缩对它们的需求。其次,本章要讨论抑制政策赖以产生的某些教条和一些背景。在《旧约》、《古兰经》以至《就业、利息和货币通论》中,到处可以找到大量的关于实行金融抑制的教条。导致金融抑制的背景基本上是相似的,它们是资本的匮乏,惊人的自由市场高利率,对意愿投资必须进行以牺牲某些储蓄者为代价的补贴,以及对储蓄—投资过程能够实行成功的直接控制的自信,等等。

抑制的手段

在某些经济中,不可能出现实际金融的增长。自然因素或社会因素往往严厉阻碍了金融增长的进程。也许土地过于贫瘠,也许在地理上距世界市场过于遥远,或由于缺乏启蒙教育,人们对复杂的金融过程十分陌生。自然环境和社会环境往往限制了物质财富和人力财富可能获得的收益,使得储蓄、投资和金融积累实际上失去了意义。可能存在财富的边际收益率被压得很低的经济,但这种情况毕竟少见,故在此我们不考察这类经济。

在一个典型的缺乏物质财富和人力财富的落后经济中,具有很高实际收益率的投资机会是很多的。如果用当期或滞后期投资除以国民收入增量,再乘以资本占国民收入的比重,我们就可以用总量指标来证实这一点,尽管数据不很准确,但它们足以说明问题。韩国运用上述方法计算的结果表明,在 1962—1967 年,经济中的实际收益率(剔除非公司企业)在扣除折旧和间接税后,大约为 17%—29%。在有关单个投资项目的报告中也可以找到相似的数据。这些物质财富的边际收益率之高,使发达经济的同类指标相形见绌。在经济体制完全不同的智利、加纳和印度,也存在类似的情况。投资机会并不缺乏,真正缺乏的是对投资提供融资的储蓄,特别是最佳投资机会往往得不到资金。

存款利率、贷款利率与通货膨胀率

在落后经济中,政府的经济政策是对所有的市场施行繁琐的价格控制。在金融市场上,政府干预的程度似乎达到了顶峰,这多少是因为这些市场逃避管制的手段太巧妙。典型的干预手段是,与"有组织"金融市场上银行及其他金融机构的存放款利率规定相伴随的一个正数和不断变动的通货膨胀率。实际通货膨胀率反映了这种公共政策,它固定了超过实际货币余额增长的名义货币增长率。计入实际贷款利率和实际存款利率(我们在此将加以关注的变量!)的预期通货膨胀率,则是由资产持有人根据通货膨胀的经历,再用诸如进口品短缺或新的工资协议达成的工资水平等等其他变量进行修正，并考虑名义货币需求和实际货币需求变动的幅度作出的一种推测。对名义利率的规定，有时采取规定最高上限的形式，有时则规定一个特定的百分率。

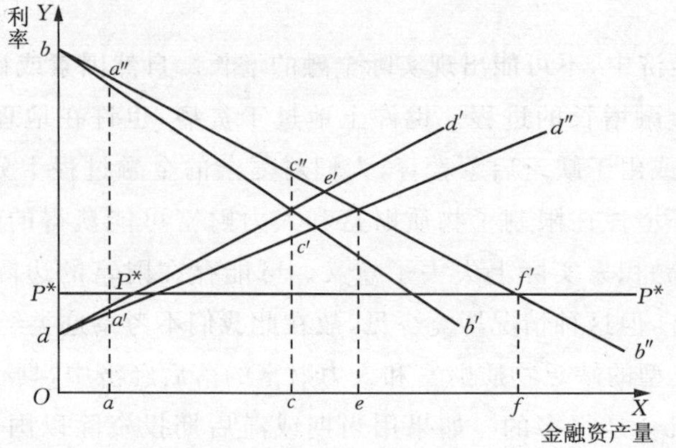

图 4.1　利率与配给

图 4.1 有助于观察通货膨胀和对包括货币体系在内的有组织金融机构实行利率管制的影响。曲线 bb'' 和 bb' 表示贷款的平均利率和边际利率。在此利率水平下，金融机构能够积累初级证券。曲线 dd'' 和 dd' 表示存款的平均利率和边际利率。在该利率水平下，金融机构可以出售自己的间接金融证券。这些曲线表明了一个有代表性的非完全竞争的金融机构所面临的市场机会。图中，名义利率从横轴 OX 起往上标出，实际利率则从轴 P^*P^* 起往上标出，OP^* 代表预期的通货膨胀率。在图 4.1 中，未考虑金融企业的实际要素成本，不过，我们在稍后一点将讨论这个问题。

假定对存款利率规定了名义上限 aa'，实际利率上限就是负数 $a'P^*$。看来，较高的实际贷款利率是较低的实际存款利率的必然结果。在图 4.1 中，能够满足市场清算的贷款利率，是 aa' 减去通货膨胀率或 P^*a'' 的差额。然而，在落后经济中，对名义贷款利率规定很低的上限，是一种很普遍的金融政策。例如，在实际贷款利率为零时，就将名义贷款利率的上限规定为 ff'。这样，金融资产持有者就得为间接金融资产倒付实际利息。这些资产代表他们借钱给银行，或者借钱给诸如养老基金会、邮政储蓄机构和保险公司等等其他金融机构。他们不消费或不选择其他类型的资产，而选择金融资产，得到的不是报酬，却是惩罚。另一方面，借款者可以按照很低的或负数的实际利率，将其原始负债转让给金融机构的资产组合，借款者会得到免费的或倒贴利息的信贷资金。贷款利率同存款利率的差额 $a'P^*$，补偿了有组织市场上的金融机构。在图 4.1 中，存款者倒付的利息就是中介机构的收入。从图中看，中介机构所希望的贷款利率和存款利率分别为 cc'' 和 cc'，此时边际收益等于边际成本。

对大多数情况而言，该图要比现实状况简单得多。例如，由于主观上的原因，存款利率一般存在着人为的差异，期限较长的或农村的存款客户，一般要比城市的客户容易得到比较优惠的利率。贷款利率也存在着类似的差别，政府、出口商，或经济计划中的优先发展部门的借款人，借款利率最低。对中介机构有法定准备金要求，除非对这些准备金付息，否则，即使中介机构的收益曲线变陡，它们也会使图中的 b' 点左移。事实上，准备金要求使货币当局占有了一部分来自储蓄者的资金，货币当局可用它们来发放贷款。此外，由于存在贷款拖欠的可能性和不可预测的通货膨胀率变动，金融资产的收益和存款利息率是不稳定的。税收效应也可能使图中的曲线移动。

尽管图 4.1 很简单，它还是表明了落后经济中初级证券的长期过多供应 (af)，这源于众多的良好投资机会同中介机构利率管制的交织。消除初级证券供应过剩的方法很多，其一就是有时根据货币当局或其他政府机构的旨意，有时根据中介机构的意愿，在借款者之间实行信贷配给。另外，中介机构可以用收取隐蔽费用的办法，提高贷款利率，使其接近 cc''。至少对部分存款者，也可以通过暗地提高存款利率，使之接近 cc'。在有组织的金融市场上，借款者借不到资金，储蓄者要承受负数存款利率，这可能会促使两者结合，通过证券交易所或通过场外非法市场开展直接融资。有些借款者直接从政府财政预算获得资金，有些则通过开发“银行”间接地获得财政资金。储蓄者和投资者都会到国外金融市场上去寻找较好的出路。尽管政府实行了外汇管制，储蓄者仍然能够而且确实通过资本外逃在国外积累了资产。投资者找到了可以代替国内资金的国外信贷，这些国外信贷可能是成本昂贵且短期的资金，也可能是各种形式的长期国际援助。

在有组织的金融市场上，实际货币余额和其他一些金融资产的需求，往往对实际利率、尤其是对通货膨胀缺乏弹性。对这种现象的一种解释是：通货膨胀率的某种程度的变化，对平均的预期通货膨胀率及其变动没有显著的影响。通货膨胀率的变动司空见惯，它已经包含在资产持有者的预期之中了。另一种解释是：货币持有者持有的货币额已经节省到了这样一个水平，即如果再增加一个货币单位，货币的边际效用将大幅度增加。货币持有者已经接近了这个货币饥饿阶段，即至少在出现更多的货币替代物或支付需求减少之前，货币的进一步节约，会导致难以接受的福利损失。* 我们认为，货币需求对通货膨胀的无弹性，是金融抑制的标志之一。

根据资产相互替代的观点，某些金融资产需求对实际收益率变动的敏感程度，要比人们预料的低，原因是这种需求是强制性的。在落后经济中，强迫储蓄者购买负数实际收益率的金融资产这种现象是普遍可见的。外国企业的盈利，则被强制存款或持有政府债券的形式而截留。政府雇员的一部分收入被扣留，或被迫进行储蓄，以用作退休金或养老金、健康保险基金、教育基金，或为国家纪念馆的建造提供资金。进口商必须预交进口押金，出口商要存贮在国外的销售收入，而农民出售农产品的收入也被迫进行储蓄。金融资产持有者不是根据反映投资生产率的资产收益率作出抉择，而是被迫购买实际收益率很低甚至是负数的资产。

很低的、负数的及不确定的实际存款利率，抑制了对金融中介的实际债权（包括货币）的自愿需求量和总需求量。造成间接金融浅短的那些措施，降低了这种金融过程为投资提供储蓄的能力。暗地向某些存款者提供补贴，并不能消除这些措施产生的有害影响。豪华的银行大厦、众多的分支机构和精美的广告等等这些非金钱的补偿方式，在储蓄者看来，并不能完全替代利息收入，而从全社会角度看，这些补偿方式的代价是高昂的。从事直接融资的自由市场和受管制的证券交易所，仅仅只能为属于非货币种类的间接金融资产提供有限的替代品。由此必然得出结论，对间接金融的抑制减少了金融资产总额，而在给定内源融资这个投资限制条件时，抑制还会降低国内的私人储蓄—收入比率。

由于实际贷款利率很低甚至是负数，对中介机构的过多贷款需求只能依

* 在这种“货币饥饿”的境地下，失去每一单位的货币会带来极大的福利损失。无论实际利率如何，人们都不愿意减少货币持有。——译者注

靠配给办法来解决。因为贷款利率未能发挥辨别投资的作用，即不能在图4.1中 Of 这部分贷款需求里挑出 Oa，于是，政府当局或者中介机构，就必须进行配给。实施信贷配给的代价是很大的。配给制给腐败现象的产生提供了便利条件，它还使得借款人和中介机构的官员能够私分很低的和受管制的贷款利率同市场实际结算利率之差产生的垄断收入。借款者只要不归还贷款，或者用延长借款期限的方法无理地占有受配给地位，配给顺序往往就会被打乱。在曲线 bb'' 所表示的投资机会中，配给过程根本不能有效地进行选择。落后经济反映出的很高的投资—产出比率，表明了资金配置不合理所产生的社会成本。

实际很低的贷款利率上限，强化了中介机构试图躲避风险的倾向和保持流动性的偏好。银行和其他中介机构倾向于给已经确立了信誉的客户、特别是那些有长期稳定经营史的贸易公司以特殊的优惠，而很少有动力去开发新的、却不那么稳定的放款机会，而满足于把大量资金以保存超额准备金的形式转让给货币当局，或者以持有政府证券的形式转移给财政部。于是，货币当局或财政当局一有机会就会把这些资金转交给开发银行去使用。在落后经济中，对存贷款利率进行控制的直接结果，就是不得不以昂贵的代价去设立许多金融机构。有时会出现这样的情况，在当局希望让中央银行、财政部和开发银行占用中介机构放款资金总额的一定比重的同时，却激烈地批评商业银行过多地回避风险和重视流动性，并强迫它们对新的贷款对象——渔业合作社、本地出口商、低成本住宅项目等等——发放更多的贷款。由于存款者不指望间接金融资产的实际价值会有所增加，这些金融资产的增加，只能引起名义货币和非货币性间接金融资产的扩张，其结果，只会加快通货膨胀的步伐，最终会进一步抑制实际金融的增长。

中介机构总的贷款利率水平偏低，而在某些情况下，特别是对那些有优惠待遇的借款者，却还通过贷款的负数实际利率给予补贴。这些补贴实际上是对储蓄者的盘剥，不利于储蓄者。这些补贴鼓励了资本密集型的产品和生产过程，不利于劳动力。有时这些补贴提供给了预期的投资收益率并不怎么高的投资项目，这不利于提高生产要素的生产率。这些补贴还会导致外汇的浪费，因为它促使资本设备的进口，或刺激那些依赖进口的投入要素以及按国际市场价格只能获得很小甚而是负数收益的产品出口。这种补贴性贷款利率是金融抑制中危害最大的手段。

有组织金融体系中名义贷款利率和名义存款利率的格局常常令人费解，它们之间的差额通常只有0.5%。然而，决定实际利率的另一个因素，即通货膨胀率的变化却是反复无常的，预期通货膨胀率只在很少的情况下才是比较稳定的。例如，在1969—1970年的韩国，韩国银行对政府的贷款利率为2%，对出口的贷款利率为3.5%，谷物储存发放的贷款利率为4%。与此同时，商业票据的贴现利率从22%下降到21%，进口的贷款利率从5%下降到3.5%。而在同一时期内，通货膨胀率却从低于10%上升到了13%以上。由于在名义利率的管理上存在着货币幻觉，导致了实际利率的不规则变动。这样，通货膨胀的不稳定，使得任何平均的实际存款利率对储蓄者都只有很小的吸引力，任何平均的实际贷款利率对投资者都比较高昂，任何平均的实际存贷利差对中介机构都意味着很少的收益。这必然使图4.1中的贷款供给曲线和存款需求曲线向左移动。

金融机构的成本和利润

如果落后经济中的金融当局仅仅将存贷款利率放开，让市场力量来决定它们的水平，那么在有组织的金融体系内，金融抑制的其他根源仍然会存在。对一个小规模的经济来说，在资金融通的某些方面达不到规模经济，是无法避免的。金融活动中相当高的单位成本，扩大了存款和贷款之间的利差。达不到规模经济还意味着，在任何特定的利差水平下，因为金融机构只能为储蓄者提供极少的可选择金融资产，没有能力有效地满足持有不同财富和风险嗜好不同的储蓄者的要求，也难以应付其他随着人均国民收入增长而出现的情况。

管理中介机构开业执照的政策，并没有在银行同其他金融机构之间形成很大的竞争，从而就没有带来竞争通常会产生的效益。在金融抑制的环境中，即使扣除无规模经济的因素，各种中介机构的单位营运成本也是很高的。存贷款利率的大幅度利差，会减轻中介机构节约经营成本的压力，因为，这种利差在扣除成本之后仍然留有可观的利润。人们有理由这样推断，在典型的受抑制金融体制中，有中央银行参与的寡头垄断具有剥夺性，它能获得高额的寡断利润。华丽的银行大厦是被抑制金融体制外形的一个基本特征，银行家协会并不鼓励推行竞争性的价格。

许多国家的金融体系都曾经历过金融统制，但对落后经济来说，它却是另一个普遍可见的特征。在与私营非金融企业相同的所有制下，银行和其他金融机构的职能，就是为这些企业聚集储蓄。储蓄分配要适合它们的要求，这种分配并不违背竞争原则。但更为常见的情形却是，银行和诸如养老基金会等等其他中介机构被政府统制，政府以规定法定储备的形式占用这些金融机构吸收的储蓄，敦促它们向经济计划中的最优先发展企业发放贷款，并强迫其持有政府证券。这些金融中介机构往往只是开发银行的储蓄窗口。“有组织”金融被组织到如此严厉的程度，以至没有多少剩余的竞争因素可以影响存贷款利率的水平和单位成本。总之，没有什么力量能够缩小存贷款利差和降低成本。

直接金融

传统的场外金融交易市场要比通过中介机构进行融资出现得早。现在它们是逃避发生在有组织金融领域内的抑制手段的一种市场。不愿意接受负数实际存款利率的储蓄者和无法得到有组织金融体系信贷配额的借款者，会通过经纪人、或直接在场外市场进行交易，交易一般是短期的。同有组织金融体系的利率相比，这里的利率高得惊人。这种高利率反映了储蓄短缺的程度、投资的高收益率、违约风险，以及为寻找新的贷款和确定贷款条件所发生的成本。

高利率还反映了为躲避高利贷法和政府管制所冒的风险。金融抑制也延伸到了这些市场上，然而，它在这里被带有一定成本的支出绕开了。尽管对场外市场的了解很有限，人们也不会得到这种印象，即放款人的垄断权力能够通过控制利率水平来为所欲为。由于该市场并不存在开业的限制，垄断利润顶多是暂时和小额的。由于储蓄是流动的，场外市场各个部分之间的利率差别一定很小，至少在贷款的规模、期限、风险等等因素都相似的条件下可以这么说。

有组织金融领域被抑制的一个后果，就是在任一利率水平下都会增加对场外市场的资金需求。对场外市场采取抑制性措施的后果，则是在任一利率水平下减少了该市场的资金供应量。鉴于这两方面的作用，唯一可能的结果就是抑制会提高传统市场上的利率水平。对那些可以通过受抑制中介机构满足一部分资金需求、而在储蓄者和经纪人都必须躲避高利贷限制的场外市场上满足其他资金需求的强有力借款者来说,干预的结果是资本更加昂贵,这与政府进行干预的初衷正好相反。对于弱小借款者来说,政府试图保护他们的意图只会把事情弄得更糟。

在落后经济中,不对储蓄者实施强制而发生长期直接融资的情况是很少见的。可能会有一个股票交易所,但它只交易少数的股票,它们可能是交易所自己的股票、少数几个政府所有的公司的股票,可能还有主要由外国人所有的贸易公司的股票。就大范围的股票交易而言,国内物质财富的存量一般太小,其增长速度也太慢。因为国内证券交易的成本高且风险大,对储蓄者来说,他们更愿意投资于简单形式的财富或投资于国外资产。给定内源融资的成本,或给定从中介机构、国外渠道,乃至政府援助得到贷款的成本,根据利息费用或被控制企业所发生的潜在损失来看,潜在借款人的融资成本太高了。假如通货膨胀率或有关税收和国际贸易的公共政策是不稳定的,进行证券交易所必须具备的储蓄者和投资者作出的长期预期,就显得太含糊了。进行长期证券交易还必须具备完善的法律制度、会计制度和其他适应复杂交易的社会设施,这些对于被抑制金融体制所造成的小规模交易来说,代价也太高了。

间接的抑制手段

在税法和行政管理制度中,储蓄者和投资者都被束缚着尽可能少地使用金融过程。似乎仅有通货膨胀税还不够,其他税种也对金融资产收益大加盘剥。这种收益明显了然,极容易被税吏抽税,除非它通过场外市场流动。对极易被课税的金融资产的收益所征收的各项税收,加上在这些资产的交易中无所不在的印花税,实际上降低了实际存款利率。对中介机构的债权证书很容易被课税,而相对于其他形式的企业来说,中介机构本身也很容易被课税。当不仅存在融资的很高单位成本和巨额寡头利润,而且还存在对中介机构收益的课税时,从储蓄者和投资者两者的利益看,要缩小存贷款之间的利差幅度确实是很难的。

在落后经济中,那些可以替代金融资产的财富所承受的税负就比较轻。

对不动产的征税就是一个例子。一般讲,不动产实际是不纳税的。它往往免税,即使不被免税,它的赋税额也小于由于发生通货膨胀和都市化而引起的本身价值的增加额。从许多方面看,不动产是能够使储蓄者获得满意的财富—收入比的良好投资方式。不动产是免税的,以它进行抵押可获得负数实际利率的抵押贷款,在某种程度上,这是因为发放抵押贷款所得的利息可能也是免税的。不动产被一整套政策措施抬高了身价。对储蓄者来说,不动产对于他们要达到合意的资产结构而又更少地储蓄是有吸引力的。

从许多方面看,对内源融资的征税,要比对通过中介机构融资和直接融资的征税轻一些。企业未分配利润常常是免税的。出口税收会将农业部门的储蓄转移给公有企业或社会基础设施中的投资项目,进口许可证会产生垄断的行业收入,这实际上是对其他行业征收的暗税。通过补贴价格向某些有特权者提供电力、运输、码头设施,实际上是把这些公营企业的储蓄转移给了他们。在公共政策排挤金融手段的同时,非金融手段则把经济剩余从储蓄部门转移到了投资部门。

对外经济政策也阻碍着国内金融的活动。对本币的价值高估,就是对外国金融资产的低估。购入国外金融资产很便宜,它们承受着较高的存款利率或收益率。此外,随着本币在适当的时机出现贬值和跌价,预计就会获得收益。为了逃避国内管制,储蓄者持有国外金融资产会花费一定的成本,但是,落后经济所发生的大量资本外逃,表明这种成本并不是很高的。

尽管公共政策促使国内储蓄外流,但也促使国内投资者去寻求国外储蓄:资本外逃导致储蓄流出,但国内资本短缺又引诱国外储蓄流入。货币当局一方面为昂贵的短期进口信贷提供担保,另一方面又制定负数的实际存款利率和高估汇率,他们觉得其中没有什么不和谐。他们对国内储蓄者应得的合适收益率持有一种态度,对国外储蓄者的收益率则又持另一种态度。

在后面的几章中,我们将讨论共同抑制金融领域的金融政策和非金融政策。一旦政府决定对金融领域进行抑制,就会找到无数的方法来具体地实施。资本的种类如此之多,它又能如此方便地逃脱管制,因而,加强对它们的限制看来是大势所趋。

金融抑制的逻辑及悖理

推行金融抑制的理由是如此之多,以致采取金融自由化的情形并不多见。我们将这些理由分成下述四类,但这并不表明我们已经罗列了全部的有关理由。有些地方存在金融抑制,可能是为了让公职人员有事可干,或是为了给一小部分银行家或银行的借款者以垄断收入。落后经济所以要这样做,可能只不过是想仿效一些更成熟经济,甚至国际经济组织的做法。我们下面讨论的第一类理由,是传统的对高利贷的憎恶。第二类理由是对名义货币增长率和物价变化率还不能进行有效的控制。第三类理由是许多用于制定经济发展政策的总体经济模型忽视了或者误解了金融的作用。最后一类理由是,实证分析表明,实际金融增长带来的好处并不能抵消其代价,解决资本短缺的其他方法可能要更加有效。

禁止高利贷

关于反高利贷法这一问题,凯恩斯勋爵是站在"未经神明启示的人"这一边,并反对"古典经济学派"的:

> "……利率不会自动调整到一种水准,来适合于社会利益;反之,利率常有太高之趋势,故贤明当局应当用法令、习惯甚至于道义制裁加以抑制。"*①

反对利率升得"太高"的法令、习俗和道德水准,在落后经济中广泛存在,在其他地方亦是如此。也许存在一种凯恩斯式的动机,即限制生产性真实资本之外的其他资产的流动性升水。另一动机可能是为了保护弱小者,使其免受对消费者、农户和小企业贷款的苛刻条件的盘剥,并打破放款人方面的垄断。高利率被认为具有剥削性,对其最明了的解决办法,就像对其他社会罪恶一样,是实行禁止。此外,高利率有时被认为具有通货膨胀性。如

* 参见凯恩斯:《就业、利息和货币通论》,商务印书馆 1983 年版,第 302 页。——译者注

果真实资本所有者支付了高利率，那么，他会通过成本推进效应，将这笔费用计入最终产品的价格。根据以上观点，反高利贷法的责任重大——防止经济停滞与就业不足，保护弱小者免受剥削，以及抑制通货膨胀。

凯恩斯勋爵关于利率上限的主张是他支持盖赛尔货币印花税的一个部分。如果资本主义经济试图在储蓄市场上达到最优化，以使资本的边际产出为零，就必须抑制实际金融资产增长的替代效应，或以政府用造币利润进行的投资来抵消这一效应。利率上限和货币印花税，是阻碍以牺牲物质资本增长为代价的金融财富增长的工具。它们是政府赤字开支的适宜补充品。然而，我们赞同这样的观点：货币不是财富，不存在什么替代效应。货币是一种债务，其实际存量的增长依赖货币体系在储蓄者和投资者之间所作的媒介。货币债务中介观强调货币的正数利率、而不是盖赛尔式的印花税，坚决反对对贷款或存款利率规定最高上限。

对名义利率规定一个账面上限，该账面上限减去预期通货膨胀率就是实际上限。与《就业、利息和货币通论》中价格不变的前提一致，凯恩斯勋爵没有区分名义利率和实际利率，或者说没有区分账面上限和实际上限。但是在普遍存在通货膨胀的落后经济中，这些区别是非常重要的。在这些经济中，实际利率上限可能很低甚至还是负值，它对储蓄者和投资者发出了储蓄和真实资本是否稀缺的错误信号。它们对流动性偏好如此苛刻，使得货币化进程因而受阻，并阻塞了储蓄的聚集和助长了储蓄的不合理配置。

在资本短缺领域，规定利率上限和实行资本配给制是一对双胞胎，因为相对于消费者的时间偏好和投资的生产率而言，储蓄的实际利率上限过低。配给还是盘剥借款者的好方法。保护借款者的正确方法，不是对贷款利率规定上限，而是提高实际存款利率，并采取诸如强化金融市场竞争的政策措施，以减少存贷款的利差。

因为储蓄具有流动性，在落后经济中，逃避利率上限管制的现象是很普遍的。资本从国内金融资产市场上逃走——利率上限压低了资产的收益——并绕过汇率高估的国外金融资产市场，这是那些指望国内过剩的储蓄需求能够循规蹈矩并自行消失的法律、习俗和道德准则所带来的严重后果。不用说，资本外流所造成的最大损失，必然发生在弱小借款者身上。人们有理由认为，在总体上，逃避利率上限能够提高社会生产能力，但在资源运用上会付出更大的代价，它还会破坏社会的公平。

高利率会引发通货膨胀、因而必须压低利率以维持商品价格稳定这种观点，基本上是没有看到名义利率同实际利率的差别。它没有考虑到，当通货膨胀和高利率并存时，通货膨胀是原因而不是结果：实际发生的通货膨胀，是作出通货膨胀预期和决定包括在名义利率 i 中的很高的 P^* 的基础。第二个反对高利率会引诱通货膨胀的理由是，现存资本的高利息成本是固定成本，对短期的价格形成没有什么影响。第三个反对理由是，给定储蓄流量，高利率能够防止昂贵资本对廉价劳动力的替代，从而能够降低产品价格。第四个反对理由是，高利率是防范储蓄在厂房和企业生产能力上的浪费的一种有效手段，这种浪费必定导致由国内狭小市场和多种出口障碍所造成的生产能力闲置。最后，较高的存贷款利率，是吸引新的储蓄、提高资本设施对劳动和土地的实际比率、提高实际产出和收入、增加实际货币需求的相对价格，并且，相对于每一个名义货币存量而言，它还会降低价格水平。超过利率的实际上限才是通货膨胀性的。

控制名义货币的缺陷

除非名义货币量被置于有效的控制之下，或者，除非货币失控产生的通货膨胀影响被相对价格、特别是利率和汇率的变动所抵消，实际金融增长和金融深化才会出现。我们知道，不能补偿的名义货币扩张，是对实际货币余额的一种课税，理性的金融资产持有者会把资产转向不易受影响的其他财富形式，以逃避这种赋税。落后经济有其典型的货币失控情况，让我们归纳一下产生这一现象的三种不同原因。在某些情况下，造成货币失控的原因很简单，那就是当局不具备控制货币的手段。在另一些情况下，原因是政府的控制手段失效了，它们不能有效地对付那些破坏货币稳定的力量。最后，有些落后经济采用了这样一些政策组合，它们使得金融抑制成为必然并且积重难返。

尽管经济中的其他人都关注着实际货币及其收益率的变化，但是，无论是中央银行、货币委员会，还是以按规则行事的机器人面目出现的货币当局，都必然注重名义货币并对其进行管制。有些人肯定会受到货币幻觉的影响。曾发生过这样的事情，一个国家放弃了金本位制或金汇兑本位制，或者从殖民货币体系中解脱出来，却将名义货币控制权交给了大商业银行或财政大臣。由于 $\dot{M}$ 影响 $\dot{P}$ 和 P^*，并因而影响实际货币需求量、银行资产的实际规模和银行股东的实际收入，所以，尽管商业银行对名义货币供应的变动率及其价格水平变化利害攸关，商业银行对名义货币量的多寡却是不关心的。众所周知，财政部长更倾向于印发新钞票，以代替实际税入。到 1965 年为止，"巴西银行"一直是一身三任，既是商业银行，又是中央银行，同时还是政府的贷款人。这种情形所能产生的唯一可能结果，就是货币混乱。与巴西毗邻的乌拉圭，直到 1967 年才结束同样的状况。在这两个国家结束这种状况之前，它们都不对名义货币进行管理。

有时货币当局在技术上不能对名义货币量施行管理。由于缺乏适用于其所处货币体系的控制手段，货币当局很难预测、防止和抵消非意愿的名义货币变化，这些变化往往是由商业银行、政府财政预算和国际收支引起的。1970 年，加纳发生了过度的货币扩张，原因之一就是中央银行——"加纳银行"——受命偿付国有企业欠商业银行的债务，而商业银行又不理会政府要求它们提高法定准备率的指令。所幸的是，在任何情况下总能设计出合适的货币控制手段。如果货币当局在金融自由化过程中受命管理名义货币量，照理是不应该有技术方面的障碍的。

在落后经济中，财富和收入的实际规模总是比较小的，如果它是开放经济，那么，有效控制名义货币量的问题就根本不存在。这样，假如实际货币需求量给定，名义货币数量则基本上由外部世界决定。然而，落后经济却将自己封闭在各种贸易壁垒中，这些障碍会维护国内名义货币对外部压力的很大程度的外生性。它们总是倾向于将通货膨胀税置于自己的直接管辖之下。

即使在名义货币量基本上不受外界影响的情况下，对名义货币量的控制，也会被其他各种国内经济政策所削弱。金融深化目标往往让位于其他目标。正如我们一开始所描述的，假定名义利率 i 被一个法定水平 i' 所固定，人们应该记得这个定义：

$$i' = r + P^* \tag{4.1}$$

这里，r 代表对投资者收取的实际利率。公共政策就是要使 r 与投资的目标水平 I 相适应。如果通货膨胀可以完全预测，并给定实际货币需求量，r 则完全与名义货币量的增长同步。

$$i' = r(I) + \dot{M} \tag{4.2}$$

实际上，投资边际产出率的下降，都一定伴有 r 的下降以及名义货币发行率、通货膨胀率和预期通货膨胀率的上升。在这里，名义货币量变成内生性的了，它由固定的货币利率水平、特定的实际投资水平和实际货币的需求行为所决定。幸运的是，从这个困境中摆脱出来是容易的：对 i 的控制可以取消，或者，作为一种次优选择，对 i 规定的上限可以降低。"韩国银行"在判断 i' 需要降低或 $\dot{M}$ 和 $\dot{P}$ 需要提高的时机这个方面，是很熟练的，但数据表明，该银行一般不喜欢降低利率的规定上限。②

名义货币管理可能并常常受挫于财政政策。③我们将在第 6 章中再次讨论这个问题，现在只作简单的描述。假定政府当期财政年度的实际支出为固定的 G_t，名义支出为 G_tP_t，政府的名义税入取决于税率 q、整个社会的实际收入 Y（假定是常量）以及前期价格水平 P_{t-1}。在税收估算和税收获得之间存在着一个时滞。财政政策要求财政收支平衡，即 $G_t = qY_t$，但是，即使在只能依靠货币扩张来弥补赤字的情况下，财政支出也不会减少。我们首先假定，在一定的实际收入水平下，实际货币需求量和实际货币存量都是常数 $\underline{M}$。然后，加进由货币扩张支撑的当期私人名义支出 X 这一变量。

这样，名义货币增长就是：

$$\Delta M_t = G_tP_t - q(Y_tP_{t-1}) + X_t \tag{4.3}$$

因为 G_t 和 qY_t 相等：

$$\Delta M_t = G_t(P_t - P_{t-1}) + X_t \tag{4.4}$$

用当期价格水平除以上式，得：

$$\frac{(\Delta M)_t}{P} = (G\dot{P})_t + \underline{X}_t \tag{4.5}$$

$$(\dot{M} \cdot \underline{M})_t = (G\dot{P})_t + \underline{X}_t \tag{4.6}$$

由于实际收入有正数影响、预期通货膨胀有负数影响，用实际货币需求代替 $\underline{M}$，并去掉脚标 t，得到：

$$\dot{M} = \frac{G\dot{P} + \underline{X}}{l(P^*)Y} \tag{4.7}$$

货币过度供给的某些最初动因(可能是由 X 的增加引起的),可以导致政府财政赤字,这种赤字必然只能由通货膨胀税 $\dot{M} \cdot \underline{M}$ 弥补。以前各个时期已征收的通货膨胀税,在随后的各个时期中将被继续征收。这种征税过程的内在危险性,在于它能够积聚渐增的力量。[4]原因在于:其一,预期通货膨胀率会根据实际通货膨胀率进行调整;这样,实际的货币需求会减少,从而又必须提高通货膨胀税,结果是通货膨胀率上升。其二,税收征收率 q 一般会随通货膨胀的加速而下降,这样,就会增大以通货膨胀税弥补的赤字。并且,在通货膨胀过程中诞生的金融抑制手段,必然降低 Y,从而政府会由于经济失调的加剧,被迫增加 G。

在以上的描述中,名义货币的增长率是内生性的,它是由政府财政政策、通货膨胀、公众对通货膨胀的反应,以及减少实际收入的那些因素强加给货币当局的。如果货币当局试图抵制政府扩张货币的需求,那就会危及经济的稳定,导致收入及就业的短期性衰退。财政政策的重要目标,比如某个倍受珍爱的经济计划的完成,可能会在 $\dot{P}$ 和 P^* 下降到零之前的漫长时期内落空。[5]满足财政大臣和计划大臣的要求,扩大名义货币供应,然后再对包括利率在内的价格进行行政控制,并用配给方法解决对储蓄和一般商品的过度需求,这对落后经济的诱惑力是很强的。它们放弃实际金融增长能够带来的利益,而认为 G 的有效使用能够增加资本设备,财政管理的改善能够提高 q,国外储蓄的流入能够降低对国内通货膨胀税的依赖,这就使得货币紧缩全无必要了。

金融政策的指导理论的缺陷

在许多总体经济模型中,通向金融抑制道路的标记明显,货币当局也极易仿效。在这里,我们只举很少几个例子,来说明理论是如何诱使金融政策偏离金融深化方向的。

第一个例子就是对凯恩斯勋爵的《就业、利息和货币通论》所作的草率解释。本例可用表示货币市场均衡的式(4.8)和表示储蓄市场均衡的式(4.9)来描述。

$$M = l(Y, r) \cdot \overline{P} \tag{4.8}$$

$$x(r) = sY \tag{4.9}$$

这是一个价格固定不变的体系，在此，价格水平 P 是给定并且不变的，产出的供给对产出的需求具有完全的弹性，函数关系与一般教科书里的含义相同。

名义货币扩张看来是减轻资本短缺程度的正确方法。货币当局只有扩大 M，才能降低实际货币的边际流动性收益和债券利率 r。随着资本边际产出的下降、实际工资率和人均消费水平的上升，较高水平的产出还会增加储蓄流量与资本存量。当然，在实际货币的流动性收益处于某个最低限度时，不可能进一步将储蓄转入物质资本的投资中，货币政策到此也完成了其使命。

如果该模型适用于落后经济，那就不会有落后经济了。货币扩张会使闲置资源运动起来，并使资本扩张获得储蓄，这会在贫困水平上提高收入。遗憾的是，货币当局发行的是名义货币而不是实际货币，名义货币的加速发行，会引发实际的通货膨胀，并使人们产生通货膨胀预期，这会导致较高的、而不是较低的名义利率和实际利率。在长期意义上，按照前述的固定价格模型来指导货币政策，将是灾难性的，产出和储蓄对名义货币发行具有弹性的假设，只有在生产能力未充分利用的短期情况下才是正确的。

从式(4.8)和式(4.9)构成的模型到"结构性"通货膨胀模型只有一步之差，在许多落后经济中，结构模型将金融抑制政策合理化了。

$$M = l(Y,\ r) \cdot P^e \tag{4.10}$$

$$P^e > 0 \tag{4.11}$$

$$x(r) = sY \tag{4.12}$$

这里，物价水平 P^e 不会下移，但却能够上升，它是由货币市场以外的其他因素决定的。某些市场，比如劳动力市场、农产品市场、外汇市场的结构，不管货币供应是否过度，价格在那里总是趋于上升。每一次价格上升都会导致新的货币需求，这必然形成更高的实际利率，从而减少储蓄、投资和收入——除非名义货币不是按相应的比例增加。结构性通货膨胀有使实际利率上升的效应，但这种效应会被名义货币的增长所抵消。如果利率对货币政策措施反应不灵，正确的解决办法就是对利率规定上限。该模型的政策指导涵义是清晰的：维持 r 的适当水平，使其免受 P^e 上升和高利贷倾向的影响。

在式(4.10)和式(4.12)中,货币持有者和投资者都存在货币幻觉。公式表明通货膨胀是不可预测的,预期通货膨胀率不会影响对货币和物质财富的实际需求,名义利率就是实际利率。它们可进一步改成下式:

$$M = l(Y, i) \cdot P^e \tag{4.13}$$

$$x(i - P^*) = sY \tag{4.14}$$

如果住户和企业均不受货币幻觉的影响,由于结构要素的存在,物价水平按照 $\dot{P}^e = P^*$ 的速率上升,必然导致 i 超过实际利率 r。在这种模型中,作为政策指南的结构性通货膨胀理论表明,M 的增长率应该等于 P^e 的上涨率,如果要降低 r, M 的增长应该更快。如果预期通货膨胀率高于实际通货膨胀率,并不适当地提高了 r,如果有理由确信放款者在不稳定的资本市场上盘剥借款者,那么,规定利率上限就是合适的了。

式(4.8)至式(4.14)都是财富观的理论。它着重强调货币增长的替代效应,而消除替代效应阻碍真实资本增长的方法,仅仅就是增加名义货币量。它的中心思想是实际收入的增长、r 的降低,或由外生因素造成的货币市场上通货膨胀产生的私人资产结构中的过度货币需求——较高的 s_m,要么通过正常的名义货币增长途径来满足,要么通过降低投资需求、减少就业和产出、减少用于资助投资的储蓄等等非正常途径来满足。

我们知道,名义货币增长对经济增长是很重要的。然而,它并不是经济增长的唯一条件。过度的名义货币增长,会减少实际货币,并损害实际货币的收入、储蓄、投资、就业和分配效应,从而阻碍经济的进步。式(4.8)至式(4.12)没有区别名义货币增长同实际货币增长,并完全忽略了实际利率的重要性。式(4.13)和式(4.14)清除了货币幻觉,但没有注意到补偿实际的和预期的通货膨胀率对实际货币需求的影响的重要性。它们忽视了生产函数、储蓄投资函数中较低的货币—收入比率的影响。这组模型将未补偿的通货膨胀及其他一些加剧资本稀缺程度的措施,如利率上限规定,完全合理化了。它们能够说服货币当局不重视通货膨胀,并将通货膨胀作为不可避免的经济现象而接受之,甚至奉行通货膨胀,将其作为减轻实际货币替代效应的一条途径。

就这里所考察的长期情形而言，我们并不接受这种观点，即货币的相对价格 $1/P$ 是由货币市场以外的其他市场决定的。结构主义的一些论述忽视了货币市场，这样，它就必须构想一个关于 P 的非货币类似物及其变动状况。其他一些论述，由于没有考虑货币需求在通货膨胀过程中的作用，并发现名义货币与物价水平之间具有不稳定的关系，从而断论物价水平是一种非货币现象。还有一些结构主义的论断，是以选择出来的短期通货膨胀过程中的变动序列为依据的。例如，在所选择的区间内，当货币工资率成为通货膨胀的引发者时，就断定其是工资推动的通货膨胀；当农产品价格上涨居于前列时，则断言农业结构罪责难逃。将以前发生的所有事情排列出来，作为所有后续事件的原因，是一种武断的分析方法，它没有去寻找产生紊乱的共同根源，而这就是发生通货膨胀时的过度货币供给。结构主义也观察到了这样的事实，即过度的货币供给——不管是正向还是反向——对产出和就业有直接的影响。但是，它没有考虑到这些影响不是持久性的，通货膨胀能够被预测，其影响将被各种防范手段中和掉。⑥

结构主义的一个广为人知的论断是，P 的变动率是失业人数相对于充分就业人数的测量标准的一个百分率函数。对每一个经济来说，都存有独特的通货膨胀率同失业率的稳定替代关系，这样，在某个很“高”的失业率下，可能存在稳定的物价水平，而在持续下降的失业率下，则会有不断加剧的通货膨胀。货币当局名义货币政策的含义是明显的：如果经济本身特有的替代关系不能保证通货稳定和充分就业，经济就必须承受通货膨胀，货币当局必须增加名义货币供应，以通过其对向投资者收取的实际利率的影响，来确保与充分就业时的产出相适应的投资水平。

人们同意，在生产能力没有得到充分利用时，提高名义货币增长率可能会引诱就业和产出的增长，这取决于货币供应不足，而不是其他什么限制产出的原因。这一点也是没有疑问的，即产出和实际货币需求对刺激的反应是递减的。这是指名义货币增长率的不断上升，会导致过剩的名义货币量以更快的速度增长，从而通货膨胀率的上升也更快。当对价格水平的预期是静止不变和 P^* 为零时，就可能是这一结果。然而，预期并不是静止不变的，当它根据通货膨胀的过程进行调整时，经济中通货膨胀率同失业率之间的消长关系就会发生变化，这样，每一失业率所对应的通货膨胀率就会更高。于是，“充分”就业就不依赖于一个稳定的物价上涨率，而依赖于不断上升的物价上涨率和不断上升的货币量增长率：为了获得实际的就业效应，$\dot{P}$必须始终高于P^*。⑦被结构主义的替代关系所迷惑的货币当局，会主动提高通货膨胀率，这种通货膨胀率取决于充分就业的目标水平。如果该货币当局在P^*不断上升的同时，寻求就业率和货币利率的稳定，那么，名义货币的加速增长就可能导致恶性通货膨胀。如果旨在稳定i的货币扩张又被金融资产的利率上限，以及由此引出的对资本市场的不可避免的特别控制助了一臂之力的话，情况就会更糟。鼓吹替代关系的结构主义开的是抑制金融的处方。名义货币量的持续增长，不是医治慢性不充分就业的长期良药。持久的解决办法应该是物质财富的增长、劳动技能的改善和劳动力的流动，以及其他的决定产出（包括货币深化）的实际因素的进步。

以上讨论的新凯恩斯学派模型，主张运用未补偿的通货膨胀和其他金融抑制手段来动员闲置资源，以便在确定的储蓄倾向下提高国民收入。这种主张能够增加资本存量。在我们看来，新凯恩斯主义曲解了凯恩斯模型，它强调了其中的一部分，但忽略了其基本点。我们将第2章的式(2.33)稍作修改，把《就业、利息和货币通论》解释为：

$$I = [s - s_m(i, d, n)]F(K, L) \tag{4.15}$$

这里，真实储蓄倾向由中括号内的部分表示，该部分减掉了以实际货币形式反映的储蓄倾向s_m，它受实际收入增长率n和存款利率d的正数影响，货币利率i对其有负数影响。在这个表示资本市场均衡的等式中，不存在货币幻觉。此外，该式对充分就业时的增长情形完全适用。该式具有这样的含义：实际货币增长的替代效应会降低均衡的资本—劳动比率，并提高资本的边际产出r。毫无疑问，如果在充分就业时对实际货币财富的需求未得到满足，就会导致慢性的不充分就业。倘若慢性不充分就业被避免了，对货币财富的需求则会是萎缩的。确实，通过提高相对于d的i的未补偿通货膨胀，或用一种降低d的 Gesellian 税，就可以达到充分就业水平，并消除实际货币增长的替代效应。然而，如果这些手段引诱人们节约货币的交易余额，并牺牲货币的收入效应，这些手段则是无效率的。凯恩斯勋爵在其著作中表明，他充分认识到了实际货币对经济效率的重要性。当货币的边际效用等于零时，当财政政策使得相对于 s_m 的 s 提高、从而使资本—劳动比率上升到合意限度时，随着 r 等于零，就会实现社会最优化。这种经济发展观点同式(4.8)至式(4.14)所表明的观点大相径庭。

正如所见，在落后经济和其他一些地方，《就业、利息和货币通论》被错误地理解了，它被作为反对实际货币余额窖藏需求的理由，它被用来作为使货币当局和其他官员限制人们将铸币和通货藏于枕头、床铺下面，以及限制人们持有低速流通的存款货币余额的合理化的行为依据，它也被用来作为推行金融抑制的理论依据，而这肯定会使凯恩斯勋爵感到可悲。觊恩斯式财富观、财富观和债务中介观都认为在落后经济中深化货币是十分必要的，货币深化不会导致资本枯竭，甚至枕头和床铺下的货币也是货币当局的最好朋友！

我们所讨论的这些观点，客观地说，并不能用来指导金融自由化，而那些忽视金融的发展理论也不能做到这一点。可以经常发现有这种情况，国民经济计划中的经济发展政策，只包括投资率、投资质量、劳动力动员、农业改革和其他非金融因素。在给定产出增长的计划比率和不变的边际储蓄倾向估计的情况下，为了支撑总投资，还要谋求国外资金，各种投资数的组合则要根据计划模式所估算的投资收益率去进行安排。这里假定，所需的国内储蓄，多少要通过一些经常采用的方法——包括通货膨胀税——来获得：投资和储蓄事后毕竟总是相等的。还假定，只要进行足够的特殊控制，储蓄就能被正确地使用。没有必要为货币市场和资本亩场发愁。我们的反驳很简单，没有这些政策，会造成金融抑制，一个脆弱的金融体系只会妨碍资本积累计划的完成，并增强对外援的依赖。

金融抑制和反抑制的个例研究

关于金融抑制还有另一种解释。这种解释的依据是一整套实证判断，这些判断表明，金融深化是一种无效发展战略的一个部分，而金融抑制则适合于强有力的结构转变型经济发展战略。这种观点主张，在经济发展较为成熟的某个阶段，才可以推行金融深化，而对落后经济来说，推行金融深化尚操之过急。对实行中央集权制的社会主义经济来说，这个问题就更加无从谈起了。

实际金融增长要耗费许多稀缺的生产要素：看来需要有大理石镶嵌的银行大厦，银行还要雇用多少掌握了一点技能的人员。此外，金融增长还需要一套完善的法律制度，需要复杂的资产管理技术，而这些在落后经济中却是不存在的，并且也不可能很快得到。对上述观点只需这样答复就够了：当高利率迫使人们尽可能少地使用昂贵的人力资本和真实资本，当竞争压力消除了寡头利润——它们确实被用来购买豪华的装备，当管制性干预不再引起融资差别时，金融增长就具有经济意义。金融增长可以以相对简单的金融结构为中心进行，它们只包括货币体系和自由市场，没有必要到处复制华尔街和针街（thread needle）*。

主张推延实际金融增长的另一个理由是，只有在对不合理的相对价格非常敏感的市场上，金融增长才能奏效。“市场力量在此无效”经常被用来作为推行金融抑制战略的托词。供给曲线和需求曲线可能是水平的或是垂直的，或者其走向与正常方向相反，供给曲线和需求曲线会发生不合理的变动，供需不可能达到稳定的均衡。在市场运转的过程中，经常会形成误导价格，误导价格信号会将经济引离合理的发展道路。主要的相对价格必然受到行政控制。相对价格之一的通货膨胀率是由结构因素决定的，不可能把它作为调节经济增长的一个工具来进行有效的管理。市场和开放市场中的相对价格，不可能被用来推动经济发展，它们只能作为经济发展的结果来行使功能。

当然，这一点是没有疑问的，即金融增长过程同市场演进过程是并行不悖的。例如，货币的收入效应就是由于货币有助于扩展市场、完善市场、降低交易成本而产生的。那些导致金融深化的政策措施，会使经济进一步脱离仅为糊口、以物易物、狭窄的区域性自给自足的生产阶段。在许多情况下，“市场力量在此无效”恰好是因为金融抑制阻碍和干扰了市场力量发挥作用。如果市场力量很微弱，那么，实行金融深化就更为迫切。而且，有证据表明，即使在经济发展的早期阶段，经济行为对相对价格的变动也是敏感的。这种证据虽然不系统，但是很有说服力。例如，加纳的农民很快就掌握了比较优势而成为可可的主要生产者。远东地区的农民也表现出了他们对

* 华尔街和针街分别为美、英金融中心。——译者注

谷物价格差异的敏感,他们改变了就业机会,从而离开农村。市场受抑制地区的走私程度,表明了市场力量相对于市场干预来说是太强大了。如果允许市场力量发挥作用,市场力量随时都可以成为经济发展的动力。⑧

有人断言,金融深化对落后经济来说是操之过急,而金融抑制政策加上其他干预措施则能够产生经济剩余,并将经济剩余合理地用于资本形成。这种论点引证了一个"巴基斯坦发展战略",现将这种战略用一个简单模型来表示。假定有一个领头部门 a,该部门具有引导工业化的特殊资格。另有一个传统部门 b,它为 a 部门提供劳动力、原材料和储蓄。货币体系为两个部门供应货币,但只根据货币利率 i 从 a 部门购买初级证券,并对所有存款支付利率 $\underline{d}$。货币体系还按照同样的利率 i 将国外援助资金 F 转移给 a 部门。政府政策的难题就是如何尽可能的提高卡拉奇偏爱的部门 a 的投资占国民收入 Y 的比例。

资本市场的均衡可以由下式表示:

$$X(r_a^*, i-P^*) = sY_a(\dot{P}, v) + \dot{P}(M/P) + \Delta(M/P) + F \quad (4.16)$$

式(4.16)的左方表示,领头部门的投资需求是预期实际收益率 r_a^* 的一个正函数,是实际贷款利率 $i-P^*$ 的一个负函数。按照工业家的计算,由于通货膨胀的影响,可能还包括相对于外币的本币价值高估,收益率被提高了。名义贷款利率 i 由货币当局控制,实际利率则反映部门 a 产品的国内价格的预期上涨率。部门 b 的投资被假定为是传统技术的、静止的和自我融资型的投资,它在式(4.16)中被省略了。

式(4.16)的右方说明了储蓄向领头部门的流动。领头部门也存在内源融资,这取决于该部门自身的边际储蓄倾向 s 和该部门占国民收入的份额 Y_a。该份额与实际的通货膨胀率 $\dot{P}$ 成正数相关,这可能是由于货币工资率的变动滞后于产品价格的变动。该收入份额还依赖于其他的影响收入分配的公共政策工具 v,比如税收、部门 b 向部门 a 提供商品和劳务的贸易条件的扭曲等等。式(4.16)右方的第二项表示对实际货币存量收取的通货膨胀税。第三项是实际货币余额的增长。通货膨胀税和实际货币增长带来的收入,加上国外援助资金 F,都通过货币体系转移给了 a 部门中的整个行业。假定货币市场存在均衡,此时,名义存款利率为零,实际存款利率为某一负

值 $\underline{d}-P^*$。

该模型给出了四种金融政策工具：物价水平变动率 $\dot{P}$、预期价格水平变动率 P^*、名义贷款利率 i、名义存款利率 $\underline{d}$。发展战略要求很低的或负数的实际存贷利率，以及可变的和不可完全预测的通货膨胀率。按照工业计划和获得外援的状况，再由货币体系配给贷款。因为 a 部门中的企业往往需要从场外非法市场获得资金，反高利贷法必须认真实施。这是一种抑制金融的战略。

该战略声称的优点是人们所熟知的。通过通货膨胀和其他一些政策手段对投资收益的影响，该战略能在工业部门中激发创业热情。高的收益只需扣除非常低的 $i-P^*$，因而能激起狂热的积累真实资本的欲望，尽管对物质资本的生产能力充分利用的前景很暗淡。投资在相当程度上能够依靠投资者自己的储蓄来进行，而向货币体系借款的成本也很低。预计货币体系的放款委员会不会去干预扩张行业的行政事务，外援也只对从落后农业社会向具有很高国民收入增长率 Y 的工业社会的迅速转变感兴趣。对货币存量征收的通货膨胀税，会产生稳定的、甚至是不断扩大的资金来源，这是因为，货币—收入比率已经低到对 P^* 没有什么弹性了。而在工业化过程扩大了交易数量的情况下，存在着实际货币量大量增加的良机。当然，作为储蓄、货物和劳动力的供应者，部门 b 的利益受到了损害，但这只是暂时的。在获得大推进之后，领头部门的繁荣能够扩散到其他部门，并通过各种联系分散其利益。短期战略避开了资本积累上的传统障碍，虽然在一定程度上牺牲了 b 部门的利益，但是，其后的长期战略则把 b 部门也卷入了经济发展的进程。

在该模型中，是有意选择金融抑制的。金融抑制的负数收入效益被认为很小，至少与从传统生产向资本密集型生产转变中产生的正数收入效应相比是这样。对将储蓄转移到具有很高储蓄倾向的资本主义部门的通货膨胀效应来讲，储蓄效应的作用很小。如果投资是按经济计划进行的，金融抑制产生的投资效应所付出的代价并不大。维持或增加失业的效应，造成财富和收入集权分配的效应，被认为是不可避免和令人遗憾的，但这些影响只是短期的。

我们在此只简述一些反对的意见，这在以后的章节中还会进一步阐述。

金融抑制战略对收入的影响，肯定被该战略的鼓吹者低估了。[9]实际货币余额 M/P 的持有者和使用者，在被发展战略所希望的、很高的比率 $\dot{P}$ 课以通货膨胀税后，对以持有实际货币余额增量 $\Delta M/P$ 的形式来保有储蓄肯定十分审慎。1952 年，中国台湾地区的居民保持了很低的货币—收入比率(5.5%)，以便逃避高达 24%的通货膨胀税。[10]这种情况并非绝无仅有。在 1952—1956 年间，当通货膨胀率下降到 9%、实际收入增长 33%时，台湾居民的实际货币持有额增加了 91%；在 1950—1968 年间，当通货膨胀率下降到 1%、实际收入增长 180%时，实际货币持有额增加了 410%，并且，货币—收入比率还达到了 14.2%。其他国家和地区的货币持有者，在通货膨胀率下降时，也是这样做的。结束金融抑制，会导致实际货币需求的数量飞跃。这是一种使用货币服务来消除物物交换不便的数量飞跃。其结果会提高劳动力和真实资本的生产力，并使社会的生产可能性边界外移。假定持有货币的边际机会成本是 25%，对中国台湾地区从 5.5%的货币—收入比率上升到 14.2%的同类比率所获得收益的最低估计是，可获得相当于占国民收入 2.5%的持续收入。有理由相信，实际所得有可能是这个最低估计数的一两倍。对韩国来说，当通货膨胀率从 1961—1964 年的 22.3%下降到 1965—1968 年的 11%时，随着货币持有者在第一阶段平均每年减少实际货币余额 8.4%、在第二阶段平均每年增加实际货币余额 19%，生产力因此而获得的提高是很明显的。[11]

金融抑制战略的储蓄效应看来是令人失望的。其一，货币体系对以实际货币增长和其他金融资产增长进行储蓄施加了惩罚。其二，将收入从低储蓄倾向部门向高储蓄倾向部门转移的通货膨胀效应，取决于各种预期：传统部门中的通货膨胀预期滞后于实际物价水平的上升，而领头部门中的预期则能预计到物价上涨给它带来的额外利润。大量的经验表明：传统部门并不会长期地忍受这种收入转移。他们通过较短时间的劳作、种植更少的可可、亏本出售未到期的证券、走私更多的商品以及多种多样其他的途径，来保护其贸易条件，以抵御其所支付的上涨的价格和按控制价格出售自己的产品。并且，随着储蓄数据的完备，传统部门的储蓄—收入比率本身就很低，而不是由于储蓄收益低所造成的这一点就变得不那么确定了。

金融抑制战略的投资效应也不能令人满意。对传统部门投资的限制，阻碍了农业的正常发展,增加了对粮食和原材料进口的需求,这种需求在一定程度上要靠外援 F 来满足。对小规模生产的本土行业的限制,阻碍了出口的增长,这又使得经济对外援的依赖性增强。在领头部门中,某些投资带来了较高的资本—劳动比率、不熟练的生产技术和经常性的过剩生产能力。工业集中于城市地区,这导致城市基础设施建设又耗费大量的储蓄。这种发展战略一方面放弃国内储蓄,一方面又要大量从国外借债。

这种战略的就业效应更是臭名远扬。对传统部门的抑制,迫使劳动力向城市迁移。在城市,资本密集型产业的增长,只能把这些劳动力中的一小部分吸纳到具有相对高的货币工资率的飞地中去,未被吸纳的劳动力建起了城市贫民窟。金融抑制对收入分配的影响是造成了一个城市上层阶层,一个处于不充分就业状态的城市无产者阶层,一个收入和财富没有增加或不断减少的农村阶层。城市工业化产生的过滤效应、溢出效应或联结效应,在采取金融抑制战略的任何一个经济中都不很明显。看来,一个靠抑制政策滋养的领头部门,还要继续依靠那些阻碍金融深化的措施来滋养。

注　释

① John Maynard Keynes, *General Theory of Employment Interest and Money*, p.351.关于反高利贷法的评论,参见 Rudolph C. Blitz and Millard F. Long, "The Economics of Usury Regulation", *The Journal of Political Economy*, December, 1965, pp.608—619。

② The Bank of Korea, *Monthly Economic Statistics*, Number 1, 1972, pp.44—46.

③ Mario Henrique Simonsen, "Brazilian Inflation: Postwar Experience and Outcome of the 1964 Reforms", in Committee for Economic Development, *Economic Development Issues: Latin America*. 西蒙森(Simonsen)博士指出:"……反通货膨胀政策必须以逐步减少政府赤字为起点"(第 327 页)。

④ 关于政府赤字推动型的复杂通货膨胀模型,参见 Dean S. Dutton, "A Model of Self-Generating Inflation: The Argentine Case", *Journal of Money, Credit and Banking*, May, 1971, pp.245—262.

⑤ Robert A. Mundell, *Monetary Theory: Inflation, Interest, and Growth in the World Economy*, Chapter 7.

⑥ Martin Bronfenbrenner and Franklyn D. Holzman, "Survey of Inflation Theory", *The American Economic Review*, September, 1963, pp.593—661.

⑦ Milton Friedman, "The Role of Monetary Policy", *The American Economic Review*, March, 1968, pp.1—17; Robert E. Lucas and Leonard A. Rapping, "Price Expectation and the Phillips Curve", *The American Economic Review*, June, 1969, pp. 342—350; James Tobin, "Inflation and Unemployment", *The American Economic Review*, March, 1972, pp.1—18.

⑧ Robert C. Hsu, "The Demand for Fertilizer in a Developing Country", *Economic Development and Cultural Change*, January, 1972, pp. 299—309; John Isbister, "Urban Employment and Wages in a Developing Economy: The Case of Mexico", *Economic Development and Cultural Change*; Harry G. Johnson, *Money, Trade and Economic Growth*, Chapter VII.

⑨ Milton Friedman, "Government Revenue from Inflation", *Journal of Political Economy*, July/August, 1971, pp. 846—856; Anand G. Chandavarkar, "Some Aspects of Interest Rate Policies in Less Developed Economies: The Experience of Selected Asian Countries", in International Monetary Fund, *Staff Papers*, March, 1971, pp.48—112.

⑩ Fu-Chi Liu, *Studies in Monetary Development of Taiwan*, Monograph Series, The Institute of Economics, Academia Sinica, October, 1970, p.16.

⑪ The Bank of Korea, *Monthly Economic Statistics*.

5 金融改革

尽管落后经济中存在着金融抑制的固有传统，但是，金融改革及其配套性改革还是缓慢地、然而逐渐加快地向前推进着。在墨西哥、中国台湾、韩国、印度尼西亚、南斯拉夫、巴西、伊朗、马来西亚等国家和地区，金融抑制的固有传统均遇到了挑战，在那里，金融深化政策已经提高了实际金融资产存量占社会财富和国民收入的比重。尽管还没有一个国家使金融体制的自由化达到了理想的高效率程度，甚至某些自由化的措施还加重了旧体制的扭曲，但不管怎样，抑制政策的束缚确实在放松。加入到改革行列中来的落后经济，将会验证约翰·希克斯爵士的这一论断：

> "扩张过程可能起始于提高实际（或未来）利润率的实际因素（如创新等等），但是，扩张也可能发端于金融过程的改善……；由于这些改善提供了新的资金来源，使得如有资金来源早就可能取得的经济进步成为现实。不仅储蓄是重要的，潜在储蓄和潜在投资之间的沟通渠道也是极其重要的"。①

本章介绍金融改革的大致轮廓，并描述其中的一些细节。本章从讨论货币体系开始，因为从长期来看，没有货币深化，非货币性金融发展措施并没有什么意义。其次，我们要讨论场外金融市场，尽管这种市场存有反高利贷法的限制，但几乎在所有的落后经济的储蓄—投资过程中，它们都起着重要的作用。再次，我们还要讨论非货币性金融中介机构，这类金融中介机构既包括有助于向发达金融转变的金融中介机构，又包括在抑制货币体系的特殊环境下产生的金融中介机构。复次，我们将讨论交易长期证券的狭义“资本市场”。最后，再简单地讨论一下实际上不算为银行的特种“银行”。对以短期稳定为目标的改革的考察，将留待以后分析金融改革与影响财政预算和国际收支的改革之间的联系时一起进行。

货币体系

货币体系的僵硬和萎缩不会因为名义货币的迅速增长而得以改观：公众能够使通货膨胀率升得更高，从而抵消名义货币增长对实际货币的影响。货币体系也不会由于单单增设分支机构而得到复苏：分支机构的增设，会提高实际单位成本，并使存贷款之间的利差扩大。准许外国银行开业或将银行国有化，也不能解决问题：在抑制性的货币政策下，任何一种所有制的银行都是要萎缩的。冻结银行存款来迫使人们储蓄，等于向人们发出了持有金融资产可能要吃亏的明确警告。相反，货币当局将刺激货币需求作为政策目标，并力图掌握更多的达到该目标的政策工具，这对货币改革来说才是至关重要的。[②] 在这一部分，我们首先考察货币当局在货币市场和资本市场上的目标和操作工具，继而研究货币体系的组织结构，最后讨论货币体系的成本和利润。

货币市场的目标和工具

货币体系是各种市场的参与者。有时，它会在工艺品市场上进行采购，为银行总裁办公室购置装饰品；有时，它也参与劳动力市场、外汇市场和各种证券市场的活动。当然，货币体系的主要领域是货币市场，在此，它要面对公众的实际货币余额需求。它提供名义货币，并运用政策工具来影响公众的名义货币需求函数中的各种变量，这里的货币需求是按名义货币的相对价格 $1/P$ 定值的。落后经济的直接政策目标，就是使得公众愿意持有并可用作支付手段的实际货币余额更快速地增长。更高层次的目标，则是争取货币深化的收入效应、储蓄效应、投资效应、就业效应和收入分配效应。表 5.1 列出了货币扩张到金融自由化的转变所产生的影响。

表 5.1 货币深化的初级阶段：1961—1968 年的韩国增长率(%)

年份	名义货币[1]	物价水平[2]	实际货币
1961	40.0	15.5	24.9
1962	18.6	13.4	5.2
1963	1.5	28.2	−26.7
1964	17.4	31.9	−14.5
1965	33.1	7.6	25.5
1966	30.1	12.9	17.2
1967	42.5	10.5	32.0
1968	24.8	12.0	12.8

注：(1) 名义货币系指以韩元为单位的支付手段。
(2) 国民生产总值消胀指数。
资料来源：The Bank of Korea, *Review of the Korean Economy*。

在 1961—1968 年的 8 年间，韩国经历了两个不同的时期。在 1961—1964 年间，在名义货币量增长的同时，实际货币量却呈减少趋势。到 1965—1968 年间，货币持有者不再减少手持的实际货币量，并在通货膨胀率下降的条件下，吸纳了不断增加的名义货币。毫无疑问，韩国经济当局找到了一条刺激实际货币需求的途径。

货币需求的增长轨迹 在自由化期间，私人支出单位的实际货币需求函数引导着货币当局的行动路线。用这样或那样的方法，政府可以引诱人们对不断增长的实际收入和较高的人均财富的期望。由于货币需求的财富弹性是正数，对公众而言，这种效应就取决于每一物价水平上持有更多的名义货币。货币当局也可以引诱逐渐降低的通货膨胀率以及实际存款利率将上升的预期。如果能使人们确信经济前景相当稳定，支出单位就会更加注重将来的消费而增加当前的储蓄，从而改变一般资产(包括货币)同消费之间的替代率。如果汇率调整使外汇余额变得更加昂贵，未来的良好供应前景使大米和其他商品不如现在这样珍贵，对外汇余额、大米存货和香烟贮存等等替代资产的需求，就会转移到本国货币余额上来。在一个趋于合理的市

场体系中,更多种类的投资将获得较高盈利率这种可能性,能够激起人们积累一定数量的铺底资金(某种程度上是通过持有货币)以作为日后借款的基础的欲望。货币体系可以使结算工具的使用更加方便和便宜,以简化每一次交易的手续,并使货币持有者在银行柜台前少浪费一些时间。当然,提高货币需求量的最简单办法,是至少对支票存款账户支付正数的实际利率。存款利率这一手段实际上很少使用,这或许是因为不完全竞争的货币体系指望用存款利率及相应的定价,来占有持有货币的消费者剩余。

韩国当局在1963年初迈出了推动金融深化的第一步,决定尽可能少地通过货币发行为中央政府的财政预算提供资金。③这种决策意味着,政府将较少地依靠通货膨胀税,而较多地依靠实际货币余额的增长来作为政府投资项目的资金来源。这个关于财政预算的决定,加上外汇改革和大幅度提高有组织金融市场的利率等随后采取的措施,使人们相信国民收入将会增加,通货膨胀率将会下降,从而降低了通货膨胀预期,并提高了实际存款利率。④韩国找到了增加实际货币需求的钥匙,并将其付诸实践。

货币增长发端于货币当局的一种认识,即认识到经济中存在着一个货币需求函数,接着他们就估算这一函数。出于某些含糊的原因,货币行业是这样的一种唯一的行业,充其量是为数不多的这些行业中的一个:不能准确无误地计算对其产品的需求。在从抑制性政策向自由化政策转变的时期,只要在函数变量的相应变化区间内不能获得统计数据,要准确估算需求函数简直就是不可能的。这样,就可能对货币需求的增长估计过低,而过度的货币需求可能会导致通货紧缩危机;也可能对货币需求的增长估计过高,而发行新货币导致的货币过度供给,会重新引起通货膨胀。这种严重的危险是确实存在的。然而,发生这两种情况是有预兆的,一旦渡过这种关键的转变期,实际货币需求的增长轨迹预计就会相对平稳了。

通货膨胀的目标水平　货币市场上的主要政策工具是实际存款利率。货币当局在不愿意调整名义利率的情况下,只有两条途径可以使货币收益准 r_m 达到一定的水平。其一是影响货币体系提供的结算服务,其二是影响 $\dot{P}$ 和 P^*,即实际的通货膨胀率和预期的通货膨胀率。只有在经济规模不太“小”,经济不很“开放”,进出口结构的调整不是很灵活,即国际价格对其影响不太大的经济中,后一种办法才是可行的。

只要货币当局认为某一项标准不是稳定的、可以接受的，或与经济稳定增长相适应的，它们选择的通货膨胀标准就可能是各不相同的。表 5.2 提供了一个韩国、马来西亚、中国台湾的货币当局在 1965—1970 年间作出的不同选择的样本。

表 5.2 1965—1970 年间各种通货膨胀率的选择(%)

年份	韩国[(1)]	中国台湾[(2)]	马来西亚[(3)]
1965	13.6	1.50	−0.1
1966	12.1	2.44	1.4
1967	10.8	4.02	4.1
1968	11.1	1.14	0
1969	10.1	3.28	−0.1
1970	12.7	3.79	1.3

注：(1) The Bank of Korea, *Review of the Korean Economy 1969*, p.166.表中数据是汉城的消费物价指数。

(2) *Taiwan Financial Economic Monthly Report*.表中数据是国民生产总值的价格消胀指数。

(3) Bank Negara Malaysia, *Quarterly Economic Bulletin*, December, 1970, p.48.表中数据是马来西亚西部地区的零售物价指数。

第 3 章曾经说明，货币市场的最优状态要求通货膨胀率的变动极小，以便使金融资产持有者在金融深化过程中发生的风险最小。第 3 章还说明了，考虑到货币当局不愿意适当地调整名义存贷款利率、汇率、国有企业产品的价格等等相对价格，来抵偿通货膨胀，最佳通货膨胀率必须很低。韩国在 1965—1970 年间选择的年通货膨胀率在 10%—12%之间，这与原定的在这一时期将韩元对美元的比价升值 17%的决策并不完全吻合，结果是汇率的不合理程度逐渐加重。到 1971 年不得不将韩元对美元的比价大幅度地提高，涨幅达 20%。在金融自由化过程中，当其他有关的相对价格处于刚性时，通货膨胀率的最佳选择范围往往很窄。⑤

名义货币的外生性 名义存款利率和通货膨胀率可以作为决定实际存款利率的两个变量。名义货币则是调节价格水平的手段。人们应该记得，给定实际货币需求的长期增长率 $\dot{M}$，通货膨胀率就决定于 $\dot{M}$。除非货币当局控制了 $\dot{M}$，并根据所选择的通货膨胀率对 $\dot{M}$ 加以调整，否则，长期的金融

深化是怎么都不能达到的。金融深化要求供应给实际经济部门的货币应是外生性的：M 和 $\dot{M}$ 的决策权，必须只隶属于一个带有货币幻觉的机构——货币当局。

在每一个经济中，对名义货币控制权的争夺是异常激烈的。货币当局曾经失去过货币控制权，它被商业银行、财政大臣、劳动力市场或涉外经济部门等等所掌握。[6]在 1963—1965 年间，加纳的货币控制权从"加纳银行"手中落到了可可生产行业手中。在 1963—1964 年的收获季节，政府的"可可购销委员会"付给可可生产者的价格，超过了出口价格，从而迫使货币体系通过信贷扩张和通货膨胀税来弥补这一差额。在 1964—1965 年，由于世界市场上的可可价格疲软，加纳不得不通过货币扩张来获得囤积可可的资金。1964 年和 1965 年的这种冒险做法，其结果是 $\dot{M}$ 和通货膨胀率的加速增长。[7]在 1969—1970 年，"加纳银行"又一次陷入了类似的困境，这一次是为政府企业和商业银行提供更多的资金：

"在 1 月和 6 月，为了清理一些政府企业的债务，'加纳银行'向商业银行支付了两笔资金。为了防止这些资金渗入信贷渠道，1970 年 2 月提高了这些银行的流动性比率，以吸收因清理债务而增加的流动性。这一目标实际上没有达到，因为商业银行持有的现金并没达到规定的现金比率。与现金储备不足有关，商业银行的信贷额大大增加了。"[8]在 1970 财政年度末，加纳货币市场上出现了供给过剩，这种货币失控的最初后果是不可避免地导致国际收支困难和通货膨胀率上升等等通常的恶果。加纳还没有找到从货币抑制到货币深化的前进道路。

保持外生性货币供应的传统方法，是建立独立的中央银行。在 20 世纪 30 年代和第二次世界大战后，这一传统即使不说被废弃了，至少也可以说被大大地削弱了，而至今还没有找到可以普遍替代这一传统的办法。很普遍的情况是，现在的货币当局成了由财政大臣和计划大臣主宰的货币委员会。不管中央银行的组织结构如何，除非货币当局认为实际货币增长相当重要，而且选择了变化范围很小的低通货膨胀率，并维护货币的外生性，否则，实际货币需求增长的目标是很难达到的。

资本市场的目标和工具

按照财富观的看法，实际货币是私人和社会的财富，实际货币增长是一种社会收入，它可能被名义货币的发行者占用而成为造币利润。这种利润往往用于将储蓄作为投资的资金来源的资本市场，而当它在那里被使用到社会的资本—劳动比率达到某个最佳限度时，它会达到最优状态。我们则同意另外一种观点：货币是货币体系的债务，它可以被发行以购买现存的财富，补充政府或私人的不足储蓄，或从货币持有者手中吸收储蓄来进行资本积累。货币体系是一个金融中介，它是储蓄的借入者和贷出者。在这一部分，我们考察的是作为资本市场的贷出者的货币体系，其资金来源是通过实际货币余额的增长或通货膨胀税的所得获得的。

在传统的抑制性货币政策下，储蓄是匮乏的，然而却必须按照很低或负数的实际贷款利率定成低价。在落后经济中，为了达到经济增长的目标，常常使用的政策手段是低利率、廉价的进口资本品、对投资的税收减免、对资本密集型生产的关税保护等等。相反，主张金融自由化的理由是：反映储蓄稀缺性的价格会提高储蓄率，改善储蓄配置，促进劳动力对资本设备的替代，并有助于公平的收入分配。我们现在要考察的就是使贷款自由化付诸实施的手段，只有这样，货币体系获得的储蓄才会流向投资。

在落后经济或发展中经济中，货币体系在资本市场上扮演着不同的角色。在中央高度集权的极端情况下，货币体系不过是一个存款窗口。储蓄流入货币体系，然后再按照法定准备金的要求，保留一部分储蓄，其余储蓄再流向财政部、计划委员会，或称为开发银行、农业银行之类的贷款窗口。在另一极端情况下，货币发行者支配着资本市场，日本即是一个极好的例子。[9] 现在，我们暂不考虑金融的组织结构问题，先讨论储蓄市场上交易方式的某些方面。

投资收益率 在带有可接受程度风险的投资项目中，按照较发达国家通行的贷款利率，存在的贷款需求很大，从这个意义上说，落后经济中的储蓄是稀缺的。在资本市场上，可以用某个“很高”的贷款利率结构来结清过度的贷款需求。遗憾的是，在落后经济中，只能以最粗略的方法去估计储蓄需求函数，这样，对清偿市场的贷款利率的估算，必然也是很粗糙的。即使如此，这种粗略的估算利率，也要优于经常采用的低利率体系。

可以找到各种使贷款配给需求趋于最小的利率水平指标，其中有场外市场利率，它们被用来甄别各种借款者和寻求资金的各种投资项目。但是，场外市场的利率水平高于适合于货币体系的目标水平，所以如此，原因之一是这种利率必须补偿放款人在反高利贷法惩罚下所遭受的损失。在一定范围的企业和行业中，也存在对投资收益率的样本估计，甚至总生产函数也会提示我们，到底是20%还是10%的利率水平更为合适。

如果没有中央银行或其他政府机构对市场决定收益率的机制进行干预，那么，国库券市场和定期存单市场就是测定投资机会的潜在收益率的最为简便的装置。[10]即使商业银行没有参与这一市场，该市场仍能表明将储蓄投入有形资本的机会成本。但是，该市场的利率低于适合于货币体系的目标水平，因为它不受投资风险的影响。货币体系的目标水平介乎于场外市场利率同国库券利率之间，一个不断壮大的货币体系的贷款活动，会使目标水平的摆动误差减小。

贷款需求的培育　在慎重考虑是否要用金融自由化来取代现存的金融控制和抑制体制时，落后经济常常表现出这样的疑虑：按照储蓄的稀缺性定价，是否还会有足够的贷款需求？据称，政府企业在比稀缺性定价低得多的利率水平下甚至都发生了亏损。财政部长也无法支付很高的利息费用，这会使他陷入更严重的赤字预算中。工业、农业、渔业和矿业中的私营企业，缺乏捕捉高收益投资机会的管理技能、生产技术、劳动力，或用以承担风险的产权资本。只有那些大型的、在殖民时期已打下根基的老商业企业，才能提供接受贷款的机会和支付得起稀缺性的利率。这种疑虑似乎也常常为国际组织的活动所证实。它们的项目贷款资金由于缺乏可接受的投资机会而积存起来。

如果上述疑虑被证实是正确的话，那么，落后经济就命中注定只能永远落后。幸而，这些疑虑是被夸大了。已推行金融自由化国家的经验表明，当企业无需花费很多精力从负担过重的政府机构取得贷款配额、进出口许可证或外汇配额时，投资机会就会出现。在价格扭曲得以纠正和投资的交易费用下降后，扭曲价格下的无吸引力投资项目就变得有利可图了。抑制政策不仅限制了资本市场上的供给，也限制了投资需求。[11]

在一定程度上，培育贷款需求是货币体系自身的任务。在落后经济中，银行的经营通常是保守的，它们满足于向老主顾提供服务，并试图榨取由很低的实际贷款利率同更低的实际存款利率间的高额利差产生的寡头利润。

银行经营保守的部分原因，是为了在很低的贷款利率水平下回避风险。如果取消了贷款利率的官定上限，这种原因就会不复存在。如果通过恰当的银行经营许可证政策将银行业引入竞争的环境，如果政府将更少的或较能预测的银行资金作为强制的和被担保的贷款，那么，银行的进取心就会大大加强。⑫如果认识到货币存量不过是货币体系的一种永久性负债，不必全部以流动性资产来作为保证，那么，就可能发掘出更多的投资机会。

就像需要开发新的出口市场一样，对新老借款者扩张新贷款的市场也需要开发。借款者和放款者的了解适应过程，要花费一定的投入要素和承担风险的社会成本。了解适应过程是资本积累过程的一个组成部分，其成本应该恰当地反映在成本和资本收益率中。但是，了解适应过程常常被人们忽视了。实际上，这是由于认为它的费用太大的缘故。这种过程可以通过多种途径进行，从正规的培训到在实践中学习都是学习的途径，必要的话，还可以向外国企业的样板学习。如果自由化纠正了多种抑制企业的市场扭曲，并为企业开辟了获得贷款资金的渠道，一些人——借款者、放款者、政府官员——都会发觉学习和适应过程是大有裨益的。

抑制实际贷款需求的一个可悲事例，发生在印度北部和西北部的产麦区。在那里，绿色革命的效果令人失望。土地所有权状况造成了土地兼并和大土地所有者的扩张，却阻碍了小农场的发展。廉价信贷刺激了大农场去采用资本密集型技术，而资金配给制又将小农场排斥在储蓄市场之外。收入分配的不平等状况由此更加恶化了。大农场主一方面能够享受更奢侈的消费，另一方面又能够进行更多的储蓄，这些储蓄被用于购买更多的拖拉机、更豪华的住宅和更高档的小汽车。提高小农户的储蓄率，转移富裕农户的储蓄，以及使用流入绿色革命新阶段的有效投资中的储蓄的可能性，是存在着的。如果金融机构的存款利率提高，而贷款利率的提高又使资本的使用更加节约和促进劳动力对资本的替代，并且土地所有权的调整又激发小农户的贷款需求，通过扩大银行业务和了解适应过程的激励，上述可能性就会变为现实。即使在极度贫困的环境中，消化更多的储蓄流量的能力还是客观存在的。⑬例如，我们在墨西哥就可以找到成功的先例，在印度的南方地区，也可以发现它们采取了力争金融自由化的储蓄效应、投资效应、就业效应和收入分配效应的政策措施。⑭

贷款利率差别与补贴 财富观认为，资本往往是同质的投入要素，但在落后经济中，资本却是异质的建筑物、机器、存货或人力。在完善的储蓄市场上，可能只有一种资本收益率和一种适当的贷款利率，然而，落后经济的资本市场是支离破碎的，它们被如此分割，以致其中的最高贷款利率可能是最低贷款利率的几倍。市场分割和利率差异的原因之一，可能是储蓄者和金融机构对投资者所提供的不同投资机会具有不同的偏好，另一个原因可能是资本市场各个部分之间的信息交流不畅，这些或许都是由货币当局的政策所造成的。

在落后经济中，政府当局决定了有组织市场上的账面贷款利率，利率依贷款期限、借款者的信誉、贷款者的地位及贷款规模的不同而有所区别。贷款的过度需求是通过配给制来解决的，信贷配给制是根据经济计划、借款者以前的偿债情况，或政治上的交往程度，甚至借款者支付回扣的多少来决定的。在这样的资本市场上，用拍卖方式来分配信贷几乎是没有的。

利率常被用作对投资进行补贴的手段。一般而言，很低的平均利率水平就是以牺牲储蓄者和劳动者的利益对投资进行的补贴。特种投资被以最低的利息费用给予补贴，这些投资项目获得配给的优先权，依赖于中央银行所作的偿还担保，或由优惠再贴现条件等等手段予以保证。这种补贴方法肯定是增加一国生产能力的最劣办法，因为它给储蓄者和投资者造成这样一种错觉：储蓄太多，储蓄对劳动力之比要高于发达经济的同类比率，结果，储蓄就会变得更加匮乏，就业将更集中在被补贴性投资的行业中。利用稀缺生产要素的价格作为补贴手段，会传递这类要素相当丰富的错误信息。当然，有一种反对用利息率进行补贴的观点，其理由是，由于储蓄是可替代的，补贴方法可能达不到预期的效果。

能够代替利率用作补贴的一个显而易见的办法，是由政府从税入中直接支付补贴。补贴额度可以根据投资者的私人收益率同预计的社会收益率之间的差额来决定。还有一种可行的办法，就是消除影响投资利润的相对价格扭曲，而不是改变利率。例如，对发电站的建造进行利率补贴似乎是合理的，但是，在对用电客户收取合理的价格后，进行利率补贴就全无必要了。再如，如果把汇率调整到有利于促进出口时，对进口替代行业的利率补贴就是多余的了。电力管理当局制定的扭曲的相对价格，导致了另外的扭曲，所以，货币当局的干预似乎就是合乎情理的了。其实，最佳的摆脱方法，是在互相联结的市场上，让价格重新发挥作用，来消除对资本的过度需求。

坚持按补贴性利率借款，是财政部借款的特征之一，这可能是为了避免增加税收、提高通货膨胀率，或提高对公共企业的收费标准。但是，政府却没有看到，补贴性利率是一种对储蓄者和劳动者的变相征税。而且，这种利率会错误地引导政府及私人企业，按照扭曲市场的不合理价格，去生产不适用的产品。在税入更多及公共企业利润增加的情况下，政府就可以在低利息之外选择其他方法，从而避免储蓄流量的萎缩和被浪费。政府部门当属金融改革之列。[15]

在落后经济中，无组织金融市场上的利率期限结构划分得很细，一般以月份为单位标明利率。最短期限的贷款的利率开始就很高，随着期限拉长，利率也越高。有组织金融市场上的长期利率——抵押贷款利率、政府债券利率、养老金利率或社会保障基金利率——都是由官方决定的，它们均大大低于场外非法市场上的利率结构。这种期限结构，很难用任何储蓄者和投资者的预期行为假说来解释。在落后经济中，曲解的资本市场，可能产生期限延长反而使证券收益逐渐降低的现象，因为以前的资本—劳动比率必然会上升，则投资利润必然下降。然而，同样的资本市场，也极有可能出现反映人们回避持有财富的不确定风险的渐次上升的利率结构。时间偏好和流动性偏好，将支配有利于经济潜在增长的利率结构的作用。

货币改革或其他金融改革可以拓宽资本市场的范围，并将储蓄引入长期借贷之中。通货膨胀率变动幅度的减小，会减轻借款者和贷款者所承担的风险。由于相信货币体系将有实质性的发展，借款者会预期在某种利率水平下，贷款将有所增加。扩张的金融体系可以承担作为二级市场上的长期证券购买者的某些义务，从而使储蓄者在拉长其资产结构的期限时，只会丧失较少的流动性。当然，这并非意味着应该将证券行市固定起来。

在储蓄市场上，金融体系具有为借贷双方承受的风险提供保险的责任。例如，借款者往往很难了解续借条件，落后经济中的储蓄者也难以得到必要的信息去进行审慎的证券选择。然而，金融体系能够比较准确地预测，能够获得更多的信息，并可以提供贷款保险。不用说，金融体系当然要对提供的服务收费，使之足以弥补成本与损失。资本市场上的免费担保与免费保险，是对扭曲储蓄分配的一种间接补贴。而且,对这些服务收取费用也是刺激资本市场发展的因素之一。

货币体系的组织结构

货币体系有多种可行的模式,可供选择的一些准则是显而易见的。一个倾向于社会主义的社会,希望其银行实行国有化,但是,一个资本主义社会却希望银行成为私有企业的支柱。一个广泛参与国际经济分工的开放社会,会受到外来通货膨胀的影响,给定其货币需求函数,国际收支状况将决定其名义货币存量的水平。一个希望与外界高度隔绝的社会,会自主决定本国物价水平的变动趋势,并运用国内控制手段使名义货币的增长达到适当的水平。

在以上任何一种背景下,选择货币体系的组织结构模式,都应把货币市场和储蓄市场的最优化作为基本的准则。第一个准则是明确地指定货币当局——一个带有货币幻觉的机构。其次是货币体系对货币当局的控制手段的敏感程度。第三个准则是货币体系缩小存贷款利差的竞争或类似的竞争行为。第四是货币体系的有效经营,以节约投入要素。第五是对提高实际货币需求的技术性变化的反应程度。第六是资金配置的效率,在静态意义上,即为货币持有者的储蓄选择各种用途的能力,在动态意义上,则是发现和引诱不断扩大的贷款机会的能力。第七是清偿能力,货币持有者必需免遭货币体系的违约风险。最后一条准则是货币体系的组织结构不应该产生对收入分配和财富分配的不利影响。在这一部分的余下篇幅中,我们将探讨这些准则对资本市场和货币市场的适用问题。

货币市场的组织结构　一个统一的官方货币体系,能够很好地遵循上述的某些准则。在这个体系中,只有政府银行才能发行名义货币,银行的分支机构则提供结算服务。所有货币都是高效货币,发行名义货币可以为政府预算带来通货膨胀税入。这种形式的货币体系能够准确地控制名义货币量,可以避免多元货币体系中高效货币同银行存款货币的松散联系。但如果根据各国表现出的对各种货币体系的偏好去判断的话,则可以说这种货币体系在满足其他准则上是不太理想的。

所有的货币也可能是低效货币,不过,这是以私人银行的通货和发行存款的完全准备率为基础的。货币当局可以垄断货币体系在资本市场上的证券购买,付给商业银行才能持有的高效储备货币。货币当局也可以把自己的盈利支付给商业银行作为存款准备金。假定商业银行的发照存在竞争,这些按银行的营业成本调整的盈利,将以存款利息的形式返回货币持有者,银行是货币体系的存款窗口,货币当局则是贷款窗口。这种体系中存在一个交易银行准备金的新市场,该市场的供给由货币当局完全控制,需求则产生于商业银行从两种存款利率之差所获得的盈利机会。还存在一个银行许可证市场,这个市场上的最优价格是零。银行股权也有一个市场,该市场的价格是向公众提供结算服务而获得的竞争性利润的贴现值。

在极度分权的体制下,所有的货币可能都是低效货币,商业银行可能既是存款窗口又是贷款窗口。货币当局可能以通过再贴现向商业银行提供准备金、武断地确定准备金的供应量、公布一种能引诱商业银行保持适当的准备金比率的再贴现率等等方式,按照自己的意愿调节名义货币存量。银行之间在票据交换中发生的轧差,会形成它们的准备金需求。货币当局放弃在资本市场上的所有功能,反映了它对竞争性银行体系的配置效率充满信心。

现实的货币体系比上述三种货币体系中的任何一种都要复杂。中央银行发行的即期债券,既可作为货币又可作为银行准备金,银行准备金可能包括国库券或其他证券。商业银行也供应货币。中央银行、商业银行及其他金融机构都有贷款的功能。这种组织结构的第一个影响,就是成倍地增加了决定名义货币存量的因素。公众对作为对货币当局的债权的货币与作为对商业银行的债权的货币的选择,会影响中央银行流入商业银行的准备金数量。商业银行对准备金余额同初级证券、或一种形式的准备金同另一种形式的准备金的偏好,会影响货币当局的控制变量——如商业银行在中央银行的存款——的名义数量同货币存量的关系。在强制性的法定准备金要求下,或是不将准备金作为以货币形式发行债务的一个条件的情况下,财政部对债券发行或国库券发行的偏好,会影响商业银行所需要的资产的供应。名义货币存量会受到各个部门投资结构选择的影响,它与控制变量的关系会被削弱。在这种粗糙的货币体系型式中,货币体系组织结构的第二条准则,即货币体系对名义货币控制的敏感程度,被破坏了。

在复杂的货币体系中,一旦人们发现了货币控制上的漏洞,控制手段就会成倍出现。例如，组织政府证券市场，以便让中央银行开展公开市场业务。法定准备金要求变得更加复杂了，再贴现规则和再贴现率也更加繁琐了。规定存贷款利率及其他金融价格的情况当然会更加普遍。由此产生的社会成本是显然的——成本昂贵的行政管理结构，私人机构绕开政府限制的昂贵措施，管理人员的腐败，金融市场竞争的被压抑，不提高经营效率，技术进步缓慢，等等。对名义货币的控制可能过犹不及，结果，一些控制手段的运用，仅仅只是抵消了另一些控制手段的滥用所带来的有害影响。⑯

在货币当局测定了实际货币需求的增长、选定了通货膨胀率并确定了名义货币的增长轨迹后，如要按计划持有名义货币，就应力求最大限度地减少干扰和摩擦。高度分权的货币体系中的货币当局只需要负责管理一个名义变量——如银行准备金，和一个相对价格——如准备金存款利率和其对称价格即再贴规率。⑰它还需要一种强化私人银行竞争的工具，一般来说，除非经济规模极小，竞争性的营业许可证政策即可做到这一点。最后，为预防违约而对私人货币发行提供的保险，属于货币控制的最基本手段之一。提供这种保险，以使货币成为一种安全资产，并实际上提高实际存款利率，能取得货币深化的社会效益。只要这种保险能较少地干预货币体系的配置效率，它就可以成为代替政府对银行业务活动进行繁琐监督的一个好办法。从货币深化的外部经济效益来看，可以用税收弥补一部分保险的成本。不论成本是用这种方式、还是用向银行收费的方法解决，收取保险费用，都应按照资本净值的大小和银行资产带来的不同收益划分等级。

资本市场的组织结构　通过货币存量、非货币债务及银行业净值的增加而注入货币体系的储蓄，大多又输入了资本市场，极少的一部分才被用来补充货币体系的营运资产。在落后经济中，向资本市场输送资金具有一些共同的特征。首先，它在数量和价格两方面都受到中央银行的严格控制。其次，其中很大一部分为政府财政预算所占用。再次，只有一部分通过二级中介机构到达最终的投资场所，这些二级中介机构利用配给制向各自的投资领域提供资金。商业银行可以自主决定的贷款，只占其资产总额的很小一部分，并且主要是提供给传统客户的。私人货币体系几乎没有什么分配资金的权利。

形成这种模式的理由很多，这里只谈几点。例如，除非有中央银行的指示，储蓄是不会流入国民计划中的优先发展目标的：在不完善的资本市场上，银行体系不可能像计划当局那样洞悉投资的相对社会收益率；商业银行也许是由外资所有的，要么只限于向少数有特权的借款人提供服务，要么受制于不合理的风险回避原则。此外，贷款发放的专业化会产生规模经济效益。第三，在已经实行补贴性利率政策并因此采取贷款配给制的前提下，商业银行丧失的一些放款功能，就应由某个政府机构来承担，政府当局有必要执行配给规则。在发达的资本市场上，货币体系在分配贷款方面往往是非常重要的，但在资本市场欠发达的情况下，货币体系只能有这几项资产：法定储备金，规定的政府债券持有额，被强制向作为二级中介机构的开发银行、甚至投资者提供的贷款，根据各种各样的信贷指导原则——包括优惠再贴现率——提供的贷款等等。

我们认为，货币体系被搁置在一旁的原因是：货币体系的实际规模被存款利率政策抑制了；实行补贴性的利率政策导致了对货币储蓄的过度需求；在这种体制下，市场分配机制不复存在，指令性分配则带有政治含义。金融浅短意味着金融的管制性分配。

金融深化的一个目的，就是要取消金融抑制条件下的配给机制，代之以价格机制和分权，以选择竞争性的投资机会。金融深化的储蓄效应，意味着资金流量的充分增加，将减弱少数几个专业贷款窗口的贷款能力，并削弱它们作为极稀缺资源的守护神的作用。金融深化的投资效应，意味着要使储蓄扩散到比计划制定者所祈望的资本密集程度低的投资项目上，使离开资本市场的储蓄能在收益率差别中寻找盈利机会。

在自由化的货币市场上，集权的银行业看来还是很强有力的，因为它能对名义货币的增长进行更有保障的控制。而在自由化的资本市场上，分权的银行业则强而有力，因为它为贷款利率和贷款选择提供了具有竞争性的判断。竞争性的营业许可证制度，加上其他措施，会扩大资本市场的参与面。阻止票据市场的发展，绝非高明之举，在这个市场上，交易商和经纪人的活动能够补充商业银行的放款活动，甚至可以与其竞争。恰如我们以前讨论的那样，提供贷款保险是有利的。对向借款者和贷款者提供信息的活动予以补贴是有道理的，这些信息涉及产品市场和劳动力市场的发展情况，对选择投资机会很有帮助。金融深化是否能够产生重大的投资效应，取决于资本市场上的价格纪律，取决于风险评估与风险分散是否有所改善，还取决于能否减少不确定性的信息流动。

货币体系的成本和盈利　货币体系是一个服务性行业，一般由股份公司组成，其中有些是公有企业，有些是私有企业。它将实际要素投入中介过程，在结算过程中为货币持有者提供服务，在储蓄分配中向借款者提供服务，它向借款者收取贷款利息，再用这种收入支付存款利息和投入要素的报酬。在金融被抑制时，公开的贷款利率被限定在某个低于储蓄稀缺价格的水平，名义存款利率则固定在零，存贷利差加上各种营业收费，可弥补要素成本和作为利润。各种隐含的收益和费用，是强加的利率上限同自由市场利率之间的差额造成的。

尽管银行业的统计数据残缺不全，但还是可以看出，对僵硬的货币体系而言，单位实际货币的要素成本是很高的。有人认为，要素成本高的原因之一是向存款者提供的服务收入不能完全补偿正数的存款利率。借款者对额外服务支付的费用，也只能部分弥补较高的贷款利率。原因之二是在发生通货膨胀的环境中，吸引银行股本转向房地产的成本很高。最后，银行管理手段的落后，银行家缺乏竞争的压力，也是造成要素成本高的一个原因。

银行的产权收益看起来比较高，所以，银行家们很少主张金融改革。因为，除了外国银行以外，银行的风险成分不可能很大，而垄断利润却很大。这样，货币体系就会忽视货币持有者，但它对接受贷款配给的借款人（包括政府）及股东（同样包括政府）却提供很有吸引力的优惠待遇和股息。贷款承诺、信贷额度以及银行营业执照均成为有价值的私人财富。

最优货币政策就是要寻求货币市场和储蓄市场的均衡，以缩小存贷款利率之间的差额，而这一差额决定了银行股权的供给价格。人们希望通过竞争压力，在银行同存款者之间，在支付服务和存款利率方面，以及在银行同借款者之间在分配服务和贷款利率方面达成有效替代的协议。在竞争条件下，通过提高借贷双方共同协议的业务质量，借贷利差就会缩小，而在存贷款保险计划中，存贷款利差也会逐步规范化。

我们可以通过很多途径激起银行业的竞争精神。中央银行和政府的商业银行可以承担市场领头人的作用。政府可以颁发大量私人银行执照，但要收取一定的费用，让政府至少占用一部分垄断收益。不是银行、而仅仅是贷款窗口的“银行”——如为农业和出口提供信贷的机构——可以进入货币市场,成为支付手段的供应者。没有什么必要把外国银行企业拉来作为刺激竞争的催化剂,因为在金融业中,边干边学的成本不会很高。

场外非法金融市场

地下货币市场在今日的韩国非常活跃,以致该国的金融活动是在所谓的二元体制下进行的。那里的金融活动大致可分为两个部分——一部分是集中于政府控制下的银行和其他金融机构内的金融活动,另一部分是集中于私人货币市场上的金融活动,后者行使着满足政府控制之外的货币需求的功能。[18]

各种私人放债机构的肆意活动,不仅扰乱了金融信贷秩序,还损害了公众、尤其是小商人的利益。此外,在某些金融活动方面,它还可能与银行展开竞争。由于私人货币市场上的金融活动是隐蔽的,它们极易妨碍政府货币政策的实施。而且,隐蔽的货币分配甚至还会损害总体资本的配置效率。因此,有必要使私人货币市场的活动公开化并纳入社会活动的范围。[19]

各种各样的场外市场[20]随处可见,每一个市场都有各自的金融资产和金融机构,也有独自的利率体系。[21]它们在储蓄—投资过程中的相对重要性,取决于它们的竞争对手——"有组织"或"官方"金融体系——受抑制的程度。对这类市场的通常看法,已由上面的第二段引文说明了:如果没有办法禁止它们,就应将其引入"有组织"的市场体系。据说,场外市场的活动见不得人;它们干扰官方的政策;它们资助婚丧嫁娶和资本外逃;它们榨取高利贷利息;它们同有组织金融体系展开竞争,并妨碍了后者的发展。

有关场外市场的统计数据很少且不十分可靠。然而,这些数据足以给人这样的印象,即甚至在相当不利的情况下,这个市场上的储蓄倾向仍然很高。场外市场吸收的储蓄,加上从收益率很低的有组织金融市场上逃离到实物资产和外国资产存贷上的储蓄,要比被抑制货币体系掌握的志愿储蓄高出若干倍。这些数据还表明,该市场上生产能力投资的收益率要比官方批准的贷款利率所暗含的高。[22]很显然,尽管政府实行了种种限制,场外市场上的储蓄总能找到具有较高收益率的投资机会:像情人一样,投资者和储蓄者总有办法安排约会。有关场外市场的数据还清楚地表明了这点，有组织金融体系浪费着投入要素。相反，波哥大咖啡馆里的贷款经纪人，开设了储蓄窗口的印度商行，以及农民信用合作社，均有简单的低投入要素的生产函数。

金融自由化过程对金融机构中的这类“无产者”主要有两层含义。其一，随着有组织金融体系的不断深化，场外市场必然面临竞争。它必须具备在政府所希望的自由化环境中生存的能力。其二，场外市场应该有机会加入到一体化的资本市场中去，在进行公开的、而不是隐蔽的业务活动中，减少其他机构的风险和成本。从长期观点看，场外市场或许在金融市场上作用不大，但从短期观点看，它们参与市场活动，有助于缩小存贷利差，缩小各类投资者和储蓄者的利率差别，也有助于缩小不同地区之间的利率差别。

每个经济都能找到各自的最佳办法，把场外市场融合到有组织金融体系中。这些办法包括：使场外市场上的借贷合同具有法律效力并严格执行，废除反高利贷法；信用合作社可以运用优惠存款利率，甚至可以从有组织金融体系取得再贴现的便利；各种金融工具，如银行承兑票据、商业票据、可转让存款单及国库券，都可引入场外市场，并允许在该市场内不受官方干预地进行交易；[23]可以帮助场外市场上的交易商和经纪人进入有组织的金融机构，包括进入银行。场外市场是一种未得到充分利用的国家资源。

有组织金融市场中的非货币性中介机构

正如亨利·C.西蒙描述的那样，良好的金融制度是简单的。辅币和通货由中央银行发行，所有的存款性支付手段和其他流动性替代物均由银行发行，这样就可以阻挡百分之一百的准备金制度。吸收存款的银行，通过收取办理存款业务的服务费取得收入。银行以外的金融中介，像银行发放贷款一样，靠发行它们自己的证券来为贷款筹措资金。[24]然而，落后经济所规划的所谓良好金融制度，同西蒙所描述的相差甚远。本部分将讨论一些解释金融浅短经济中非货币性中介机构复杂格局的理由，然后说明趋近、而不是达到西蒙的理想状态的改良措施。人们可能注意到，不论落后经济在构造低效率的金融体系方面多么具有创造性，一些“先进的”经济还是超过了它们。

在一般情况下——并非一概而论——落后经济中的商业银行对活期存款支付的名义利率为零，其他存款的收益则因期限和其他因素而有所不同。它们还区分开了作为支付手段的货币与准货币。人们知道，货币当局坚持货币存款的零利率有多方面的原因：保证公众对中央银行发行的辅币和通货的需求；保证银行维持一个受控制的贷款利率同存款利率之间的令人满意的差额；希望减少银行家对高风险贷款的诱惑力。对此，人们听不到银行家们响亮的抗议声，人们怀疑不完全竞争的银行企业会赞同把零利率作为分割其存款市场的一种手段，并通过所提供的金融工具和价格的差异，使利润最大化。从作为基础的零利率出发，商业银行发现了一种适合各种不同的货币类似物的渐次扩大的利率范围，假定存款者的替代弹性给定，这种利率范围就可以满足银行的利润欲望。诚然，银行的利率结构必须经过货币当局批准，但是银行自己也可以稍微修改名义利率，这样，银行与货币当局似乎达成了默契。在落后经济中，以中央银行再加上少数银行企业为市场领导者的银行业格局，并非完全不像教科书里所描述的适用于某些行业，比如说适用于汽油零售业的模式。[25]

除了货币体系内部存在货币发行方面的差别之外，非货币性金融机构同货币体系的区别在于它们没有货币发行权。它们对储蓄者发行的某些独特信用工具属于准货币，如邮政储蓄存款、储蓄和贷款股份等等，有些信用工具则与货币相差很远，如养老金证书。无疑，即使在最优状态下，上述的一些差别也会存在，并且还可能产生其他形式的差别。这就是说，一些差别确实反映了寻求投资和进行投资的专业化的经济性，并向储蓄者提供了他们愿意接受的存款利率和金融服务的组合，也找到了在适合的收益和风险结构下储蓄在初级证券上的支出途径。

不过，这些差别中的一部分是人为的，是因政府的不适宜政策造成的。它们的产生，使人联想到靠税法的扭曲和繁琐而发财的律师、会计师及其他逃税者。我们以储蓄贷款协会为例。一般而言，它是一种被补贴和受保护的、为住宅建设提供社会资助的中介机构，假如没有政府的保护，它不可能存在。同样，养老基金会也常常被用作强迫储蓄或限制劳动力流动的手段，以它来代替税收改革和工资改革。

有些非货币性中介机构起因于储蓄—投资过程的专业化分工所产生的经济机会,有些是由非货币的公共政策派生的,还有些机构是攀比的结果,它们是从先进的金融制度中贩来的奢侈品:某些信托机构就是例子。我们怀疑货币体系的受抑制是产生这类机构的最主要的原因。在货币和准货币的实际利率是负数或极低的正数的货币体系中,在低利率贷款为政府和某些有特权借款人占有的地方,可能存在着为储蓄者设计一些能够逃避政府严厉控制的有吸引力的金融资产的机会,也可能存在使中介机构获得一定利润的贷款机会。偶尔,这种机会也可能在有组织的金融体系中出现,如通过技术合作,但它们经常出现在场外市场上的不动产投资、耐用消费品和汽车购买,甚至对资本外逃的资助上面。[26]政府限制为金融走私创造了机会。

如果发生货币深化,并允许银行在竞争基础上发行存款货币和其他短期债券以充分发挥它们的比较优势,中介机构将变成同质的。如果由一些依靠受保护信贷市场的中介机构和另一些依靠补贴而生存的中介机构合伙发行短期间接金融证券,那么,在一个开放的票据市场的竞争中,商业银行将取代它们。同质性的好处是显而易见的。一方面,它可以节约投入金融过程的资源,这些资源的一部分在落后经济中特别稀缺。另一方面,它可以消除不完全竞争的不利影响。同质中介机构加上票据市场,就有可能在不同部门和不同地区的投资机会中更有选择地分配储蓄。当然,这不是鼓吹同一性而排斥专业化,相反,是希望创造这种环境,即在给定投入要素的价格和储蓄者对多样化资产的偏好的条件下,较优技术能在竞争中取胜。

竞争性银行业的比较优势,清楚地体现在短期贷款利率同短期存款利率的较小利差上。在同货币的各种特征相差甚远的长期间接金融资产市场上,这种优势逐步减弱和消失了。在上述情形下,保险公司、互助储蓄协会、养老基金会和各种金融实体,都能维持自己的生存发展。股票市场、债券市场和抵押市场会补充这些中介机构及货币体系。因为在计划范围缩小和财富增长后,储蓄者的偏好转向了到期的长期金融资产,所以,普通银行业的相对重要性将逐渐降低,这种情况在落后经济进入较高的发展阶段就会出现。

无论在哪里,要想取得十全十美是不可能的,所以,部分的改革总要比一点也不进行改革强。[27]专为某一部门的投资或某一阶层的储蓄者谋利的金融中介，即使有获得同样效果或更好的效果的其他途径，看来也可能会固守其传统的业务习惯。正如欧洲资本市场的历史所表明的，金融领域内的竞争是很难调停的，政府总要坚持管制利率，国际机构则会建议移植金融机构。虽然一个简明的中介结构——由包括货币在内的短期间接金融资产市场上的普通银行业和几种融资技术相对难一点的长期资产业务构成——还没有建立起来，但是，可以据此估计还存在何种程度的金融抑制。在最佳金融体系尚未形成之前，即使利率浮动自由一些，或利率水平提高一点，或引进一点竞争因素，或减少发放优惠贷款的金融机构，都能够深化金融财富。

有组织的长期金融市场

无论是在落后经济和发展中的经济中，还是在高收入经济中，或是在仍然贫困的经济中，长期证券市场上的试验或改革都是很活跃的。股票市场、债券市场和抵押市场上的交易和积累对储蓄率和储蓄分配的影响，要比在美国、哥伦比亚、巴西、加纳、巴基斯坦或韩国等国所想象的要小。发展长期金融是一种时髦。

人们为了刺激长期金融的发展，费尽心机设计了多种措施。韩国规定了每年的证券日。日本对股息收入实行减税优惠。巴西允许以购买证券的方式代替纳税。巴基斯坦的投资公司在股票市场上经营公开市场业务，以稳定证券的价格。哥伦比亚强迫金融机构购买农业债券。马来西亚的一个股票交易所也于 1970 年开业了。国际组织则为襁褓中的证券市场提供保险基金和技术援助。

金融实验或改革的道路是不平坦的。在 1959—1967 年间，阿根廷的股票价格消胀指数由 100 下降到 5，秘鲁、哥伦比亚和巴西的同类指数也分别由 100 下降到 39、42 和 47。[28]期货交易在许多证券市场上仍然占优势，许多市场只对政府、政府机构，以及少数主要的私人企业发行的证券开放。落后和发展中国家进行的试验，并没有出现像发达国家经过试验所产生的情形，即长期资产在金融资产结构中的比重越来越大。[29]

长期金融创新的目标

在深化长期金融的应急计划中，存在攀比和赶时髦的现象，但是，占主导地位的却是其他一些目标。其中之一就是在公司中实行“平均化改革”[30]，以使私人部门资本存量的所有权和使用权民主化。这种计划将打破大公司经营管理中的独裁状况。它还意味着股权的分散，也意味着促使证券具有广泛吸引力和使证券价格能够相互比较的市场获得发展。它预示着回避风险的投资者持有公司财富的债券市场的组织结构，也预示着对分散控制不动产提供融资的抵押市场的组织结构。人们希望这些市场和其他市场，不仅出于民主化，也出于推动金融过程和金融产品的创新，以及为了充分利用闲置资源，为新兴的、但弱小的冒险事业提供储蓄。

这个分散对现存资本的控制的计划，是为消除金融抑制及其相应政策——如汇价高估等等——的有害影响所作努力的一部分。我们知道，抑制政策会导致相当大规模的资本密集型生产。信贷配给、进口许可证、税收优惠都会引起经济权力的集中。改变农业、出口和劳动力的贸易条件，将使财富转移到很小一部分人手中。在一定程度上，新措施也是为了消除负数实际利率及其相应手段的不良影响。

因为存在着对企业负债结构的不满，也需要试行一些新的措施。据称，相对于资产而言，企业的债务累积得太多了，短期债务过多，使得长期的财产积累相形见绌。其结果是企业很容易发生资金周转困难，证券持有者经常要承受过多的借债投资的风险。即使出现很小的动荡，也会使企业受制于贷款人。在短期贷款大量紧缩时，大量的债务拖欠有可能突然触发现金流通的普遍危机，或可能使企业的所有权和控制权旁落到政府领导机构手中。

有人认为，由于旧的金融技术没有对经济增长作出足够的贡献，需要采取新的措施。外援越来越难获得，外援的获得更加难以预测。税制改革委员会也不能对税收—收入比例可能上升，或税入的收入弹性和通货膨胀弹性可能明显增强作出乐观的估计。落后经济中的货币制度是僵硬的，当预期通货膨胀接近实际通货膨胀时，通货膨胀税的收入也会减少。出口商、农民和工人越来越顽强地反抗各种形式的隐含税收。也许落后经济能够使用新型的长期金融工具来减少对储蓄的长期过度需求。如果对短期金融资产的实际需求静止不变，那么为什么不去试用一下长期金融资产呢？[31]

有少数几个国家——不是落后国家——正在进行长期金融的革新，由于在相对自由的环境中，收入的增长产生了对证券的潜在需求，对投资者来说，不论有无中介机构参与，这种证券的出售价格都是可以接受的。在那里，法律制度、技术条件以及通讯设施都已达到了有能力廉价地使用新的金融技术的程度。资本的存量很大，足以产生较发达长期市场的规模效益。储蓄者的眼光很远，所以，现时的股息率已不是选择初级证券的主要标准。在这些经济中，经济增长已为长期融资创造了市场机会，人们所看到的金融创新就是对这种机会作出的反应。[32]

自由化与长期金融

对受抑制的、落后的经济来说，在金融体系中引入长期金融方式并不会带来什么益处。在实行金融抑制政策及与之相辅相成的贸易政策、公共财政政策和其他政策的情况下，不会存在对长期金融资产的实际需求，也不会使其发展到一定的规模。股票既不是防范相当高的和不稳定的通货膨胀的手段，也不是债券和抵押的指数标志。[33]这种时而加速时而缓慢、并导致不稳定的通货膨胀，危害了资本和股权的实际收益。为此，带有货币深化的货币改革是必不可少的首要任务。在推行货币改革及一些配套改革以前，任何形式的资本存量的收益都将处于激烈的波动之中：经常性的汇率高估束缚了出口企业发展；任何企业都可能因信贷配给、税收减免、外汇备抵、进口许可证等方面不可预测的变动受到损失；特种价格控制人为地影响了盈利水平。在受抑制的经济中，储蓄者的眼光必定是短浅的。

将长期金融工具引入浅短金融体系的成本不会很低。一个富丽堂皇的交易所几乎是必不可少的。稀少的交易量与投资失败联结在一起，即使股票交易所内的股票也不例外。经济权力的集中必然会加强，因为只有那些能够获得财富和优惠待遇的企业的证券才会得到投资者的青睐。中央银行为稳定股票市场和债券市场而进行的干预，是产生名义货币供应内生性的又一原因。可以想象，为了增加对长期资产的需求，短期市场上的存款利率将会维持得很低或被降低。这种状况表明，过早地采取刺激长期金融发展的措施，可能会为金融增长设置新的障碍。

当一个欠发达经济对抑制政策感到失望之后，它会迅速地建立起长期金融机制。它们自然会形成这样的观点，假如短期金融终于深化，假如改革在财政领域和涉外部门获得了进展足够的国外技术援助、对承购包销的补贴以及对“开放”公司和证券购买者的充分税收减免，就会迅速地引致长期金融深化。为巴西东北部地区制定的税收—信贷计划，可能会产生预期的推进效果，或使经营成功的政府公司的股份按议价出售。[34]

采取成本昂贵的、戏剧性的行动以促进长期金融发展，其理由不能令人信服。原因之一是用于补贴长期金融市场的税收或外援的机会收益太高。其次，发展中经济没有那么多的、以比较适当的方式筹集来的资金，用来分配给如此之多的需求者，这些需求者包括基础设施、住宅、土地改革、农业乃至金融。而且，那些最有实力的单位——不是意向中的补贴接受者——往往最容易得到补贴。最后，既然短期金融的深化更简便易行，为什么还要在长期金融中耗费那么多的资源呢？

在扩展金融领域上采取渐进方式，是比较有说服力的。特别在金融中介机构支付的存款利率没有受到抑制时，对居民来讲，广泛地参加长期直接融资，并不能获得什么收益。在选择和管理初级证券的结构方面，金融中介机构毕竟是具有规模优势的。如果按照竞争原则发给营业执照，金融中介机构的股权市场必定会出现。由于政府证券及少数金边证券的规模优势最小，有可能在这些证券的公开市场上强化金融中介之间的竞争。[35]这些长期市场再加上一个国库券市场，往往是执行金融纪律的有用手段。此外，需要采取一些步骤，以建立金融中介机构同新证券发行及二级证券交易的“交易性联系”。[36]这些联系会为金融中介资产结构的最优化创造条件。这里要提出的原则是，发展长期金融的初步阶段，应在防止金融机构的权力过分集中的同时，促进和利用金融中介的经济性。金融改革的第一步是货币深化，第二步是金融机构的多样化，如有可能，以后还要建立一个新的华尔街。

特种银行

有一类实际上不是银行的“银行”正在广为流行。其中一部分是为中央银行或财政部这样的机构吸收公众储蓄的存款窗口，大多数则是贷款窗口，如农业银行、能源银行、住宅银行、开发银行、道路银行以及水利银行等等，它们支配着由货币体系、财政预算或国外渠道流来的储蓄。其中一些机构的业务范围被限制在证券市场、外汇市场及用于国际贸易的商品市场内，极少数是陷入困境的政府企业的管理者和监护者。

落后经济中的这些银行几乎不参加储蓄活动，它们不是为比其他储蓄机构更好地经营而设立的，它们的典型职能就是分配。与它们有关的投资项目，大多数是按照补贴性贷款利率给予资助的，并且是资本密集型程度极高的项目。其投资项目的直接收益率很低，但经过适宜的影子价格重新计算，收益就会比较高。这些特种贷款银行常常是分割资本市场的一个手段。

断论特种银行是一种抑制金融的手段并不为过。不过，金融自由化也为它们提供了很多机会。它们可以作为一般性银行，来加强短期金融资产（包括货币）市场上的竞争。它们也可以作为互助储蓄基金，在市场上，特别是在政府公司股票市场上参与销售。它们还可以按照一定价格，为私人金融机构的负债或资产结构提供保险。它们在寻找曾被忽视的劳动密集型本土企业的投资机会方面大有可为，其中有些机构还有能力开发或创造出口机会。在推动证券交易上，它们自己的证券可能更适合于将储蓄者吸引到长期投资上来。总之，在自由化的货币市场和资本市场上，它们是大有作为的。[37]

注　释

① John Hicks, *Capital and Growth*, p.290 n.

② Andrew F.Brimmer, "Central Banking and Economic Development", *Journal of Money Credit and Banking*, November, 1971, pp.780—792.

③ Research Institute for Economics and Business, Sogang University, *A Study of Money Market and Industrial Investment Financing*, pp.9—10.

④ Irma Adelman and Kim Mahn Je, *An Econometric Model of the Korean Economy (1956—1966)*, pp.27—30; Anand G.Chandavarkar, *op.cit.*, p.97; Research Institute for Economics and Business, Sogang University, *op.cit.*, Chapter IV.

⑤ Henry C.Wallich, "Money and Growth: A Country Cross-Section Analysis", *Journal of Money, Credit and Banking*, May, 1969, pp.298—300.

⑥ Eduardo Garcia D'Acuna，"Inflation in Chile：A Quantitative Analysis"，未发表的博士论文，1964 年写于麻省理工学院；Thomas J. Courchene，"Recent Canadian Monetary Policy"，*Journal of Money，Credit and Banking*，February，1971，pp. 35—56；Donald R. Hodgman，"British Techniques of Monetary Policy：A Critical Review"，*Journal of Money，Credit and Banking*，November，1971，pp.760—779.

⑦ Naseem Ahmad，*Deficit Financing，Inflation and Capital Formation：The Ghanaian Experience，1960—1965*，pp.63—64.

⑧ Bank of Ghana，*Report of the Board for the Financial Year Ended 30th June，1970*，p.45.

⑨ Jiro Yao(ed.)，*Monetary Factors in Japanese Economic Growth*，Kobe Economic & Business Research Series Number Three，1970.

⑩ Antonin Basch and Milic Kybal，*Capital Markets in Latin America* (special complimentary edition)，p.135.

⑪ Juergen B. Donges，Institut für Weltwirtschaft，Kiel，*Brazil's Trotting Peg*，pp.24—26.

⑫ Banco de la Republica，*El Mercado de Capitales en Colombia*，pp.183—195.

⑬ B. S. Minhas，*Mass Poverty and Strategy of Rural Development in India*，Economic Development Institute，International Bank for Reconstruction and Development，March，1971.

⑭ 在介绍墨西哥的经验时，利奥波多·索里斯(Leopoldo Solis)谈道："这样，那些被认为对信贷风险没有兴趣的经济部门——尽管是经济发展的关键部门，现在可以通过货币当局的媒介而获得信贷。货币当局采取多种办法，以开辟通向这些部门的信贷渠道。商业银行通常只对低风险投资或所熟悉的投资领域感兴趣，现在它们对上述经济部门的本能抵御，就这样被越过了"(参 Leopoldo Solis，"Mexican Economic Policy in the Post-War Period：The views of Mexican Economists"，*The American Economic Review*，Supplement，June，1971)。关于马来西亚对信贷市场发展的阻碍，参 Bank Negara Malaysia，*Annual Report and Statement of Accounts*，1970，p.15。

⑮ For further discussion of loan-rate subsidy，see Chapter 6，pp.158—159.

⑯ 控制手段如何又衍生出控制手段，已经成为美国货币体系所关注的问题。例如，参见："The President's Commission on Financial Structure and Regulation：A Symposium"，*Journal of Money，Credit and Banking*，February，1971，pp.1—34；William E. Gibson，"Eurodollars and U.S. Monetary Policy"，*Journal of Money，Credit and Banking*，August，1971，pp.649—665.

⑰ Don Patinkin, "Financial Intermediaries and the Logical Structure of Monetary Theory", *The American Economic Review*, March, 1961, pp.115—116.

⑱ Finance Section, Ministry of Finance(Korea), *Outline of Banking System and Policy of Korea*, pp.98—99.

⑲ *Ibid.*, p.104.

⑳ "场外"一词不用"kurb"而用"curb",出自 *Webster's New International Dictionary*, second edition, unabridged.

㉑ Hugh T. Patrick, "Interest Rates and the Grey Financial Market in Japan", *Pacific Affairs*, Winter, 1965—1966; U Tun Wai, "Interest Rates Outside the Organized Money Markets of Underdeveloped Countries", *Staff Papers*, International Monetary Fund, November, 1957, pp.80—142.

㉒ Sydney M. Robbins, *The Money-Capital Market in Korea*, Agency for International development, June, 1970. 巴希(Basch)和基鲍尔(Kybal)发自哥伦比亚的一个报告,可能对其他许多国家也是适用的(*op. cit.*, p.127):

The interest rates charged by financial institutions have been governed by detailed directives issued by the central bank and, more recently, by the Monetary Board. In fact, the whole credit system is regulated by the Monetary Board; this applies not only to the terms of loans but also to their destinations. Nevertheless ... their effectiveness on the money and capital markets is open to doubt.

One disturbing feature of the securities market was the expansion of bills of exchange. ... These bills, endorsed by commercial banks, vielded the buyer up to 3 per cent per month. As a result they competed with other investment alternatives, at a time when the central bank was following a policy of credit restriction. Trading in bills of exchange reached its peak in 1966 ... but as a result of restrictions introduced by the Monetary Board on commercial banks, it practically ceased by 1968. Nevertheless, even larger trading in this nonbank type of credit has developed outside the stock exchanges, in the street market(mercado de la calle).

㉓ 理查德·D.波特(Richard D. Porter)在《票据市场的产生》(*Birth of a Bill Market*, Center for Research on Economic Development, University of Michigan)一书中,论述了场外市场使用一种适宜的信贷工具,如何迅速地开辟一个开放的短期市场的情形。关于与此相似的巴西的经验,参见 David M. Trubek, "Law, Planning and the Development of the Brazilian Capital Market", *The Bulletin*, Institute of Finance, Graduate School of Business Administration, New York University, April, 1971, p.22.

㉔ Henry C. Simons, *Economic Policy for a Free Society*, pp. 64—65; Milton Friedman, *Essays in Positive Economics*, Phoenix Books, pp.133—156.

㉕ C.E.Ferguson, *Microeconomic Theory*, Chapter 12.

㉖ Fu-chi Liu, *op. cit.*, pp.32—38.

㉗ 经济合作与发展组织的《总报告:资本市场研究》(*General Report, Capital Markets Study*, pp.11—16)清楚地阐述了古老资本市场有固守其缺陷的倾向。

㉘ Basch and Kybal, *op. cit.*, p.79.

㉙ Raymond W. Goldsmith, *Financial Structure and Development*, Chapter 8; George C. Maniatis, "Reliability of the Equities Market to Finance Industrial Development in Greece", *Economic Development and Cultural Change*, July, 1971, pp.598—620; David Williams, "The Development of Capital Markets in Europe", *Staff Papers*, International Monetary Fund, March, 1965, pp. 37—60; Jiro Yao, *op. cit.*, pp.37—40.

㉚ David M. Trubek, *op. cit.*, pp.43—44.

㉛ Jean van der Mensbrugghe, "Domestic Savings in Developing Countries", *Finance and Development*, International Monetary Fund and the World Bank Group, March, 1972, pp.36—39.

㉜ Committee for Invisible Transactions, Organization for Economic Cooperation and Development, *Capital Markets Study: General Report*, pp.219—238.

㉝ Bank of London & South America *Review*, June, 1969, pp. 347—360; Robert P. Collier, *Purchasing Power Bonds & Other Escalated Contracts*, Buffalo Book Co., Taipei, 1969.

㉞ Albert Hirschman, "Industrial Development in the Brazilian Northeast and the Tax Credit Scheme of Article 34/18", *The Journal of Development Studies*, 1968, p.5.

㉟ James Tobin, "Notes on Optimal Monetary Growth", *Journal of Political Economy*, July/August, 1968, p.858.

㊱ Kent O. Sims, *The Development of Private Financial Markets in Pakistan*, December, 1970, p.16.

㊲ J. T. Dock Houlk, *Financing and Problems of Development Banking* (New York: Frederick A. Praeger, Inc., 1967); Edward Nevin, *Capital Funds in Underdeveloped Countries* (St. Martin's Press, 1961), Chapters 4—5; Paul E. Roberts, Jr., "Development Banking: The Issue of Public and Private Development Banking", *Economic Development and Cultural Change*, April, 1971, pp.424—437.

6 财政政策和金融深化

金融深化是获得收入效应、储蓄效应、投资效应、就业效应和分配效应的一种手段，而这些效应有助于一个国家摆脱贫困。另外，在土地改革、新型教育计划、国外援助和计划生育等领域，金融深化都可以发挥作用。本章讨论的是财政手段，尤其是讨论那些补充、替代或破坏金融深化的财政政策。着重强调的是，在落后经济中，当财政方面和金融方面的配套改革未发生之前，经济不可能迅速地发展：财政部和中央银行必须明白它们是一对天然的盟友。

本章的第一部分讨论政府如何操纵存贷款利率，并将其作为税收和补贴的工具来运用。为了提高和保证财政收入，并实现各种管理目标，这些金融价格被当作财政手段在使用。第二部分将扼要地探讨储蓄—投资过程中财政手段和金融手段的相互依赖关系。人们可能认为它们在资本积累中是相互替代的，但是，一个经济的稳定增长似乎需要它们相互补充：它们的作用对经济增长缺一不可，一方功能的加强会改善另一方的功能。

利率的税收和补贴功能

实际存贷款利率是金融资产的相对价格。如果融资无需成本，金融市场是完全竞争的，政府又没有借口对市场进行干预的话，那么，存贷款利率就会相等，并会接近于资本的边际收益率。然而政府实际上干预着实际利率结构，它们扭曲着利率结构，并将其作为征税和给予补贴的一种途径。

存款利率税：预算方面的考虑

在韩国的第三个五年计划中，政府为自己订立了目标："通过维持预算平衡和适当规模的政府投资，来保持中性的货币供应。"[1]马来西亚政府在第二个经济发展计划中也作出了类似的许诺："……维持整个社会货币和金融的稳定和发展，以这样一种方法来完成动员金融资源的任务。"[2]这两个政府似乎都保证不把通货膨胀税作为税入的一种来源。它们抵制住诱惑，不走智利在1951—1955年走过的老路。当时，智利政府对现金余额征得的税入，几乎等于政府全部财政收入的四分之一。[3]它们试图超越这条弗里德曼法则。

政府的目光一般只放在本届任期内，一旦大选结束，货币扩张率的上升必定给政府带来较多的收入，但对政府收入的反向影响也会随之而来，更不用说对经济基础和社会安定的破坏。[4]

以实际现金余额形式存在的私人财富是一种征税基础，不管大选是否来临，许多财政部长都不会忽视它。有各种途径可以从中取得收入以弥补财政赤字。铸币可能变质，从名义货币存量中获得的金属——通过磨损铸币边角的传统办法或现代冶金术——可以售出，从而为政府预算带来国库收入。除此之外，还有两种更为流行的方法，第一是征收"突发性"(surprise)通货膨胀税，这种税会降低货币余额的未来实际存款利率，而不影响人们对未来存款利率的预期。第二是通过"渐进性"(trend)通货膨胀税，它可以降低现实的和预期的实际存款利率。

我们可以假定，突发性通货膨胀税是在这样一个时期之后征收的，即名义存款利率 $\underline{d}$ 和实际存款利率 $d=\underline{d}-\dot{P}$ 都等于零，并且预期通货膨胀 P^* 也为零。在实际货币供应达到 $(M/P)t$ 时，包括货币市场在内的各种市场均达到均衡。然后，政府向货币体系发行证券，后者则增发10%的名义货币去购买证券。政府把筹措的这笔收入支付出去，就会使得货币市场上的供给过多，而其他市场上的需求过多。公众手中的名义货币余额增加到 1.1(M)t，如果市场所需要的实际货币存量保持不变，价格指数就会上升到 1.1(P)t，最终使货币的实际存量达到最初水平。由于实际存款利率从零下降为 -10%，货币持有者就被征税，政府则获得了 $\dot{P}(M/p)t$ 的收入。如果政府的财政预算报告是真实的，各项收入来源能如实反映，那么，预算报告就应该公布突发性通货膨胀税相当于实际货币余额的 10%，而不应是政府借款和增发了 10% 的名义货币。

突发性通货膨胀税的经常性反复出现，足以使货币持有者把预期的价格水平修改为 $P^* = \dot{P}$，这样，他们会对此做出相应的调整，把预期的实际存款利率降低到 $d = \underline{d} - P^*$，与实际存款利率相等，这样，突发性通货膨胀税就变成了渐进性通货膨胀税。由于征税基础受损程度的大小取决于实际货币需求量对实际存款利率下降的弹性，所以，征税基础就会受到损害。在影响实际货币需求量的其他因素——包括非货币财富——相同的情况下，每一渐进性通货膨胀税率给政府带来的收入，预计将少于突发性通货膨胀税的水平。政府一心只想使渐进性通货膨胀税达到最大，而不顾实际货币的增长，这会把税率推向这样的水平，即货币持有者对它的反应弹性变为 1。[5] 很明显，从通货膨胀税中获得收入的政府，不会通过名义利率的补偿性调整，把税收偿还给货币持有者。通货膨胀率就是降低的实际存款利率。

在不发生通货膨胀的情况下，实际存款利率也会由于政府利益的缘故而降低。政府以低于自由市场水平的利率，把债务强加在商业银行头上。节省的利息成本——如果存款利率相应减少，由货币所有者负担；如果银行利润受到影响，由银行负担；如果银行提高私人贷款利率，则由借款者负担——与通货膨胀税带来的收入是等值的。另一种情况是，中央银行购买政府证券，向商业银行提供存款准备金，但支付的准备金存款利率比自由市场利率低。为了阻止银行逃税，中央银行规定法定准备金。[6] 通货膨胀、强制性投资和法定准备金要求，是政府将其作为一种财政手段来压制实际存款利率的办法。

由于实际存款利率被压低、公众的非货币性金融资产就经常遭受税收的盘剥，不论这种形式是否像为减少逃税而规定的法定准备金要求那样具有强制性。个人义务支付的社会保险基金，是只能得到税后收益的对政府证券的投资。[7]政府经常搜刮外资企业的利润，只让它们获得低于均衡水平的收益率。邮政储蓄存款很难逃脱存款利率税。保险公司迫于流动性要求，被迫投资于低收益的国库券或政府债券。这样，作为金融管理当局的政府操纵着实际存款利率，从而为自己这个债务人带来了收入。

并不是所有的存款利率税入都流入了政府财政预算。如果银行的贷款利率没有根据通货膨胀率作彻底的调整，那么，私人借款者就会从对存款余额征收的通货膨胀税中得到收入。[8]如果贷款利率作了彻底的调整——与存款利率相反——那么，银行股东就会受益。在许多落后经济中，尽管实际存款存量相对于国民收入的比重较小，银行的经营又不怎么有效率，但银行净值或资产总额的利润率却很高。这说明银行本身也从通货膨胀中捞取了利益。对任何相对于名义利率 $\underline{d}$ 的物价指数 $\dot{P}$ 的上升来说，其他金融机构的借款人和股东同样会得到好处，并且这些收益可以经过资本转化为私人财富，以待出售。

政府依靠公开税收、通货膨胀税和强迫储蓄者直接或间接地持有名义利率低于自由市场利率的政府证券，从私人金融积累中获取了收入。在收入水平相当低的经济中，所得税细目表在各个项目上都很重要，我们可以看到，相对于其他所得税率而言，金融收入的所得税率很高，其累进的幅度也比较大。[9]其中一个原因是对征税机构来说，金融收入情况比其他收入，如利润收入、甚至私人的工资和薪金更容易掌握。另一个原因是与类似的劳动收入相比，金融收入对所得税的支付似乎更加稳定可靠。当实际存款利率被通货膨胀、对政府证券的强迫性投资所获得的低收益，以及所得税削减后，余下的一点收益是很难给储蓄者提供足够的刺激的。

在低收入国家中，不论其落后与否，财政预算紧张是常有的事。加纳的情况就是一个例证：

据估计，在整个 60 年代，当以国民生产总值测算的加纳社会财富每年增长 2.5%时，政府的当期开支却以每年 10.5%的速度增长。与此同时，政府由税收获得的收入每年平均增长 10%，这样，在寻求其他资源来资助发展计划时，加纳就遇到了越来越多的困难。[10]

为政府的当前开支和开发预算开辟财源，会导致公债的增长速度快于国民财富、征税的主要基础和财政收入的增长速度。公债的还本付息成了政府执行发展战略的一大障碍。显然,政府以各种形式征收存款利率税就是解决这个问题的常用办法。其他国家几乎不可能出现日本在1945年使用这种税收的同样情况,当时,日本的名义货币存量接近于翻了一番。以偿还长期公债。[11]不过,当国内债务负担被迫转移到政府财政预算上时,更加克制地使用这种税收也是很普遍的,而在国外债务加剧了发展中经济国际预算的紧张时,政府则会与国外贷款者重新谈判以获得资金。一旦国内储蓄者要求政府偿还债务的呼声威胁着政府用于还本付息的开支的增长率时,此时就极其可能对储蓄者征税。

在前面几章中,我们已经讨论了政府征收存款利率税的一些代价。对货币余额征收通货膨胀税或其他税,会产生反向的收入效应、储蓄效应、投资效应、就业效应和分配效应。对其他金融资产征收存款利率税会减少储蓄者对这些资产的实际需求量,对使用金融手段来积累资本的行为也是一种处罚。为了逃税,储蓄者会把储蓄挥霍于消费,或转变为内源融资投资,或投向场外非法市场,或投入国际金融市场。对储蓄者而言,存款利率税未来水平的不确定性,肯定是导致落后经济中金融目光短浅的一个原因。此外,只要考虑到收入水平相当低的储蓄者很少有逃税的选择,那么,存款利率税显然是违反公平原则的。当私人借款者和金融机构股东的税入增大时,公平也就得不到保证,其他可行的税收也就不是中性的了,然而,各种形式的存款利率税产生的偏向,却会促使财政部长去寻找替代品。

存款利率税:管制方面的考虑

自1965年以来,美国联邦储备委员会一直忙于对美国金融机构的存款利率进行控制。它提高和降低Q项条例中的利率上限,不时颁布新的存款及其存款利率管理条例,为了影响银行准备支付的存款利率而管理银行的法定准备金。每次调整,都可以看作是诱导金融机构和储蓄者适应各种金融资产相对需求的变动而作出的一种税收或补贴。显然,调整的最终目标是影响储蓄分配和某些金融机构的盈利水平,也许还包括分配上的公平。政府把存款利率作为实现多重目标的控制手段,而不仅仅是为了金融深化这一目标。联邦储备委员会并非管理金融的唯一机构,它和其他管理机构一起调控存款利率,时而把它作为税收工具,时而把它作为改变金融行为的补贴手段。[12]

为了保护商业银行的利益，联邦储备委员会首先在具有法律效力的“1933年银行法”中规定了存款利率上限。这一措施导致了银行存款市场——包括定期存款和活期存款——的不完全竞争，实际上这是对银行股东的补贴。[13]正像人们所预料的那样，即使美国有大量的银行，也同样存在对存款的非价格竞争，一部分补贴由此返还到存款者手中。从1966年7月起，一个新的目标出现了，金融管理当局对利率设置限制的行动扩大到了更多的金融机构头上。这一新的目标就是保护储蓄贷款协会和储蓄银行，以免其受商业银行的利率竞争，这使这些金融机构的股东和抵押信贷市场上的借款人受益。[14]1968年，当公开市场上的利率上升导致资产持有者从银行定期存款转向商业票据、尤其是欧洲美元时，第三个目标出现了。为此，当局提高了大额存款和长期存款的利率上限，以防止银行存款外流，保证国际收支平衡，制止资本外逃。

对存款利率规定上限的这段经历，只不过是美国中央银行系统较为消沉的一段插曲。而金融机构为了逃避存款利率限制和对这些限制作出适应性调整，曾付出了巨大的代价。例如，花费大量成本增设美国银行在国外的分支机构。对抵押贷款利率给予补贴不是一种有效的方法，这并不能使少数消费者免受日益上涨的房租之苦，也不能避免建筑业需求的骤减。为防止银行资金的外流，对大额存款的利率限制比小额存款的利率限制高出50%以上，这损害了公平原则。公众对金融资产相对需求的结构性调整，也削弱了中央银行控制名义货币的力量。由于限制存款利率而导致的美元外流，进一步加剧了国外通货膨胀的压力。因此，我们必须从多方面来加以明确的论证：存款利率不能既作为储蓄价格，又执行其他各种功能——从对金融机构和建筑业的补贴到抑制国际资本流动。一种工具就只有一种功能，这是规律，不可随便违反。[15]

杰里米·本瑟姆对下列问题还没有找到答案：

> ……为什么立法机构更急于限制存款利率而不是贷款利率？为什么它坚决抵制那些财产所有者而不是其他人？为什么它的责任就是防止存款收益率高出某一水平，而不是低于某一水平？[16]

也许有人会对此提出质疑，但是，一旦他们了解到税收差别的普遍存在，并非只是美国独有，本瑟姆式的不满就会平息。存款利率限制经常用于调节储蓄分配，例如，德国和其他地方的银行就对外国存款利率实行了惩罚性限制，以防止资本向国内流动。对那些提供农业贷款、房屋贷款和本土小规模行业贷款的金融机构，规定很宽容的利率限制及很低的存款利率税则是很关键的。对合作社的存款利率一般也很少征税，这也许是因为没有什么理由将储蓄者右边口袋里的利益转到其左边口袋里去。

为了调节储蓄的用途，也许还要考虑到储蓄者经济利益的公平，对此，差别性存款利率税可能只是一种低劣的工具。正如第5章所揭示的，它会加剧金融机构的过细分工，从而提高金融过程的要素成本，削弱金融市场上的竞争。[17]一旦差别性存款利率税导致了金融结构的调整，并产生新的中介机构，这种税收的作用就会丧失，也不可能灵活地改变储蓄分配的目标。而且，税收只影响一种资金来源，它对储蓄分配的影响，会因为通过其他渠道发生的储蓄流量的调整而消失。因此，差别性存款利率税的影响不太明显，到底哪些人受益，哪些人受损，这仍然是一个谜。

补贴性贷款利率和信贷配给

贷款利率的功能是反映各种资本用途的边际产出，并使投资需求与储蓄流量相等，但这些功能却受到了妨碍，在落后经济中尤其如此。在有组织的金融市场上，贷款利率是一种被管制的价格，其水平高低不一，这就要求运用复杂的配给手段来解决过度的资金需求。[18]在传统市场或场外非法市场上，贷款利率具有灵活性，而且利率水平很高。管制性贷款利率对配给性投资提供了补贴，其补贴的一部分来源于对储蓄者征收的存款利率税。为了使那些可进入场外市场的储蓄者受益，灵活性贷款利率对资金的需求方征税，这不同于实行配给制的有组织市场。由于补贴和税收的职能被强化，在储蓄—投资过程中，贷款利率就由金融手段转变成了财政手段。

财政手段化的贷款利率——其作用在于补贴而不是调节资本市场——在各国表现出了共同的特点。利率在各个方面得以区别，似乎还有一种朝更精细的方向发展的势头。利率因资金来源的不同而有所区别，也因贷款用途和贷款机构的不同而有所区别。贷款利率是固定的：贷款实行的是配给制，而不是通过利率的升降来消除对贷款的超额要求。配给的任务是由受到严格管理的专门机构来执行的。通过贷款利率给予补贴，的确是件需要小心操作的事。

虽然韩国对利率进行了积极的改革，但其贷款利率结构仍具有明显的补贴手段的特征。表6.1只列出了1971年中期韩国贷款利率的主要部分。这些利率是名义上的，大约包含10%的通货膨胀贴水。

表6.1 韩国的管制性贷款利率结构(%)

贷款机构	资金来源	贷款种类	贷款利率	1965年后的变动数
韩国银行	韩国银行	对政府的预付贷款	2.0	0
韩国银行	韩国银行	出口信贷	3.5	0
韩国银行	韩国银行	稻谷抵押贷款	4.0	0
商业银行	银　行	出口信贷	6.0	1
农业合作社	政府机构	仓库建筑贷款	8.0	0
朝鲜开发银行	外国客户		10.0	1
中等产业银行	政府机构	合作社贷款	10.0	1
朝鲜住宅银行	韩国银行	房屋贷款	18.8	0
中等产业银行	银　行	小型行业贷款	20.0	0
商业银行	银　行	票据贴现	23.0	3
信托账户	韩国银行		29.5	3
人寿保险公司	保险公司	抵押贷款	36.5	1

资料来源：The Bank of Korea, *Monthly Economic Statistics*, Number 6, 1971, pp.43—47。

在这个例子中，8种金融中介机构——其资金来源于国内公众、政府机构和国外客户——把韩国的金融市场分割为几个部分，有些市场的实际贷款利率保持在负数水平，有些市场的实际利率接近储蓄的稀缺价格，但所有的贷款利率在法定的水平下都不得变动。根据计划的优先顺序和其他标准，金融机构运用配给制来消除各种利率水平下的过度贷款需求。成功的借款者从税收减免、进口许可证、关税优惠、贷款担保和其他措施中获得好处，而促使贷款供不应求的矛盾则不断加剧。韩国有组织市场上的贷款利率几乎不具有拍卖价格的性质，许多利率既与韩国储蓄者的现时消费与未来消费的边际替代率相差甚远，也同韩国生产者的现时产品与未来最终产品的边际转换率不符合。据估计，在1969年，韩国的贷款利率补贴总额占银行已发放贷款总额的8%,是优惠贷款总额的17%。[19]

维护贷款市场的利率扭曲的观点,已在多次论战中磨砺得相当有力了。其理由很多,例如,为了有资格获得贷款配给和相关的利益,企业家会增加自身的储蓄和社会的储蓄:存款利率税对总储蓄的负数效应小于贷款利率补贴对总储蓄的正数效应。另外,这种扭曲可以抵消和中和其他方面的扭曲:对出口商提供的廉价贷款可以弥补高估的汇率,对农民发放的低利贷款可以抵补肥料进口关税。还有,对幼小行业应给予各种扶持,贷款利率补贴可以补偿山口新产品的厂商在国外的推销成本,可以补偿新产品的开发成本。这些都有助于企业家在进行新的风险投资和运用新的技术时,克服目光短浅和回避风险的心理。它还能为黑人企业家同白人企业家、马来人同华人展开竞争提供一个良好的开端。有人还加上了一些外部经济因素作为提倡这种观点的论据,在他们看来,这些因素大多是有利于整体经济的。例如,贷款利率补贴可能诱使雇主培训劳动力,以使他们获得市场所需要的技术,或使行业分支发生联系,从而达到规模经济效益。总之,贷款利率补贴被说成能够刺激投资者在不断变动的经济结构中调整资源和承担风险。当然,补贴资本价值和与此相关的好处,是执政党能使用的一种刺激剂,它可以在无须花费代价的情况下赢得支持。

反对实行贷款利率补贴的观点认为,补贴会使社会资源消耗殆尽:这会强化资本市场的不完善性——“这是各种市场不完善的主要原因”。[20]它会引诱人们对本来就很缺乏的生产要素(如资本)的过度需求,同时使本来就很丰富的补充性要素(如劳动力)的供给更加过剩。它还使经济发展偏离正常的轨道,使其不能充分地利用相关生产要素的供应,并收缩生产可能性曲线。在相关要素供应量既定的情况下,正确的政府政策不会扭曲对它们的相对需求,反而会努力改善要素的质量和流动性,并鼓励厂商大胆采用新技术。对于贷款利率补贴会使资源耗尽这种批评,一般的反驳是经济计划忽视了被扭曲的劳动力市场和资本市场价格,它不是根据影子价格——可以使经济中可获得的资源得到最佳配置——去分配资本。因此,贷款利率补贴对要素配置比例并没有施加某种偏向的影响,它对企业家来说不过是一种有用的刺激剂。[21]

如果按照真实市场价格——现期价格和预期价格——来执行计划,也许不会有什么失误。当计划价格和市场价格发生差异时,某些人会从各种途径通过走私来获利。在各种市场中,储蓄市场逃避计划当局管理的漏洞最多。人们对下列事实应该不足为奇:获得贷款配给的商行有时又成了场外市场的贷款人,或在证券交易所成为自己证券的投机商,或通过附属机构成为那些受政府计划冷落的项目的投资者。不论有无计划,相关要素价格出现偏差总会降低要素的分配效率。

贷款利率补贴是否有效地刺激了企业家的创业投资和促进了幼小产业的成长,对这一点还存有怀疑。对公司证券补贴,会在它们实现市场价值时发生资本化,证券的最初所有者可能出售债权,以获得资本盈利。尽管补贴也给予了新企业的创业者,但丰厚的创业收益不应与企业家的高收益或对幼小行业的开发成本进行补贴相混淆。[22]

贷款利率补贴经常由于贷款资金来源的不同而有所区别。例如,如果资金来源于政府或国外援助计划,利率补贴就比较多。这也许是运用成本加成定价法,以便用贷款利率来反映最终储蓄者对存款利率税的不同反抗程度。不论贷款利率补贴的动机是什么,这种办法反正不合理。储蓄是同质的,这就像同一等级的小麦、稻谷和原油的质量是相同的一样,它不应该由于供应者的政治地位、收入水平、年龄、居住地点以及对存款利率税的忍受程度不同而在潜在效用上有所差别。在确定一个单位的储蓄用于某一用途的价格时,只有一种成本是要考虑的,这就是进行储蓄而放弃资金的另一用途所发生的机会成本。

政府本身也特别需要贷款利率的补贴。在落后经济中,财政部应该获得低利息的借款似乎是其财政政策的一个支点。在财源紧缺的压力下,财政部必须节流开源,哪里还有比储蓄市场更好的筹措资金场所呢?政府可以用法令的形式强迫银行体系购买低利率的国库券,强迫社会保险基金、养老基金和保险公司购买政府长期债券。储蓄者逃脱不了纳税的命运。结果,政府在编制财政支出预算计划时,就不会仔细和充分地考虑储蓄的机会成本,低收入阶层的储蓄者由此会受到损害,私人证券也就不可能进入长期资本市场。[23]在落后经济中,很少有反映贷款利率补贴和为补贴提供资金的存款利率税的社会账户体系,财政预算也没有说明这一内容,会计惯例又掩盖了这一点。

经济中存在贷款利率补贴的替代品，这些“替代品”对资本和劳动力的相对需求很少带有偏向性，为那些创业者和腐败者带来的收益较少，分配上的不公平较小，管理起来的代价也不大。政府可以为新的生产工艺和产品市场提供信息及培训服务，承担开发市场的其他成本。它可以保护新企业免遭突然性打击，当新行业确实有利可图时，政府可随时以递减的比率给予退税或减免税收。政府应提供事后、而不是事前补贴。为了筹措资金支持这些计划，政府可以利用税收手段——但不是用存款利率税——抑制动员储蓄来进行投资的金融手段，并阻碍货币深化。

财政对金融的援助

在落后经济和其他类型经济中，金融部门都被征税，同时又被给予补贴，税收加补贴——通常是政府补充不完善市场的惯用手段——似乎在金融市场特别流行。像税收一样，对金融的补贴有时是公开的，并反映在政府预算报告中，有时则通过人们难以觉察的渠道分配。这一部分将举例说明补贴的手段及目的，接着要分析其代价，得出的结论将是：如果财政放松了对金融的抑制，大部分补贴工具就可以废弃。

为了“强化私人储蓄”，日本政府对储蓄者的初级证券和间接金融资产的收入作出了一系列的税收让步，对小面额的储蓄存款和债券收入实行了税收豁免，低于某一最高限的人寿保险费用也扣除了应纳税款。同时，红利收入和证券的资本收益得到了确认。一些经济停滞的国家仿效日本和其他先进国家的做法，阿根廷就是其中一例，它豁免了大部分非货币性间接金融资产的收入税。由于以前吃够了储蓄短缺的苦头，政府乐观地认为，只要给予储蓄者税收优惠——这会提高实际存款利率——私人储蓄就会大幅度地增长。但在那场“强化”运动中，日本政府花费了巨大的代价，例如，在1958—1963年间，税收减免要占同期私人税收的15%。[24]

政府对有组织金融市场给予存款利率补贴，其目的在于把场外非法市场的储蓄吸引过来。不管这种补贴是否有利于增加储蓄总量，它可以把处于无政府状态的场外市场储蓄纳入政府当局的控制轨道。储蓄也可以从现金窖藏中提取出来，“它比金融资产更易反窖藏”[25]。有人认为，由于储蓄短缺，应该将储蓄纳入金融当局的控制之下，以便分配使用。

政府对私营金融机构颁发很少的营业执照这种状况，是建立在这样一个推理之上，即这样才会增加储蓄工具，加强其与场外市场的竞争力，并避免货币窖藏和资本外逃。这种优待是牺牲政府利益和纳税人利益的一种补贴，它可能吸引新生的金融企业进入农业地区或渔村，创立新的储蓄手段，并承受新型行业的贷款风险。私人金融企业无须花费代价就能得到一定程度的垄断，垄断可带来较高的社会效益及私人利益。

利用国内和国外财政资源提供的补贴，常常是在一时冲动下给予的，甚至被极不负责任地用来扩展资本市场的期限结构。政府强迫私人储蓄投资于社会保险基金，又通过很低的或负数的实际收入对其征税，同时再动用财政预算资金去支撑新发行的股票和债券的交易——对一种长期资产征税以对另一种资产给予政府补贴。巴西根据《1965年资本市场法》和《1967年第157号法令》，运用财政手段——其中最富有戏剧性的是对购买互助基金股份给予税收抵补——使储蓄转向证券交易。[26]法国也对购买“L'Emprunt Pinay”——一种黄金指数债券——的储蓄者给予税收优惠。[27]中央银行还不时承担企业亏损，以维持债券、股票和抵押证券的市场价格，试图克服人们对长期风险承诺的畏惧心理。

政府动用存款利率税阻挠了某些储蓄分配。同时，存款利率补贴又有利于其他一些储蓄分配。税收和补贴改变了实际存款利率结构，以致贷款配给对不同的投资者都更为有利。为了增加按预定目标投放储蓄的机会，政府成立了专门的信贷机构，以管理对房屋建筑、小型企业和小型农场的信贷补贴。一个新的投资优先部门会产生一个新的资本市场分割部分，其中又有新的金融机构在分配补贴。随着投资重点的转移，整个金融体系会到处点缀着与日俱增的新辟机构——它们依赖于财政方面的优先保证：撤销这些过时机构的时机还不成熟。

政府对金融的某些补贴，加剧了收入与财富分配的不公平。人寿保险费的税收减免往往与穷人无关，证券发行包销和对工业债券的市场支持也是如此，而政府则致力于对金融的税收加补贴这一手段不至于退化。例如，以小面额储蓄存单表示的政府债务可以得到优惠收益；合作社得到了照顾；建筑信贷协会的存款享有特殊的税收待遇，或可作为特殊的贷款担保品。加剧不公平的补贴，带来了减少不公平的补贴。

金融补贴的目的远不止这些。存款保险在不同程度上是由政府预算提供资金的，而政府在金融机构存款以改善它们的收入。尽管有些外国储蓄受到冻结，并征收存款利率税，但作为平衡国际收支的一种手段，有些外国储蓄则受到利率优惠，并免于征税。看来，财政给予金融的总利益还没有得到认真研究，但是，由于存在如此多的理由，因而要采取如此多的补贴手段，这在其他行业则实属少见。

支持补贴的人必须找到如下证据：财政对金融的补贴，不仅使某些人直接受益，还给整个社会带来大量的效益。由于落后经济的财政体系和金融体系的功能低下，为一方利益而损害另一方利益，并不是加速储蓄—投资总进程的明显有效的方法。金融是一个市场现象，除非其相对价格——存贷款利率——能够反映吸收储蓄的成本和投资的生产率，否则，金融市场将仍然是浅短的。税收扭曲了金融价格，而又试图以补贴来抵消其破坏性，这种惯用办法会加速私人内源融资储蓄—投资过程和加重外国投资或外援的负担。

垄断价格歧视理论似乎符合财政—金融活动中税收加补贴的许多特征。[28]根据这一理论可以看到，政府当局在这里是最典型的垄断者，它试图把市场分割得支离破碎。这样，通过使产品差别化，当它打算增加对某些顾客的服务时，就能防止价格下跌，并能够维持对其他顾客的价格：价格的每一点下跌都对总收入产生较小的负效应。买方垄断也会出现类似的情况。当买方垄断者准备扩大产量时，它就通过使投入要素差别化和分割市场的方法，阻止某些供应商的价格上涨：价格的每一点上涨都对总成本产生较小的正效应。政府货币当局作为卖方垄断者，面对有组织市场上的借款者——仅仅受到场外市场竞争力量的威胁——分割了整个市场，以使贷款利率的下降能产生歧视性力量。同时，政府又作为储蓄的买方垄断者，面对存款者，并分割市场，以使存款利率上升能产生歧视性力量。当贷款利率下降，存款利率提高时，政府当局可以从金融机构得到在竞争条件下积累的剩余，以支持边远地区的存款者和借款者。此外，政府还可以根据自己的标准，在它所偏爱的供求双方——借款者和存款者——之间分配剩余。政府还可以运用财政手段，把对存贷双方的歧视与偏爱掌握得更合自己的口味。无论是在金融市场还是在自行车市场或鞋类市场上，买方垄断和卖方垄断都会有碍于社会福利。在不同市场存有价格歧视的模式下，金融深化不可能顺利地推进。

与补贴连在一起的价格歧视所耗费的资源成本并不小。其代价包括进行管制、服从管制和逃避管制等等所耗费的成本。在一般情况下,金融业各分割部分的规模太小,以致不能实现潜在的规模经济效益。金融机构为吸收存款而实行非价格竞争,如建造办公楼和招聘职员,其花费的代价非常昂贵。

尽管政府表示对低收入阶层的存款者和借款者要给予补偿,但是,税收加补贴的分配余额显然会越来越少。只有少数人才能获得:由进口许可证和出口优惠关税带来的垄断利益;无懈可击的财产——穷人根本买不起——税减免带来的利益;免费的金融营业许可证、贷款配给和对股票市场的支持带来的利益,等等。这些构成了一揽子有损公平的措施,它们不能长期地与社会公平和稳定相协调。通过金融补贴形式发生的政府储蓄转移,妨碍了政府对社会基础设施的投资——这应该满足人口增长、工业化和都市化的需要。

财政对金融的补贴和惩罚,维护了市场的割裂。无论是二元市场,还是多元市场,反正这种割裂损害了落后经济的统一市场利益。补贴和惩罚拉大了贫富差别、现代工业与传统工业的差别以及城乡差别,富人可以得到信贷配给;现代工业被鼓励朝资本密集型方向发展;城市围绕着基础设施和政府经济管理机构扩展。这些只不过是上述政策体系带来的后果及与此相联系的后果的一部分,用统一资本市场和深化金融的政策取而代之,只是综合性改革的一个组成部分。况且,这些政策割裂市场的倾向还是很明显的。[29]

财政战略与金融战略的配合

落后经济经常会出现这种情况,即财政政策和手段同金融政策和手段相互掣肘:存款利率税和贷款利率补贴就是一个明显例子。下面的一段引文正好表明了我们的观点:金融深化与财政强化必须相互依赖。

> "金融体制缺乏效率的问题,不可能只由金融机构和金融政策的改善而得到解决。金融体制改革应与其他非金融政策的改革配套进行。在改革金融制度时,如不同时采取正确的汇率政策、国外贷款政策、国内税收刺激政策和财政政策等,仅仅改革金融制度是没有什么意义的。"[30]

在1960年和1961年，智利出现了例外的情况，当时，亚历山德拉总督有一个极好的投资机会，智利的通货膨胀率连续两年保持在10%以下，但由于没有及时地进行财政机制改革，这个机会失去了。结果，能给智利价格水平带来长期稳定的机会也失去了。后来，智利政府在1965年和1966年，成功地使通货膨胀率大幅度下降，但只是由于财政方面的原因，在1967年又不得不放弃了这个成果。[31]

在人均收入水平各不相同的国家，它们运用财政手段和金融手段积累资本的侧重点各有差异。有些国家在某些时期主要通过金融手段积累资本，另一些国家在另一些时期则以财政手段为主。例如，从1960年到1964年，12个发达国家通过高效率的金融机构积累的资本，占总积累的比重各不相同，挪威是35%，英国是44%，比利时为60%，日本和西班牙分别为66%和71%。[32]就像劳动力和资本在商品和劳务的生产函数中可以发生边际替代一样，财政手段和金融手段在资本积累中也可以边际替代。同样，又像资本和劳动力在经济增长过程中可以相互补充一样，金融和财政在某种程度上应该平衡增长，金融深化和财政深化应该是同时进行的。

财政基础

金融资产实际价值的总需求函数是通过金融途径吸收储蓄的基础或“筹码”，而实际存款利率和增加的金融资产种类，则是对这一基础征税的工具。金融政策的首要目标是扩大这一基础，深化这一基础，使它对整个社会的收入和财富增长的弹性大于1。如果一个社会存在未补偿的通货膨胀或政局不稳定，那么，这个基础就会缺乏弹性，甚至受到侵蚀。收入在贫富之间、农工之间、国内居民和外国受益人之间的分配，也会影响金融基础。如果人们还要进一步探讨，就会发现社会因素和文化状况对金融基础亦有决定性影响，这有助于说明为什么日本同西非国家在金融资产的需求方面会存在差别。在集权国家，居民收入仅来源于工资，金融资产需求对存款利率几乎没有什么影响。在那里，政府负责向公民提供各种私人紧急援助，保险和其他预防性储蓄的作用被压低到了最低限度。金融基础的规模和弹性取决于一系列重要因素，这些因素影响着社会在积累资本时是采用金融手段还是财政手段。[33]

政府部门吸收储蓄的财政基础要比金融基础所包含的内容多得多。无论何时何地，很少有什么交易活动、收入和财富分配会不纳入财政基础。相对于收入和财富增长而言，财政基础的潜在弹性比金融基础的弹性要大。日本从1950年起，由于其税收基础迅速扩大，以致政府不得不采用“减税”政策，提高了所得税的最低免税额和降低了累进税率，而政府在国民净储蓄中所占的份额仍没有减少。[34]但是，落后经济中的税收基础相当浅薄并缺乏弹性，所以，财政部发现有必要对金融基础征税，并任其萎缩。它们开征了许多税种，但其中许多税种的收入在扣除征收费用之后却所剩无几。

税收基础薄弱的原因很多，当然主要的原因还是贫困。另外，财政管理的成本大且不完善也是一部分原因，我们将在下面详细地讨论这些问题。但这里要强调的是：政府政策实际上损害了税收基础。政府用进口配额和许可证代替进口关税，本来可以归国库所有的收入却落入了进口商的腰包，或那些购买进口商品的买方垄断者手中。政府对那些总是幼小的产业给予税收减免，有时对用于出口的自然资源开发项目的征税过于慷慨。在政治运动的热潮中，政府往往许诺免除多种财产税。税收基础条款成了政府与众多私人所有者讨价还价的筹码，虽然有些人因免税而获得的储蓄率高于政府通过征税实现的储蓄率，但大多数人却做不到这一点。[35]

相对于收入和财富而言，税收基础受到了侵蚀：在税率没有提高的情况下，财政收入发生了绝对地下降或相对下降。例如，从1939年到1950年，墨西哥税收总额的增长速度比国民收入增长速度慢三分之一，这样的情况在其他国家也不少见。[36]在1964—1971年，加纳的人均实际财政收入持续下降，这是由于税收基础的萎缩和税率的下降所造成的。在这样一些国家，主要有两方面的因素导致了税收基础的侵蚀，第一，因为供给来源逐渐减少，需求对收入缺乏弹性，或由于替代品的出现，应交纳间接税的产品的价值相对于总产量下降了。除此之外，纳税基础包括的往往是那些低值商品。[37]第二，纳税对象的货币价值在核算时没有根据通货膨胀作相应调整，从而在价格水平上升时，税收基础的实际价值降低了。例如，马来西亚的所得税常常因物价水平的上升而遭受损失，因为从税收核算到缴纳税款相隔长达18个月。通货膨胀从金融基础的一部分——如货币供给——中带来了一些实际收入，但是，它减少了一部分财政基础的实际收入。如果财政基础对收入和通货膨胀均无弹性，当实际收入增长率和价格水平都比较高时，充分就业条件下的财政盈余就变得更少，特别是通货膨胀税入按这种盈余来计算时尤其如此。这样一种财政基础自然抑制资本积累，也自然导致短期不稳定。

消费支出是一种财政基础，它合乎深度、弹性、更不用说公平的标准。[38]消费税减少了储蓄，同时又诱导储蓄。基本生活消费品被免税后，它会影响消费支出的收入弹性和通货膨胀弹性。人们可以理解为什么锡兰*和印度分别在1960年和1962年开征这种税，为什么它们后来又免征这种税，其原因是明显的："……人们怀疑在扣除了这种税的征收成本后还能得到多少收入。"[39]在发展中经济中，这种税的管理成本太大，从而限制了它的使用。

落后经济中财政手段的改革可以瞄准两个直接目标：税收基础的逐步扩大；国民收入边际税率的增长。人们似乎普遍地认为，强化财政手段的这些初步措施，必须超前于金融深化。

> "只要经济发展速度和物价水平的稳定能够得到保证，私人储蓄率就可望大幅度提高。这将减轻对政府（和国外）储蓄的压力。但是，政府不可能通过立法来提高私人储蓄率。私人储蓄率的提高需要一段时间。这不仅需要公众对价格水平的稳定具有信心，而且还要培养储蓄习惯和发展金融机构。这意味着政府储蓄在计划的早期阶段必须居于主要地位，私人储蓄在其后则占有较大的份额。为了实现这一目标，在今后的几年里，需要有非常高的边际税收率"。[40]

在智利、韩国、肯尼亚和其他国家内，哪些国家应以政府储蓄为主，哪些国家应以私人储蓄为主，这并不重要，重要的是财政基础和金融基础需要有深度和弹性。

财政漏损

尼古拉斯·卡德曾悲观地提出疑问："欠发达国家将永远学不会征税吗？"对此还没有确切的回答。在财政手段和金融手段的选择上，不时由借款人和政府分享的很高的单位金融成本和极大的盈利，似乎使财政手段更

* 锡兰即现在的斯里兰卡。——译者注

有优势——如果不考虑运用财政手段产生的收入漏损的话。财政漏损的种类太多，以致在此难以一一列举，它们起初源于税法和政府管制的文字表达上的漏洞，这派生了一种专事逃税和避税的兴旺产业。[41]税收漏损包括由收入、财产和周转金的估价不足而损失的收入，以及因低效率官僚机构的管理成本而损失的收入。去掉征税成本后，实际缴纳的税收净值可能只占国会所期望得到的数量的一小部分。[42]

在某些用于国际贸易的商品占总产量和商品劳务总消耗比例很大的发展中经济中，税收漏损往往对"税收效果"影响甚微。通过湖泊港汊、铁路和管道运往码头的出口原料，在口岸就可以征税，进口商品也易于被税务部门掌握。另一种情况是，政府的进出口公司垄断着国际贸易，并利用商品购价与售价之差获得税收。但是，漏损仍然是存在的。走私者捞取了税收，因为官方税率的存在和高估的汇率，使他们那一行当的收益率很高。政府出口公司向咖啡、可可和其他产品的生产者支付固定价格，它们并非肯定能在国际市场的现货期货交易中成功地赢利。有些公司缺乏先进的贮藏设施，用于出口的农产品在仓库或码头上就已腐烂变质。还有些贸易公司为了自身生存发展的利益，截留应缴纳的税收，或者不归还金融机构的贷款。

"私人储蓄率的提高是不能依靠立法的"。以多种形式存在的财政漏损，说明了政府储蓄率的提高仅仅依靠法律是不够的。目前还不清楚，在把收入从私人消费转移到储蓄上，为什么税率比存款利率更有效。在某些欠发达经济环境中，税收的强制压力对储蓄者的影响，不及相对价格的诱导力量对储蓄者的影响大。

政府企业

在落后经济和后起经济中，许多行业中都有国营企业，它们的规模不一，垄断程度也不等。在混合型企业中，国家参股，有些由国家支配，有些则被支配，这种情况正像阿瑟·刘易斯所说的那样："企业和政府相互进行了恰当的混合"。这类企业有些是殖民经济遗留下来的，有些是作为迈向社会主义的第一步，有些是政府的象征物，有些则是从亏损企业和外国企业主手中接管过来的。然而，它们当中的大部分都带有这样的信念：国营企业在扩展经济的生产可能性边界和改善社会福利方面要胜过私人企业。

储蓄只是国营企业所追求的一个很次要的目标。在1963—1969年间，韩国国营公司的储蓄占总储蓄的比重很小，且呈递减趋势——1963年为7%，1969年为4%[43]。在南亚、西非和拉丁美洲，普遍的情况是，即使国营企业得到了大量贷款利率补贴、税收优待和其他豁免，但它们的盈利甚微，甚至还亏损。[44]有些国营企业出现亏损和储蓄水平低的原因在于技术和管理这两个因素：由于矿藏量趋于耗尽，国营矿产公司的开采成本上升；因为铁路折旧费和维修费没有根据通货膨胀加以调整，国营铁路的成本上升。但更多的情况则是，国营企业的生产成本被人为地提高了，或者是人为地压低了产品的销售价格，以向供给商、或顾客、甚至两方面提供补贴。货币体系中非均衡定价的政府政策，也就是政府非金融企业中的政府政策。

国营企业的一个特点是不节省储蓄，它们偏爱资本密集型的技术。由于可以按补贴性贷款利率通过配给得到资金，在组织生产的过程中，它们一味地节约劳动力，然而，城市劳动力的闲置会产生社会压力，国营企业不得不雇用对现存技术条件来说实属多余的人力。对这些多余劳动力支付的工资相对比较高，超过了任何能与之匹敌的影子工资率的水平——这是根据城市地区的最低工资法或协约确定的。政府企业对储蓄市场和劳动力市场实行了非均衡定价——前者便宜，后者昂贵。

国营企业有特权得到国外储蓄，它们得益于被低估外汇的配给、关税豁免和进口许可证。在其他方面，国营企业对所需的、国内生产的原材料投入物只支付低廉的管制性价格。当它们彼此之间提供服务时，则采取低价和配给的形式。它们借口国家对自己征税毫无意义来逃税。总之，除劳动力之外，国营企业支付的其他价格都很便宜。由于购买价格便宜，盈利目标低，国有企业就能以较低的不均衡价格向私人部门提供产品。

在一般情况下，国营企业产品的销售价格因购买者不同而有所区别，产品的配给量也相应不同。有时外国企业从中受益，有时是缺乏经验和技术的本土企业主受益，有时则是出口行业受益。价格一览表明显反映了区别对待的这种模式，这种模式也适用于银行贷款、外汇和其他实行管制性分配的项目。无论在印度、菲律宾、乌拉圭，还是在哥伦比亚，政府企业都是一方面接受补贴，另一方面又提供补贴。现在，政府在制定这类政策时头脑逐渐变得清醒了，股票市场正在获得一定程度的发展，这多少是因为政府希望它能将政府企业的股权转移到私人手中。国营企业还不时地提高产品的相对销售价格。越来越清楚的是，管制性非均衡定价加剧了资本短缺、总的劳动力就业不足和分配的不公平。不管怎样，在更深入的改革来临之前，一部分应由国营企业进行的资本积累和资本贮存，必须通过金融手段的改进和金融深化来实现。

财政失常和贷款利率

在储蓄—投资过程中，金融手段利用贷款利率这个相对价格发挥着重大作用，为稀缺的储蓄选择投资机会。它把储蓄推向资本市场，在市场容量和竞争机制所能达到的限制内，把储蓄投向社会边际生产率最高的地方。对这种机制的不信任主要源于两个因素：第一，据说资本市场的参与者不能察觉社会生产率最高的投资机会，或无视它的存在，而按照个人的利益在投资机会中进行选择。第二，资本市场的储蓄需求对利率无弹性，从而贷款利率无力甄别投资机会。由此得出的结论是：资本市场的发展不会带来什么好处；个人对投资生产率的判断应该通过各种干预来纠正；通过由刚性贷款利率实行的储蓄配给，或将投资功能转移到政府手中，或二者兼而有之，可以消除私人在投资中不可避免的目光短浅。这些原则在我们所讨论的非社会主义经济中还没能被证明是很有效的。

在范围狭小、被分割的储蓄市场上，参与者不会对反映资源可利用状况和对产品的最终需求的投资机会缺乏辨别能力。但是，由于财政和其他方面的反常影响了各种财富的相对边际收益率，这些投资机会被扭曲了，从而就难以让人辨明好恶。这些信号告知投资者，如果形成过剩的生产能力，可能更加有利可图，因为税法规定的折旧率对它们非常有利；劳动力是昂贵的，因为有一个就业税；在城镇地区投资最合算，因为在那里可以得到补贴性的电力供应。投资者看到的扭曲收益率会使资本市场产生偏差，但是，这种扭曲是由财政反常，而不是市场的无能造成的。

在资本市场上，某些参与者会仰赖垄断权力滥用资本市场。竞争条件下对收益率的评价，同垄断条件下对收益率的评价不同。解决这个问题的一个金融手段就是深化金融，以让更多的贷款供应者和需求者能够进入市场，另一个金融手段则是减少将市场分割成碎块的金融机构之间的差别。解决这个问题的另一个方法是直接采取行动,来消除由于财政反常产生的垄断。营业税为企业的纵向合并提供了动力,税收豁免则使已确立地位的投资者获得最大的收益。对不动产、资本收益和较高收入免税是考虑到了市场的积累力量。资本市场极易产生垄断,如果导致垄断的财政手段减少,垄断就可能被削弱。

资本市场往往看不到外部经济效益,或低估公共利益的重要性,或不能正确处理与下一代相关的当代人的最佳利益。对这种现象的补救办法,不是在浅短的资本市场上通过配给给予贷款利率补贴。如果某些资本积累污染了环境,它们就应受到竞争性高贷款利率和特种污染税的有力限制。如果政府认为税收是有代价的,是一种应以竞争性贷款利率定价的稀缺储蓄,那么,它对公共商品的投资选择应该更加谨慎。如果私人储蓄者和投资者对长期协定退避三舍,那么,至少一部分原因是出于通货膨胀的不确定性和税收结构调整的特别不可知性。

储蓄需求的利率无弹性是一种神话,凯恩斯勋爵对此曾予以批驳,但新凯恩斯主义在解释发达国家的长期停滞和经济落后时却利用了这一神话。[45]利率弹性的含义是,在金融深化和资本市场统一时,贷款利率有能力辨别储蓄的各种竞争性出价,并逐渐摆脱配给方法。但是,如果竞争性出价受到财政对生产力进行干预的影响,那么,贷款利率就不能反映各种投资的社会生产率的高低。墨西哥的"新型产业和必需产业发展法"及许多国家的类似法则,都提出了用财政手段提高相对生产率,这样,即使是最大的资本市场也无法去提高生产率了。[46]

两方面的改革

哪里的资本积累很少和分配不当,哪里的金融财政结构和政策就存在问题。通过存款利率税和贷款利率补贴,财政对金融体系实施了惩罚。在动员储蓄方面,财政体系没能达到它应有的深度或足够的弹性。财政体系扭曲了储蓄者对金融资产的需求和金融机构对贷款项目的选择。反之,金融体系通过另一种途径也对财政进行了惩罚。通货膨胀收缩了财政基础,减少了财政基础的弹性。此外,金融的管制性定价,对风险的规避及不灵活性,为财政反常提供了可能。关于金融改革的主要内容在前几页中已经讨论过了。尽管财政问题不是我们讨论的主要对象，但作出几点说明有助于认识财政改革对金融自由化的意义。

有些改革可以在低效率的财政体系内很快得以解决。[47]在扣除豁免部分和管理成本之后，许多税种所剩不多，应予取消。如果某些形式的税种从工资或薪金中取消，那么，从税收核算到缴纳之间的拖延就可以大大缩短。税收管理可以加强，所得税应该进行合理的改革，要把税收来源划分得粗一些，并减少对金融资产收益的歧视。如果产权登记的时间很及时，并对财产估价进行复核，则财产税的收效会更大。要是取消这类补贴——它们对生产明显地不能给予所期望的刺激或只能使那些既定企业受益——补贴网就可以大大简化。政府企业的价格政策应该作出合理的改革，这在通货膨胀条件下意义更加重大。关税可以作为进口许可证的有效替代，更完善的销售计划必定给政府的出口公司增加收入。如果对财政体制的每一个细小环节进行改善，结果就会带来巨大的变化。

与此同时，还可以进行较大改革的准备工作。尽管人们还存有严重的分歧，但将增值税作为财政计划的核心，在一定程度上是意见一致的。[48]除农业和零售商业之外，可以按统一的税率，对不断扩大的企业集团的销售总额征收增值税。由于增值税的大小是按投入要素的价值核算的，每个纳税者的税收可能出现漏损，因此，它们在税收的管理和执行上都有一定的作用。在一个经济当中，增值税的潜在基础宽广，并对实际增长和通货膨胀具有弹性。由于它是按统一的比率征税，其相对价格的扭曲很小，增值税能够杜绝有损公平的税收逃避和漏损。

在平均收入水平相当低的落后经济中，综合所得税具有一种虚幻的累进好处。给定其管理上的困难，即使在通货膨胀时，这种税收债务可以自动矫正，能够使税收额与付税能力相适应的其他税种要比之更加优越。例如，特种税可以对零售的奢侈品征收，较多的资本盈利也可用这种税去征收。如果免去补贴，政府企业也放弃对少数有特权者实行低价配给的原则，这样，同人们所期望的从很高的边际所得税率（很难生效）所获得的效果相比，反而可以带来更加实在的公平。通过金融深化和其他非财政性改革，来为实现公平尽效其力，会使财政变革强化其他方面的财政效果。

显然，在公债形式尤其是公债定价上，还要逐步进行改革。以牺牲金融机构和储蓄者的利益为代价，来对政府债券给予贷款利率补贴，是改革的首要对象。强迫私人购买政府债券以控制市场是改革的第二个对象。如果利率目前更加符合资本稀缺价格，加上其中至少有一部分能根据国内商品价格水平的变化进行调整，那么，它必定促使储蓄者主动地将其多余的资金投入政府部门，并使那里的储蓄分配更为合理。开放性的国库券市场会促使场外市场开展健康有力的竞争。

权衡幻觉

我们已经强调了，财政改革和金融改革是相辅相成的：一个方面的改革会强化另一个方面的功能。但可以发现存在一种不同的观点，这种观点认为，金融抑制同注重增加财力的通货膨胀之间存在着一种权衡关系。根据这种观点，通货膨胀会降低失业率，结果会增加实际收入，从长期看这会加深普通税的基础，从而增加公开税和通货膨胀税的税入。㊾另外，根据货币财富观的观点，通货膨胀会增加人均物质财富存量，这对征税者明显有利。㊿还有，由于各种现行税种都有其无效率的一面，次优政策往往在一定程度内鼓励使用通货膨胀税。㉛

人们可以看到，各国政府当局都对通货膨胀表现出明显的偏爱，而不愿采取保护金融发展的补偿性措施。很明显，价格水平稳定或对不稳定的完全补偿成了乌托邦式的幻想。是推动财政金融体制改革，还是利用金融抑制政策带来的好处，在对此权衡的标准既定时，主张金融财政体制应该立即——刻不容缓——着手改革的观点将受到批评。然而，如果人们确信菲力普斯曲线在长期内将趋于垂直，那么，债务中介观对金融的描述要比财富观更加准确；维持较低而又稳定的通货膨胀率的试验已经很有效果，这样，人们就会继续认为，中央银行总裁和财政部长并非一对天敌。

注　释

① Government of the Republic of Korea, *The Third Five-Year Economic Development Plan, 1972—1976*, p.140.

② *Second Malaysia Plan, 1971—1975*, p.76.

③ John V. Deaver, "The Chilean Inflation and the Demand for Money", in David Meiselman (ed.), *Varieties of Monetary Experience*, pp.47—48.

④ Milton Friedman, "Government Revenue from Inflation", *Journal of Political Economy*, August, 1971, pp.853—854.

⑤ Milton Friedman, *op. cit.*, p.49.

⑥ Harry G. Johnson, "Problems of Efficiency in Monetary Management", *Journal of Political Economy*, September/October, 1968, p.977.

⑦ Roberto Alemann, "Economic Development of Argentina", in Committee for Economic Development, *Economic Development Issues: Latin America*, p.23.

⑧ 据估计,在1929—1955年的智利,对货币余额征收72%的通货膨胀税没有落入政府之手,而主要以补贴的形式流入了银行借款者手中,参见戴维前引文(Deaver, *loc. cit.*)。

⑨ Richard A. Musgrave, *Fiscal Systems*, pp.188—191.

⑩ Republic of Ghana, *Budget Statement for 1971—1972*, p.27.要讨论秘鲁的类似情况,请参见 Antonin Basch and Milic Kybal, *Capital Markets in Latin America* (special complimentary edition), p.140。

⑪ Michael W. Keran, "Monetary Policy and the Business Cycle in Postwar Japan", in Meiselman (ed.), *op. cit.*, p.170.

⑫ John L. Scadding, "The Fiscal Element in Monetary Policy", *Journal of Money, Credit and Banking*, May, 1971, pp.391—411; James Tobin, "Deposit Interest Ceilings as a Monetary Control", *Journal of Money, Credit and Banking*, February, 1970, pp. 4—14; Milton Friedman, "Controls on Interest Rates Paid by Banks", *Journal of Money, Credit and Banking*, February, 1970, pp.15—32.

⑬ 补贴往往以联邦储备体系对银行准备金支付存款利率的形式提供,这样,补贴的负担主要由政府承担,而不是落在银行存款者头上。

⑭ James Tobin, *ibid.*, pp. 9—10; William E. Gibson, "Eurodollars and U.S. Monetary Policy", *Journal of Money, Credit and Banking*, August, 1971, pp.649—665.

⑮ Harry G. Johnson, *op. cit.*, pp.980—981.

⑯ W. Stark, *Jeremy Bentham's Economic Writings*, Volume I, p.133.

⑰ See above pp.140—141; Organization for Economic Cooperation and Development, *Capital Markets Study, General Report*, pp.13—16, 231.

⑱ See above, pp.81—88, 125—128.

⑲ Research Institute for Economics and Business, *A Study of Money Market and*

Industrial Investment Financing in Korea, November, 1970, Sogang University, pp.99—103.

⑳ John Hicks, *Capital and Growth*, p.203.

㉑ Jan Tinbergen, *The Design of Development*, pp.39—41.

㉒ Ian Little, Tibor Scitovsky, Maurice Scott, *Industry and Trade in Some Developing Countries: A Comparative Study*, pp.217—221.

㉓ Harry G. Johnson, *Money, Trade and Economic Growth*, pp. 160—161; Gunnar Myrdal, *Asian Drama*, Volume III, pp.2087—2096.

㉔ Ryutaro Komiya, "Japan" in The Brookings Institution, *Foreign Tax Policies and Economic Growth*, p.57.

㉕ Anand G. Chandavarkar, "Some Aspects of Interest Rate Policies in Less Developed Economies: The Experience of Selected Asian Countries", International Monetary Fund, *Staff Papers*, March, 1971, p.57.

㉖ David M. Trubek, "Law, Planning and the Development of the Brazilian Capital Market: A Study of Law in Economic Change", New York University, *The Bulletin*, April, 1971, pp. 58—60; Banco Central do Brasil, *Relatorio de 1970*, May, 1971, pp.60—80; David T. Kleinman, "Foreign Aid: the Case of Brazil", Industrial Management Review, Winter, 1969, pp.47—66.

㉗ Claudio Segré, "Capital Markets in Developing Countries: Institutional Problems and Growth Prospects", Inter-American Development Bank, *The Mobilization of Domestic Resources in Latin America*, p.14.

㉘ 在一个比较狭义的范围内,这一理论可用作类似的推理。参见本书第139—140页(英文版)。

㉙ H. Myint, *Economic Theory and the Underdeveloped Countries*, Chapter 14.

㉚ Research Institute for Economics and Business, Sogang University, *op. cit.*, p.120.

㉛ Arnold C. Harberger, "Economic Policy Problems in Latin America: A Review", *Journal of Political Economy*, July/August, 1970, Supplement, p.1012.

㉜ Organization for Economic Co-operation and Development, *Capital Markets Study*, *Statistical Annex*, pp.84—85.

㉝ Basch and Kybal, *op. cit.*, *passim*; Raymond W. Goldsmith, *Financial Structure and Development*, Chapter 9; Jiro Yao, *Monetary Factors in Japanese Economic Growth*, pp.45—48; W. Arthur Lewis, *The Theory of Economic Growth*, Chapter V.

㉞ Ryutaro Komiya, *op. cit.*, pp.53—54; Jiro Yao, *op. cit.*, p.30.

㉟ Stephen R. Lewis, Jr., *Pakistan: Industrialization and Trade Policies*, pp.138—159.

㊱ Timothy King, *Mexico: Industrialization and Trade Policies since 1940*, p.94.

㊲ S. R. Lewis, "Revenue Implications of Changing Industrial Structure: An Empirical Study", *National Tax Journal*, December, 1967, pp.231—244.

㊳ Nicholas Kaldor, *An Expenditure Law*; Nicholas Kaldor, *Indian Tax Reform*.

㊴ Ursula K. Hicks, *Development Finance: Planning and Control*, p.106; Antonin Basch, *Financing Economic Development*, p.96.

㊵ R.A. Musgrave, *Revenue Policy for Korea's Development*, p.5.

㊶ Nicholas Kaldor, *Essays on Economic Policy*, Volume I, p.216.一个印度的经济学家抱怨说,在他的国家,政府注重遗产税和对赠品、财富及消费的征税:"我们必须去掉这些税种的滑稽性,它们是空有其名,它们必须要成为可靠的收入来源。"L. Sinha, *Capital and Employment: Problems of a Developing Economy*, p.94.

㊷ 艾伯特·哈特(Albert G. Hart)指出:"大致同意拉丁美洲最有希望的累进税应该是这样一种税:现已支付的税与法律所要求的大体上过得去的税的差额。"见 Albert G. Hart, "Fiscal Policy in Latin America," *Journal of Political Economy*, July/August, 1970, p.878。

㊸ Research Institute for Economics and Business, Sogang University, *op. cit.*, p.8.

㊹ "Throughout most of the region (South Asia) goods and services from the public sector have been priced so low that rates of return on capital invested have been lower than the rates of interest prevailing on the capital market." V. V. Ramanadham, *The Finances of Public Enterprise*, p.53.

㊺ "The interest-inelasticity of investment ... did not enter into Keynes' analysis at all." Axel Leijonhufvud, *On Keynesian Economics and the Economics of Keynes*, p.405.

㊻ Timothy King, *op. cit.*, pp.96—106.

㊼ S. Malcolm Gillis (ed.), *Fiscal Reform for Colombia: The Final Report and Staff Papers of the Colombian Commission for Tax Reform*, International Tax Program, Harvard University; Albert G. Hart, *op. cit.*; Richard A. Musgrave, *op. cit.*

㊽ R.W.Lindholm, "The Value Added Tax: A Short Review of the Literature", *Journal of Economic Literature*, December, 1970, pp. 1178—1189 and December, 1971, pp.1173—1179; Mel Krauss and Richard M.Bird, "The Value Added Tax: Critique of a Review", *Journal of Economic Literature*, December, 1971, pp.1167—1173; Ronald I.McKinnon, "Export Expansion through Tax Policy: The Case for a Value-Added Tax in Singapore", *The Malaysian Economic Review*, October, 1966, pp.1—27, and April, 1967, pp.36—38.

㊾ James Tobin, "Inflation and Unemployment", *The American Economic Review*, March, 1972, pp.1—18.

㊿ Edwin Burmeister and Edmund Phelps, "Money, Public Debt, Inflation and Real Interest", *Journal of Money, Credit and Banking*, May, 1971, pp.153—182.

(51) Jagdish Bhagwati, *The Economics of Underdeveloped Countries*, pp.113—123.

7 开放经济中的金融深化

在前面几章讨论金融深化时，我们很少涉及对外贸易。现在，把国际贸易与国际收支中的经常项目和资本项目结合起来，来探讨它与国内金融之间的相互依赖关系。本章的主题是：浅短的金融和扭曲的贸易是连在一起的，这就像深化的金融与自由的贸易形影相随一样。不用说，金融改革和贸易改革意味着财政状况的相应改善。为筹措大量昂贵的卖方信贷而奔波于伦敦—巴黎—纽约之间的财政部长现在匆匆赶回国内，再来决定必须征收多高的通货膨胀税。

本章的第一部分讨论外汇市场及其相对价格——外汇汇率，即用外币表示的本币价格。如同在国内货币市场及其他金融市场上一样，落后经济造成了外汇市场的不均衡，并试图用各种干预手段来消除外汇市场的过度需求。第二部分将分析国内金融扭曲与经常账户中所发生的国际贸易的相互影响。国际收支中储蓄的流入及外逃将在第三部分研究。最后一个部分讨论落后经济对外经济部门的改革。本章的分析着眼于长期，将考察有关增长和停滞，而不是稳定与否的问题。本章的分析对象是那些对外或多或少实行开放的"小型"经济，它们的供求数量基本上不影响世界价格水平。

外汇市场

我们知道,封闭经济中的货币有三种价格:第一是按记账货币确定的简单货币单位——一韩元,或一荷兰盾。第二是综合物价指数的倒数$1/P$,它代表货币与一揽子商品劳务相对应的交换价值。第三是存款利率,它包括因持有货币而节约了成本所获得的边际收益、综合物价指数的预期变动率及货币体系对货币余额支付的公开利息补贴。当一个经济对外开放时,其货币成为可兑换货币,由此产生了市场上货币的第四种价格,即以外国货币表示的汇率。实际上,国内货币和国外货币可以在许多市场上相互交换——每种市场均有其交换的比率,如官方市场和黑市市场,即期市场和远期市场。在这一部分,我们讨论几种可供选择的外汇市场。

殖民地货币

关于一个经济控制本国名义货币存量的能力问题,人们可以看到这样一个可以成为事实的连续系列,即从完全的货币一体化到完全的货币自治。① 例如,在货币一体化这种极端情况下,加利福尼亚的货币体系就是以一个不变汇率与美国其他各州货币体系连在一起的,它们之间的清算与托收业务是按固定的平价进行的,这就形成了一个类似于外汇市场的市场。与这种情况相差不多,人们可以看到,殖民地时代马来半岛的货币是与通货委员会控制下的先令连在一起的。② 简单地探讨一下殖民地型货币一体化及其依赖性是有益的。

在殖民地以及它所依附的宗主经济组成的"货币区域"内,我们可以确定两个地区的货币需求函数,按习惯它们可以表达为:

$$M_d = pl(Y,\ i,\ \underline{d}) \tag{7.1}$$

这就是说,两个地区所需要的名义货币存量,与物价水平、实际收入和名义存款利率$\underline{d}$作同方向变动,与贷款利率或"债券"利率i作反方向变动。两个地区的货币供给函数也可以用公式表示:

$$Ms = Pm(\underline{R},\ i,\ \underline{d},\ q) \tag{7.2}$$

两个地区的名义货币供应量与名义高效货币 $P\underline{R}$ 作同方向变动，高效货币由中央银行的负债表示，包括硬币、纸币和商业银行的准备金余额。货币供应量与贷款利率 i 作同方向变动，与存款利率 $\underline{d}$ 和法定准备金 q 作反方向变动。$P\underline{R}$ 总额是由宗主经济中的货币当局决定的。这样，完全的货币均衡意味着，宗主经济与殖民地经济中的银行都希望持有的高效货币量与已供应的高效货币量相等，每一地区的货币供应量 Ms 与货币需求量 M_d 相等。

我们假定殖民地与宗主经济同时参与所有的市场，资源能够在两个地区之间自由流动，从而，两个地区的人均收入水平和财富占有量不存在地区差别。殖民地在任何市场上的超额需求对贸易水平和物价水平的影响无足轻重，在这个意义上，我们说殖民地的经济规模很小。宗主经济的利率与价格也就是殖民地的利率与价格，这是由宗主经济的经济规模强加给殖民地的。地区内部的交易成本所造成的经济差距，使殖民地不能摆脱宗主经济对各个市场的影响。

作为准备金基础的 $P\underline{R}$ 增加，会打破最初的均衡。银行对此作出的反应，就是运用超额准备金扩张其资产，结果会导致货币供给过多和对普通市场上的证券、商品及生产要素的需求过大。在新的均衡中，名义货币增量将在宗主经济与殖民地之间按各自的实际货币需求量分配。名义存款准备金增量则根据各自的银行传统习惯和法定准备金要求，在殖民地与宗主经济之间分配。在这种情况下，由于实行统一的汇率，票据交换所及外汇市场将不会留下未清算的余额。

如果殖民地的银行减少对高效货币的流动性偏好——作为国内货币政策的一种意向，那么，最初的均衡也会被打破。结果会形成准备金的过度供给，这要依靠整个货币体系通过扩张名义货币来吸纳。在对共同市场上的利率水平、商品价格和产出不产生太大影响的情况下，市场上的各种证券将成为银行的资产。殖民地银行会减少对宗主经济货币当局的贷款，并以对其他部门——也许是殖民地内的投资者——发放贷款来取代其资产负债表上的存款余额。

最后，殖民地的货币持有者的流动性偏好的转变，也会打破最初的均衡。殖民地实际货币需求量的自发增长，意味着它对共同市场上的商品、证券和生产要素的过度供应。解决问题的办法是向殖民地输入存款准备金，并扩大其国内的名义货币供应。宗主经济能够免受干扰，这是因为它的经济规模已大到足以承受总的实际货币需求量增长（这正像许多随机波动因素中的一种），还由于货币当局能够扩张高效货币总量。殖民地向宗主经济输出资本，通过准备金、硬币和纸币等媒介增加对宗主经济的贷款。

在这种模式下，宗主经济的货币当局根据确定的价格水平目标、实际准备金需求量和货币需求量，来决定本货币区域内的准备金存量和名义货币存量，殖民地则决定其资产中的实际准备金存量和实际货币量，但价格水平之高低和名义货币余额之大小是由宗主经济强加给它的。宗主经济选择的 $P\underline{R}$、M 和 P，可通过多种组合调节殖民地对 R 和 M/P 的选择。由于殖民地的经济规模小、与宗主经济关系密切以及汇率刚性，它不可能有自己的名义货币政策。至于准备金和货币的实际价值，这是殖民地自己可以决定的。

出于所有的操作上的目的，宗主经济的货币同殖民地的货币实质上是同一种货币，其兑换率由宗主经济的货币当局以法律条文形式加以固定，以防止票据交换所出现余额——这种余额不可能被银行间的准备金转移来吸收。至于货币叫什么，例如称元，还是镑，则无关紧要；殖民地银行发出的货币在宗主经济内是否有法定偿还能力，元与镑兑换时是否要支付手续费，也无关紧要。③ 当兑换率为 1∶1 时，或在其他任何一种比率的情况下，它们之间完全可以替代。假定产品和资源在两个地区的市场上具有完全的流动性，不同于记账货币价格的实际货币价格比率，即购买力平价，必然与汇率相等，并且相对稳定。由于开放和竞争的金融资产市场使利率保持在同一水平，外汇市场上不可能出现远期升水和远期贴水。

卫星货币

有些落后经济具有殖民地型的货币区域。阿巴拉契亚山、北爱尔兰和西西里岛就是这种情况。不过，它们的落后是由于资源的不流动，以及中心经济要求这些地区为其他地区的发展提供资源造成的。我们在此讨论的是具有货币主权、且滥用这种主权的那些落后经济。为了使分析更加接近落后经济的原型，我们假设货币区域内的两个经济各有其自己的货币当局。另外，再假设其中一个是大型经济，另一个是小型经济。最初，它们有统一的产品、资源和金融资产市场：一切都可以彼此交换。与殖民地时的马来半岛相比，这种小型经济更接近独立的马来西亚，与哥斯达黎加和巴拿马也有相同之处。

该货币区域中的弱小的或卫星经济中的货币当局，可以规定和维持本国货币与中心经济货币的兑换率。由于两国货币只有一种兑换率，所以，实际使用的兑换率就是卫星经济选择的兑换率。④这意味着卫星经济可以选择以本币表示的非货币性商品的价格水平。按一个单位中心货币定价的商品，可以由卫星经济以本国货币确定任何数字的价格：在确定汇率和价格水平时，卫星经济可以根据自己的需要，把小数点向左或向右移动。货币当局完全可以按照自己的意愿，变更名义货币单位，以满足货币持有者对卫星货币的实际需求。另外，当局还可以选择物价水平的上涨指数。它还可以规定即期汇率和价格水平的变动幅度，在统一的资本市场的实际利率下，按照自己的愿望规定名义利率水平。如果卫星经济相对地实行通货膨胀，外汇市场上的中心货币就会出现远期升水，以便使国内外的名义利率成为同一水平。如果卫星经济相对地实行通货紧缩，中心货币的远期贴水就可消除借贷双方的货币幻觉。我们认为，如果卫星经济考虑做出以上选择，并实行刚性汇率，那么，它实际上把名义货币、国内价格水平和名义利率的控制权都交给了中心经济。这种选择的一个好处是，它可以把对货币管理不善的指责推给中心经济：一旦价格水平发生紊乱，卫星经济就会声称这不是它的过错。如果卫星经济按照我们的假设作出以上选择，货币当局就不会有什么事情需要去做了。

让上述假设更现实一些，卫星经济的货币当局应有责任控制实际货币存量和执行实际金融政策。例如，有可能出现这样的情况，即私人进行的国际贸易会导致外汇市场上对中心货币的某些不规则的或季节性的过度需求或过度供给。如果有一个完全统一的资本市场，这种紊乱可以通过按固定的即期汇率从中心经济得到短期贷款或由贸易商和银行向中心经济提供短期放款而加以平息。其中某些不平衡可以通过私营部门外汇储备的流动来解决。当资本市场不完善、私人持有国外储备的机会成本又高时，如果卫星经济的货币当局承担一点责任，通过改变自己的国外资产净额来调节外汇市场，那么，卫星经济就可以得到好处。一个好处可能是，国外放款人在向卫星经济提供贷款时预测风险很小，它们会乐意提供较多的低利息贷款。实际上，卫星经济的货币当局可以利用其外汇储备改善资本市场的功能。其次，当卫星经济保证及时偿还进口贷款时，其商品和劳务的进口价格就会低一些。在信贷有来源时，卫星经济的贸易很少会发生中断。因此，卫星经济的外汇储备可以改善商品和劳务市场的状况。就像私人货币余额会获得收益一样，官方储备也会获得实际的社会效益。

卫星经济选择了固定汇率之后，它就不可能随意变动其总资产，但可以决定资产在国外净资产储备和国内资产储备之间的分配：它能执行外汇储备政策。在替代范围内，正如我们所见，外汇储备的增加可以带来社会效益，但也得为此付出代价。储备增加意味着资本流向中心经济，显然，储蓄从国内资本形成中流出，是难以用存在中心经济的外汇余额的利息收入来补偿的。在这种模式下，储备政策面临着困难选择，是从完善与中心经济的贸易当中受益，还是保留国内储蓄以进行国内投资来获利。我们能够理解，为什么受挫于因对中心经济实行固定汇率而不得不使用通货膨胀税的财政部长，往往难以容忍储备的积累。外汇积累迫使政府证券脱离货币体系的资产组合，而且难以证明，如果较多的外汇储备支撑着外汇市场转移债务负担的能力，那么，相同的证券可以很容易地在开放的资本市场上进行交易。

由于中心经济和卫星经济的产品市场、资源市场以及证券市场的差距日益扩大，外汇储备积累的效用与机会成本相应也在增加。增加外汇储备有利于顺利地吸收国际收支的顺差，储备减少能轻而易举地缩小国际收支赤字。我们很快就要讨论这个问题。不过，在此值得强调的是，外汇储备这种财富既有收益，也有代价。从长远利益看，它有助于市场一体化；从短期利益看，它有助于市场的稳定。⑤

由于卫星经济的政府当局决定实行固定汇率和执行独立自主的外汇储备政策，它就有条件在国内执行真正的货币政策。给定统一资本市场上的贷款利率，当局可以通过颁发执照，去影响国内金融业的竞争和存款利率水平。由于中心货币和卫星货币可以兑换，国内银行可以在满足整个货币区域的货币总需求方面，同中心经济的银行竞争。提供金融中介服务而获得的收入，是国民收入的一个组成部分。例如，中国香港、瑞士和新加坡的经验就证明了这类收入的数量是相当可观的。对开放经济来说，金融深化意味着可以从由金融中介推动的出口增长和有效的进口替代中获得收益。金融自由化是促进出口的一个手段。当然，我们必须认识到，促进进口替代也可能是无效的，在这过程中动用的资源所带来的增值，可能少于其他用途的收益，如教育和公共支出。如果情况确实如此的话，金融自由化就意味着金融服务的输入，其费用则依靠具有相对优势的非金融出口来弥补。对于大多数小型经济来说，一种有效的金融制度应该包括国内机构和国外机构两个方面，市场的最佳分工，取决于投入要素的规模和技术的精巧性。许多本土银行和一家外国证券交易所这种模式，是众多可行的结构组合中的一种。

自治货币

上面考察的两种货币体制，是在最大限度地扩展市场范围的条件下，为了充分利用一体化优势而建立的。对于小型经济来说，一体化带来的利益是不容否认的，但中心经济对一体化的控制，也使它为之付出了代价。现在，我们开始讨论外汇市场上的一种变革，这种变革虽然损害了完全一体化的某些利益，但也减少或避免了某些成本。它就是布雷顿森林体系确定的、让汇率围绕固定平价进行区间浮动。

这里的区间是指货币价格在两“点”之间的波动范围。如果货币价格变动达到这两点，货币当局就要参与外汇市场，通过买进或卖出国外资产，来消除过度需求。当国内货币供给过剩把以中心货币表示的本币的相对价格贬低到“借入点”时，卫星经济就要卖出国外资产或发行债券，以输入储蓄。如果对本币的需求过大，把以中心货币表示的本币的相对价格提高到“贷出点”时，本国当局就要买进国外资产或偿还外债，以输出储蓄。在这两点之间，货币价格的变化作为启动性调整机制，为收缩超额需求创造了条件。落后经济在国际贸易中所遇到的许多困难，都是由于不相信这些机制和干预这些机制的后果。

私人也可能调整其资产结构。当中心货币升值，小型经济的出口商就会减少存货，增加出口，进口商则会推迟从国外的进口。小型经济的投资者通过外汇市场的变化观察到中心货币的利率下降，就会加紧借款，并把在国外投资的收入汇回国内。储蓄者会利用这一机会，把国外资产转为国内金融资产。当然，在相当发达的外汇市场上，投机者会持有中心货币的即期头寸和小型经济货币的远期头寸，这会使中心货币远期升水，两地区之间的利差也会随之消失。但是，在每一种情况下，投机调整机制的有效性取决于这样一个预期：即期汇率将回复到平价水平。当然，这又取决于资产变动的成本。

平价水平上的过度需求"缺口"以及由此导致的小型经济货币的贬值，会诱使由贸易替代进行的矫正性调整。小型经济中可用于出口的商品会输往中心经济市场，进口则被国内竞争性商品所替代。贸易和非贸易商品价格的相对变化，必然使国际收支中的经常项目出现盈余。在一定的价格弹性之内，这种价格调整机制是有效的。

汇率下跌使得小型经济的贸易商品价格和一般价格水平上涨，后者的上涨幅度取决于其占贸易总额的比重。其结果会减少货币的实际存量和以国内记账货币定值的其他金融资产的实际存量。如果金融资产持有者减少对出口品和进口品的需求，那么，这种情况有助于国际收支的调整。作为一种财富调整机制，它在一定程度上可以消除小型经济对外汇市场上中心货币的过度需求。

最后，我们分析一下收入调整机制。相对于要素价格而言，用于贸易的商品的国内价格上涨，会刺激闲置资源的利用。对于出口品生产商和进口替代品生产商来说，盈利幅度的扩大会导致商品市场上供应方的调整，同时在另一方也抑制了小型经济对贸易商品的需求，从而消除对外赤字。诚然，对贸易商品的需求而导致产出增加的乘数效应，必定扩大这种赤字，除非通过增加税收可以吸纳投资乘数效应，或通过提高国内的利息收入可以抑制这种效应。

小型经济货币的汇率在规定的区间内变动，有助于推动投机调整机制、价格调整机制、财富调整机制和收入调整机制发挥稳定的作用。⑥如果这些机制在某一方面的功能下降，浮动区间的规定就要求小型经济的货币当局恢复卫星的角色，它就走到了自治货币的尽头，被要求通过减少储备，来减少本国货币在外汇方面的过度供给，以及通过吸收储备，来减少对本国货币的过度需求。

对于一些发展中经济来说，鉴于在外汇市场上按照一种固定上限或贷出点回复到一种共同货币的成本，他们会极力支持汇率浮动的观点。这些经济为自己制定了通货膨胀目标，依靠与中心经济的差距和选择进口低廉商品，来抵御外国通货膨胀的侵入。国外持续的通货膨胀一旦高出它们国内的水平，最终会迫使它们在国外的储备增长，并相应地增加货币扩张的压力。这会提高用于贸易的商品的价格，货币扩张又会推动包括工资在内的非贸易商品价格的上升。在外汇市场上，固定贷出点的第一个代价是国内储蓄通过储备积累流入中心经济。由于税收基础对通货膨胀没有弹性，第二个代价是通货膨胀减少了政府预算的实际规模。第三个代价是通货膨胀税一般对处于低收入阶层的储蓄者会带来不公平的分配，他们的金融资产不会相应增长。当蒙受进口资本品涨价之苦的进口替代品生产商要求得到优惠补贴时——通过贷款利率、税率、关税率和其他贸易限制等措施——第四种代价就会出现。上面列举的并非全部的代价，在此还要指出的另一个代价是，小型经济的名义利率对通货膨胀的滞后调整，会使国内的私人储蓄流向中心经济，至少要到汇率平价能否保住的疑虑出现为止。只要国内的存款利率低于过去规定的利率上限，而国外资产的利率又根据通货膨胀预期进行了调整，国外资产对储蓄者的吸引力就无法抗拒。以上的每一种代价都是压在国内资本市场上的一种负担。

当中心经济转向较低的价格水平目标时，外汇市场借入点的变动也会出现类似的情况。中心货币扩张率的下降，降低了贸易商品的价格，吸纳了小型经济的外汇储备，从而导致小型经济的货币紧缩，这种紧缩会产生对货币的超额需求和对非贸易商品的超额供给。这时，小型经济商品的价格刚性，尤其是常用的最低工资法规定的工资刚性，使得本来就很高的失业率进一步上升。由于产量减少，私人储蓄流量就会下降。由于财政收入下降和福利支出增加，政府储蓄也会减少。随着进口保护带来的封闭性贸易和对出口的鼓励，上述压力逐渐加大。中心经济带来的货币不稳定，会要求小型卫星经济作出牺牲，而不论这种干扰产生于中心货币扩张的加速还是减速。

无论是在借入点还是在贷出点上，小型经济都容易受到不稳定投机的打击。我们从上面的分析中可以看到，尽管投机调整机制有助于降低小型经济货币对平价的贴水，但是，要有一个必要条件，那就是投机者预计小型经济货币被贬值到规定区间以下的可能性极小。在这种情况下，投机者就乐意持有小型经济货币的远期头寸，等待其汇价向平价回升。人们对小型经济货币的反弹力容易产生怀疑，因为小型经济一般不保存大量的国外储备，储备的长期虚脱使得投机者犹豫不决。当政府采取特别措施来阻止汇率下跌时，如加紧进口控制和申请新的国际贷款，各种市场的投机偏好就会疏远这种货币。在外汇市场上，远期头寸很快被结清，并可能出现国内外资本都流入中心经济的情况。在国内市场上，实际货币需求的减少加剧了通货膨胀的压力，伴随而来的就是对外汇过度需求的明显影响。但对国内金融的影响却正相反：国内货币需求减少，以致股票市场的指数都会下跌。

“根本性不均衡”使得那种热衷于去调整浮动区间的观点站不住脚。并且，经常发生的情况是，汇率浮动区间的向上或向下调整会被推迟，一直到投机失败证明了不均衡确实是“根本性”的。在实际资源不流动和中心经济与小型经济的通货膨胀目标存在差别的条件下，既然汇率在狭小区间内浮动，外汇市场的失衡就是必然的。那么，实行浮动汇率制也是必不可少的，因为这样可避开蜂拥而上的投机性冲击。通过贸易连在一起的几个实际增长道路互不相同的经济，它们之间的资源并不流动，这就使货币统一成了一种不现实的幻想。考察以下几个例子对我们可能是有所裨益的。

生产技术的变革有时是缓慢地从一个经济扩散到另一个经济的。例如，根据日本的情况我们可以想象，相当迅速的技术进步是与卫星国的高储蓄率相联系的。由于真实资本存量和劳动力的增长带来的新技术可以大大减少贸易品生产——包括出口品和进口替代品——的要素成本，以致在国际贸易价格和固定汇率区间给定时，国际收支的经常项目盈余会不断增加，储备也不断从国外抽回。如果公共政策阻止了货币体系资产组合中国内资产份额的补偿性下降——这种下降会减少流向国内资本形成的储蓄和降低产出增长速度，那么，不可避免的结果就是，卫星经济的产品市场和要素市场上的非贸易商品价格水平就会上升。假如储备的流动不受政策的限制和资源不流动的约束，那么，储备就会投资于国外而不会流入国内。按贸易商品的供应价格测算，卫星国货币的购买力平价就会上升。通过提高要素投入物的国内价格，规定的汇率浮动区间会扭转这种上升势头。自由汇率可以自动适应货币升值和贸易商品国内价格的下降，并保证非贸易商品价格的相对稳定。它还可以吸引技术创新、储蓄和劳动力流向国内。

众所周知，小国总是要提高出口商品的实际供应价格。例如，在60年代早期，加纳在可可生产中限制使用化肥、农药和其他投入要素，导致了可可产量的下降，这刺激了其他竞争国的可可生产，在伦敦市场的各种价格水平上，可可供应总量中加纳所占的比重出现了持续的下降。根据贸易商品供应价格测算，塞地的购买力平价也下降了。按规定的塞地与先令比价的浮动幅度，加纳损失了大量的外汇储备，假定政府采取措施以防国内出现紧缩，加纳的外债也会大量增加。反之，如果实行自由汇率，它就能够调节货币贬值，提高贸易商品的国内价格和保证非贸易商品价格的相对稳定。这种情况也许会促使加纳政府采取措施，以扭转错误的可可生产政策。

中心经济和小型经济实际收入水平的相对变化，可能是贸易条件变化的结果。小型经济出口品的"世界"价格相对于进口价格下降，即贸易条件恶化，会降低卫星货币的购买力平价，导致外汇市场上卫星货币的供应过多。当资源不流动妨碍了新产品出口、进口替代或进口转换的进展时，人们就不会否认这是根本性不均衡及货币贬值的结果。如果贸易条件改善，小型经济的汇率升值就可防止一般价格水平的上涨。

资本市场和外汇市场上的不稳定投机、中心经济与小型经济在通货膨胀率和实际增长率方面的差距，以及贸易条件的变化，是人们摒弃卫星货币制度和选择浮动汇率制下的完全货币自治这种模式的有力证据。除此之外，还有其他一些依据。例如，当汇率合理时，跨国公司把大量储蓄投向小型经济，小型经济也会将其吸纳，而不会发生多大的震荡。另外，移民浪潮的兴起带来了国际汇款的增加，如果货币的相对价格实行浮动，这种资金转移就不会有多大干扰。在调整两个在实际条件和政策上都非完全相同的经济的利益时，如果汇率只在狭小的上下限区间内浮动，那么，它就失去了作为相对价格的作用。为求得完全的货币一体化而牺牲这种价格是不值得的。

非均衡货币

在非常贫困的国家，外汇拮据并非是暂时的紧张，而是经常持久的状况……⑦

落后经济自我造就了外汇市场的特点。它们的外汇市场处于一种不均衡状态，在那里，外汇拮据导致了对中心货币的长期过度需求。在 1964 年到 1968 年的巴西，经常出现的情况是，每隔 10—12 个月就爆发一次外汇过度需求，从而导致危机。这样，只得把本国货币的币值贬低到借入点以下，或者采取其他紧急措施，以求得到暂时的解决。根本性失衡是落后经济的外汇市场的一大特点。第二大特点是国内货币的相对价格以及为稳定这个价格而采取的干预模式变化莫测，这也同样严重妨碍着经济的发展。失衡、武断干预和风险是落后经济中外汇市场的标志。

对于非均衡货币，下面的这一恒等式给予了很好的说明⑧：

$$B = Y - E \quad (7.3)$$

贸易余额　国民收入　国民消耗或支出

等式(7.3)的焦点集中在落后经济国际收支的经常项目上，当 B 为负数时，就会出现不平衡，这表明了相对于国民产出而言的对商品和劳务的不能持续的过度需求，或相对于储蓄而言的过度意愿投资。由于货币当局的国际储备存量太少，在国外资本市场上的借款能力有限，当局就会对进口数量实行限制性规定，对进口实行多重汇率制也会付诸实施。其次，为了弥补外汇缺口，当局会对出口给予补贴，实际上就是对出口部门实行多重汇率。第三步是用关税替代其他进口限制，由政府独占进口商的垄断利润。最后政府还会宣布货币贬值，使本国货币与中心货币的相对比价下降。由于未能充分地限制大于产出的消耗，下一轮循环会再次出现。上述这种描述是真实的，但不完全，因为它忽视了货币市场和资本市场的作用。

通过下面的对国际收支中经常项目和资本项目的表述，再略去货币当局之间的交易，我们也可以对非均衡货币作出一个较详细的说明⑨：

$$B = R_t + R_r - P_t - P_r = R - P \quad (7.4)$$

这里的 R_t 代表本国居民收到的国外付款，P_t 代表本国居民对国外的支付。R_r 和 P_r 是恒等的，代表国内居民之间的支出和收入。落后经济的政府政策规定了外汇市场上本国货币对中心货币的公开固定平价，这个平价只能在贷出点与借入点之间一个狭小的区间内浮动。于是通过使 B 成为负数，从而会导致对外汇的过度需求。相对于能够恢复平价的各个市场上的收入 R 的标价而言，这种平价会诱使由国内货币余额支付 P 的出价太高：这会导致国内货币市场上的供应过多。对此有三种解决方法，但落后经济的政策制定者却实在不愿接受它们。首先，货币当局动用外汇储备就可以消除国内对外汇的过度需求，但是，外汇储备是一种代价昂贵的资源，再说，落后经济的储备并不多。其次,国内货币的供应过多,可以通过降低名义货币增长率和采用其他措施,以提高实际货币需求量来加以消除,不过,为弥补对外赤字而实行货币紧缩会受到严厉的抵制,并且,正如我们所知,这种实际货币政策不会是推行货币深化的政策。最后一种办法是允许汇率向下浮动,但是人们认为,这样不仅对经济增长带有破坏性,而且也不会见效。由于外汇平价固定,储备短缺,加上国内货币政策不能作为控制外汇市场的一种工具,落后经济只好诉诸传统模式,即对外汇市场和其他市场实施干预。[10]根据以上分析,在对外汇和其他配给性商品的需求过大的压力下,政府的干预有时也会无效。货币贬值的结果是:也许在一次间歇内会出现货币收缩,随之而来的却是下一轮循环。尽管落后经济的政策作出一种要与中心货币一体化的姿态,但它们还是偏爱于货币主权。把外汇平价固定在狭小的区间内只是一种幻想。

外汇管理装置　在落后经济中,货币供应过多压挤着所有的市场,但也有一套惯用办法可以对付这种局面。在商品市场上,过多的货币供应提高了商品价格水平。但是,政府当局规定了价格上限,干预着某些商品的价格,从而稳定了货币的相对价格$\frac{1}{P}$。对那些包括工资和政府企业生产的商品加劳务在内的"必需品",规定价格上限最为普遍。在控制价格的同时,政府还实行供应配给制和补贴性供给。需求没有得到满足的人会寻找并能得到黑市上的商品,政府则有一套熟练的方法可以打击黑市的参与者。

一旦人们预计到通货膨胀即将来临,过多的货币供给就会抬高名义利率。这时,当局就会加以干预,规定利率上限,压低货币的机会成本,从而使实际利率维持在低水平上。对于那些"必需"贷款——对新建企业的贷款,对出口商和农场主的贷款,当然还有对政府的贷款——规定的利率上限最低。贷款实行配给制,借款则有补贴,需求没有得到满足的人会到黑市去寻找贷款,当局照样给予打击。在通货膨胀条件下,这种非均衡定价模式同样也会出现在相当稀缺的技术劳动力市场,诸如住房一类的真实资本市场和城镇地皮一类的自然资源市场上。

很明显,为了维持本国货币同中心货币的比价,上述干预模式会反复出现在外汇市场上。国内货币的供应过多——导致了国内市场的需求过大——会波及到外汇市场上，外汇市场则以价格限制、配给、补贴性供给和黑市来应付。货币的相对价格——产出的价格水平、实际存款利率和汇率——的扭曲，遍及整个市场体系。

对任何市场上的过度需求型失衡实施管理的手段并非是落后经济的发明。在这些手段流行于印度、巴基斯坦、智利和哥伦比亚之前，它们已经达到了炉火纯青的地步。我们在此仅指出这些手段的几个特征，它们在不同国家的不同市场上到处可见。其中一个最普遍的特征是差别定价。例如，根据供应来源和需求种类确定不同的汇率和贷款利率。这种差别也许是公开的，或是依靠外汇市场上的留成制度，以及不同的进口关税率和出口补贴，使外汇市场上出现实际的价格差别，这就像在贷款市场上因补偿余额的要求和期限不同而使实际贷款利率存在差别一样。当然，在价格水平的一个极端，有一个无限高的上限，它是由禁止购买造成的。

其次，伴随每一种限定性价格的总是有差别的配给制。随意选择一种手段进行配给，并不能满足以下要求：配给对象应是政府当局根据经济发展计划已确定的最佳准则和政治压力所选定的。实际上，当局创立了一种双重支付机制，即不仅用货币、而且还用配给证和许可证来支付，但当局发现很难抵制拥有多种支付手段的“外汇”市场。配给证和许可证是私人财富，持有者总想通过交换使它们的价值达到最大化。人们偶尔还发现，同出口奖励票证制度一样，“第二货币”在开放市场上的交换，会改善因实行配给而对公平和分配效率产生的某些影响。

再次，一个市场的配给是与其他市场的配给连在一起的。如果控制手段同时配套的话，一个得到外汇配给的生产商也会得到贷款配给、电力配给、进口许可证和投资许可证。他还会得到其他方面的优惠，如税收和关税豁免。这些会降低在计划中占优先地位的产品的实际生产成本。由于对其他投入要素实行非均衡定价，该生产商对包括外汇在内的任何投入要素的需求就会过度增加。

非均衡货币和市场结构　与非均衡货币相联系的控制行为，对市场结构似乎会产生一种双重效应。第一是集中效应。在主要市场上，假定管理成本既定，不同的政府机构会面临许多要求获得配给供应的申请——这种供应必然很少。政府作为配给证、投资许可证、出口有奖券以及其他“第二货币”

的卖方垄断者，即使仅仅出于有效管理经济的原因，也要对付那些要求得到特权的少数买方垄断者。对于那些劳动力供应充裕经济的资本密集型生产而言，采取这种行动的一个原因是相对价格不合理，比如相对于劳动力价格的储蓄价格不合理。不过，另一个原因必然是政府和企业在管理非均衡体制时过于简单，把储蓄集中投向几个部门。资本密集型生产暗示着在管理非均衡经济时会产生规模经济。

第二个效应是经济的多重货币化分割了整个市场。作为一般支付手段的货币不再是唯一的支付手段，并且在某些市场上，货币只有与配给证连在一起才能成为支付手段。它与其他商品交换的价值会因货币持有者的不同而有所差别。相对于支票余额的某种货币（如纸币）的需求量，取决于在发生国内非法交易和资本外逃时它们的相对优势。货币在寻求卖主和讨价还价时的效用下降：货币多重化是非货币化的一个变种。而且，管理和使用多种货币会使支付机制的要素成本上升，结果必然是货币的某些收入效应丧失。非均衡货币制度并不是货币深化。

"常态及永久"非均衡货币

我们可以看到，外汇需求过多和用非均衡货币抑制这种需求的办法，恰巧是出现在货币扩张率较高和通货膨胀率较高的落后经济中。关于这一统计结论，人们容易达成一致的意见。但是，对于货币因素在导致外汇需求过多或消除这种需求的作用上，观点却不一致。我们在此要简单论证的是，外汇需求过多实际上取决于实际因素或非货币因素，包括货币贬值这种货币疗法或者不恰当，或者具有破坏性。有时还要加上一点，即国内货币的供应过多和中心货币的需求过多可以归咎为共同的原因。

一个没有货币变量的理论模型描述了贫困经济如何努力使其产出增长率从零提高到了某一目标水平。[11]起初，没有储蓄用于投资，但边际储蓄倾向为正数。当平均储蓄倾向与边际储蓄倾向相等时，它就会提供达到收入增长目标所需的储蓄。在收入尚未提高到储蓄已被满足的那种水平以前，为了实现预定速度的收入增长，就会导致对储蓄的过度需求。由于对储蓄的过度需求只能由国外来源满足，通过国外投资或援助，对储蓄的过度需求就变成对外汇的过度需求。储蓄缺口也就是外汇缺口。储蓄市场和外汇市场的失衡是暂时的，最终可以通过国内收入水平的提高和储蓄的增加来矫正。我们看到，这个模型假设边际储蓄率和产出—资本比率是常数，不受金融变量控制的影响。

第二个模型设想了具有两个断层或缺口——储蓄缺口和外汇缺口——的贫困经济，它们如要按预定的目标增长，就必须跃过这两个缺口。如果落后经济没有输入国外贷款或援助，缺乏外汇，即使其平均储蓄倾向达到了一定水平，经济也会偏离均衡增长的轨道，从而陷入停滞状态和失业困境。问题的根源是经济发展所需要的进口通常要与产出水平保持一定的比例。在国内价格水平高于世界市场价格的情况下，出口不可能得到满意的增长。这样，落后经济只能获得有限的贸易机会，这会抑制经济增长，但不会消除国内储蓄短缺和货币供给过剩。对于人均收入水平低于一定标准的经济来说，它不可能依靠出口方式的替换、进口替代、出口生产效率的改善和进口商品使用效率的提高来克服这种障碍。⑫正如缪尔达尔所说：

> “然而，我们在最后的分析中可以看到，落后经济出口水平低下，不论其汇率如何，它都难以提高出口，这是与其极端的贫困和发展计划连在一起的。这迫使印度和其他南亚国家采取措施，节省外汇，以进口必需的消费品和经济发展特需的商品。”⑬

另一种思想对失衡给予了现实的解释。⑭有人认为，落后经济的创汇能力受到发达经济贸易壁垒的限制，或者受制于贫困经济出口生产的技术更新。弹性悲观论者认为，发展中经济无论怎样调整相对价格，都难以有效地刺激出口或节制进口。他们声称，市场失灵妨碍了贫困经济国际收支的合理调整，农民看不见出口市场上新的盈利机会，贵族们只考虑如何挥霍消费，投资者则无情地攻击软币。

这样看来，关于非均衡货币的存在原因有两种观点。一种观点认为，对中心货币的长期过度需求是政策失误的产物，这些政策抑制了储蓄，使得资源在贸易和非贸易生产之间的配置不当，导致了国内货币的供应过多，而政府又通过管制性干预试图解决各个市场上出现的失衡。另一种观点则认为，非均衡货币是贫困的特征，贫困抑制了储蓄；非均衡货币的结果是发展出口和替代进口的技术落后的结果，非均衡货币是结构性通货膨胀的象征。根据第二种观点，当收入超过某一临界值、工业生产突破了某些瓶颈限制，以及在通货膨胀条件下推行实际收入政策时,均衡货币才会出现。从非均衡增长阶段转变过来,要依赖外部的推动力,例如,通过经常项目中的关税减免和资本项目中的援助和低息贷款。尽管平价和浮动幅度的“被迫调整”有时是不可避免的——仅仅为了创造条件接受国外援助、防止资本外流和通过国内投入的再分配来动员国内储蓄——但要消除外汇过度需求,汇率贬值是不可能长期有效的。[15]接下来,我们将要讨论“常态及永久”的失衡。

贸易政策和金融增长

金融抑制、汇率不均衡以及违背比较优势原则的国际贸易政策,对落后经济的发展设置了连锁性约束。被扭曲的储蓄和外汇价格,不能正确地反映国际贸易和国内商品的供求关系。对经常项目中贸易流量的干预,又进一步抑制了金融,使得外汇市场出现了多种隐含价格。金融政策、外汇政策和贸易政策同时妨碍着经济发展。

金融抑制对贸易的影响

通过减少国内储蓄,金融浅短导致了贸易方面的扭曲。正如人们可以预见的,当金融资产的实际收益率很低且不稳定时,储蓄者对此作出的反应,就是将储蓄转移到进口消费品、有较多进口组件的消费品以及有出口潜力的国内商品上。由于浅短金融影响了收入在贫富之间、农工之间、工资和租金之间的分配,因而就提高了消费品中的进口比重。[16]那些声称外汇短缺的国家越是抑制国内储蓄,外汇就越是短缺。

由于落后经济的金融体系和财政体系无力提高国民储蓄率,人们就会采用内源融资的办法。这些办法包括那些歧视出口生产和歧视没有保护也能生存发展的行业的办法。那些根据国际贸易比较优势原则进行生产的企业,不得不忍受反保护和课税,从而,进口替代行业不得不以自身的盈利去补充经营资金。我们从大量令人痛心的例子中可以看到,这样做的结果就是外汇的净损失。本来可以通过财政金融手段来增加储蓄,但为了增加储蓄却损失了外汇。[17]

补贴性贷款利率是对贸易的一种偏爱，它们使储蓄投向了资本密集型产品及其生产过程。[18]当然，所产生的一个结果是落后经济牺牲了劳动力供应、土地及其他自然资源的相对优势。另一结果是储蓄被导入了那些相对缺乏灵活的资本之中，落后经济对国内外市场不断变化的需求的适应能力被削弱。另外，对工厂设备增加补贴，会给进口零部件和备用件的外汇支付增加日益沉重的负担。对这些所谓的必需项目给予各种优惠，就是对有出口潜力的行业的反保护。除了对资本—劳动力替代的影响之外，补贴性贷款利率还促使厂商对流动资本的需求转向固定资本。经常发生的情况是，由此产生的流动资本的严重短缺，导致了生产出口商品的行业停产。随之而来的就是单位产品成本上升，国外的潜在购买者把注意力转向其他供应来源。上面列举的补贴性贷款无疑造成了一系列扭曲，我们在此只举出了一点，越来越多的证据表明，印度、韩国和其他国家出口的增长已达到了这种限度，以致它们的出口投资的社会收益是微不足道或是负数的，其中的一个原因就是它们得到储蓄太容易了。当按照国际离岸价格计算的出口品价值比按到岸价格计算的进口投入要素的价值低的时候，就不能完全归咎于金融；但是，金融也并非没有责任。

外汇市场的非均衡定价带来贸易扭曲的前因后果已经重复多次了，这里不再赘述。多重隐含汇率和公开汇率，种类不断增加，并与不同程度的通货膨胀绞在一起，还伴之以关税及许可证制度，这必然使人们在贸易机会中作出不合理的选择。[19]贸易委员会公布的一次又一次关税体系，或一次又一次外汇分配方案，都具有不可预测性，这必然导致外贸企业的投资容易遭受风险。

贸易扭曲对金融的影响

落后经济的金融政策扭曲了国际贸易，同时，贸易政策也加剧了金融扭曲。贸易对金融的这种不良反馈，从各种途径阻碍了金融深化。例如，如果贸易政策错误地为储蓄选择投资机会，那么，金融机构所能获得的贷款利息和所能支付的存款利息就会减少。实际上，这种政策迫使金融机构向储蓄者发出这样一个信号，即耗用他们储蓄的投资机会是没有吸引力的。举例来说，某些贸易政策刺激一些企业形成过剩的生产能力，结果是资本—产出比率的提高，这意味着用于投资的储蓄将得到很少的报酬。压路机在露天生锈，现代化稻谷收割机开工不足，都说明它们不能为储蓄者的债权提供适宜的利润。[20]以这些资本设备作抵押的逾期贷款，很难让银行为存款者提供具有充分流动性的存款利率。

在落后经济中，投资水平低下。长期实物投资要用于基础设施，要用于公共部门，要由政府补贴私人的开业。私人热衷于短期投资，部分原因是由于投资浅短[21]，部分原因是他们急于提高目前较低的消费水平。这种偏向也反映了投资者对政府政策——包括贸易政策——具有不稳定性风险的反感。例如，加纳政府对国内某些行业的新产值提供了4 000％的实际保护，而对另一些行业则提供了负保护，这些保护的程度是随关税的逐年调整而变动的。[22]贸易政策的不稳定性和不现实性减少了对物质财富和金融财富的投资水平。

落后经济的关税并非是可靠的财源。随着受保护的国内生产代替了进口，这一税入逐步趋于缩小。进口许可证把税入转给了进口商。受保护行业要求并得到了进口投入要素的关税优惠。税收减少的另一个原因，则是某些种类的关税对国内价格水平上涨无弹性。不管是什么原因，关税收入实际上在减少。税收的减少增强了政府对通货膨胀税的依赖，增强了补贴性贷款利率下政府对金融机构动员私人储蓄的依赖。

关税、配额和许可证制被当作资本积累的工具。有时这样做的目的是增加私人储蓄，以扩大内源融资投资。有时这样做则是为了使某种资本具有更大的吸引力，而使另一种资本的吸引力小一点，从而改变投资机会的优先顺序。它们往往与包括补贴性贷款利率和贷款配给在内的金融手段一起使用。这种联合不利于金融发展，由此带来的限制性影响可以在金融浅短、资本闲置、劳动力失业以及外汇短缺等等现象中找到。如果关税能减弱其财政功能，在储蓄—投资过程中，深化的金融则可能更好地发挥作用。

国际资本流动

在发展中经济所期望的国民产值增长率既定的条件下，金融抑制和财政机制的不完善会扩大储蓄缺口。计划部长测算了储蓄差额，国际组织则建议发达国家给予长期援助以弥补其不足。这里，我们要简略地讨论一下，包括多重不均衡汇率在内的金融扭曲对落后经济国际收支中资本流动的影响。然后，我们要考察由此引起的因果关系，分析国际资本运动对金融发展的冲击。着重要说明的是，国际资本流动并不能弥补由落后经济的国内政策所造成的储蓄缺口。

金融抑制对资本流动的影响

落后经济实行的低水平实际利率限制，同发达经济中有组织资本市场上储蓄者的收益率形成了鲜明的对比。资本市场上的相对价格促使储蓄向“上坡”转移，即储蓄从稀缺区域流向相对丰裕区域。1970 年 6 月，加纳商业银行的最高存款利率为 3.5%，而在通货膨胀率大约只有加纳三分之一的美国则是 7.5%。哥伦比亚同联邦德国、印度同法国之间也出现过类似的差异。这种差异还不足以说明落后经济的储蓄者处于何等不利的地位。如果考虑到新塞地、比索或卢比的价值被明显低估的汇率，以及各种货币之间的有限度兑换性，差异就更大了。这里，无须进一步解释多报进口、少报出口以及因国际收支中错误和遗漏而导致的长期国际收支逆差等等原因。在 1964 年和 1968 年，当巴西把“可再调整”(readjustable)政府债券的名义收益与美元—克鲁塞罗汇率连在一起，并对汇率下跌免收调节税时，它就敏锐地意识到了资本外逃的不同吸引力。[23]

于是，金融抑制就造成了国内储蓄长期输出的偏向。其结果会形成储蓄流量呈潮水涨落般的周期循环，这很难通过贸易经常项目的有效调整来吸收。在汇率被迫调整之前，一旦过多的外汇需求被累积起来，储蓄者就能够预料本国货币可能贬值，并作出相应的反应。当本国货币宣布贬值时——通常留有低估的余地——储蓄就会回流。每次储蓄回流会扩大银行准备金，名义货币的增长速度就超过实际货币需求的增长速度。接着，这股势头会把本国货币价值推向新的高价顶峰和新的低价深谷。这样，国际收支的资本项目就出现反复的振荡，这必然加强人们对国内投资的风险进行回避的心理。

当对开放性国际市场的出口受到汇率扭曲的制约时，双边贸易就变得更加有吸引力。随着汇率危机的加深，外贸协定签署中的贸易条件就会恶化。于是，尽管出口转向了双边账户，但被期望进口的劳务和商品并不总能按照规划和合同条款而获得。结果，落后经济会出现国外贷方余额，在多边贸易急需输入储蓄的同时，却将储蓄输出给了双边贸易伙伴。一般情况下，贷方余额没有利息收入，它在国内的表现就是银行对出口商提供信贷、货币膨胀以及外汇短缺的进一步加剧。

落后经济的政策抑制了国内的有组织储蓄市场，并刺激了黑市。在国际金融方面也存在着类似的情况。虽然一个墨西哥人或一个台湾人能以竞争性条件在外汇市场上筹借资金，但落后经济本身却做不到这一点。落后经济把自己排挤在开放市场之外，却置身许多边缘市场之中——即使不是黑市，至少也是“褐色”市场。在那里，卖方信贷的期限短，利率要高出开放市场上的利率好几倍。那些非常适合本国需要的进口货，总不能得到必须的贷款。卖方信贷的本息很快就会成为一种沉重的负担，从而迫使落后经济只得在另一种边缘市场——政府的低利贷款市场——上寻找偿债资金。

为了吸引大量的国外储蓄，韩国曾精心制定了一套政策。单单在1966—1968年，3年至7年期的商业贷款大体上已从7 800万美元的很低基数增长到了93 900万美元，同时，经常账户上的进口价值接近于53 500万美元。[24] 1965年，国内银行的贷款利率提高到28%，非优惠贷款的利率更高，场外市场的月利率大约为2%—5%。当国外提供贷款的利率为8%—10%、并由韩国政府和银行用外汇给予一定比例的担保时，国外资本纷纷流入。因为本国贷款利率低于韩国的贷款收益，国外信贷机构选择了后者。与此同时，由于政府担保的国外贷款的利率低于国内有组织市场和场外市场的利率，韩国借款者也乐意接受国外贷款。国外贷款机构不必担心贷款拖欠和外汇风险，借款人显然也不会承受因韩元贬值而增加的实际成本的负担。

韩国在货币的相对价格上做了手脚，使得借贷双方形成了这样一种虚幻的感觉：储蓄的相对收益在韩国和在国外是有差别的。对借款者来说，它所支付的利率，等于其他国家的投资实际边际收益率 r_f 加上国外预期的通货膨胀贴水 P_f^*，而它向国内贷款机构申请贷款的利率，则等于韩国的投资实际边际收益率 r_d 加上本国预期的通货膨胀贴水 P_d^*。借款者的选择可以写成：

$$r_d + P_d^* > r_f + P_f^* \tag{7.5}$$

两者的差别的确很大,不过资本市场的储蓄流动会减少这种差别。韩国政府和银行为贷款和外汇担保所花费的代价并不能弥补这一缺口。为进口规定的预缴存款押金也没有什么意义。反之,如果韩元的汇价能自由浮动,缺口就会很快缩小。如果外汇市场是完善的,那么,P_d^* 同 P_f^* 的差别就会通过韩元汇价的预期升值率 a^* 来弥补,从而趋近下列等式:

$$r_d + P_f^* = r_f + P_f^* + a^* \tag{7.6}$$

给定中心货币的远期升水,储蓄流动就会对投资的实际生产率 r_d 和 r_f 的差别作出反应。诚然,圆的汇价是浮动的,但在韩国这种储备积累的限制下——其即期贬值率不超过 P_d 与 P_f(实际通货膨胀率)差额的三分之一——它也许与其预期水平基本相同。

这种人为的边缘市场上的资金流动,的确有助于韩国的资本积累,但也有干扰影响。韩国按贷款利率借入资金,然后通过韩国银行建立的外汇储备按较低的存款利率再向国外提供贷款。也就是说,韩国在经营一种昂贵的中间业务。更为重要的是,韩元的高估刺激了名义货币的增加和国内通货膨胀,消费物价指数从 1967 年的 11%上升到 1970 年的 16%,结果,扩大了上述公式(7.5)的利率差别,增加了韩国对外资的吸引力。这种影响是巨大的,它强化了政府干预,同时又会导致韩元的大幅度、但仍嫌不足的贬值。其他不利的影响也很明显。在选择性关税保护政策下,从国外涌进的大部分储蓄流向了进口替代行业,特别是那些生产肥料和水泥的行业以及炼油行业。正如"韩国银行"所指出的那样:"这些借款的生产效益低下,因此,可以预料,外国资本对国际收支的改善性效果将会下降"。[25]由于非均衡货币条件下还本付息的负担与日俱增,给出口造成了巨大压力,"迫使韩国当局和国际信贷机构将重新考虑今后的借贷问题"。[26]

资本流动对金融的影响

世界各地生产要素禀赋的不平衡要求资本越过国界,以使福利达到最大化。人们可能并不反对上述观点,只是认为,对于那些坚持实行非均衡货币以及相关的畸形政策的低收入经济来说,这种资本流动会延缓金融深化和相应的发展。这会使得政府缺乏提高国内税率、改善政府企业行为,或推行金融政策补救措施的紧迫感。有资格获得国外援助的投资项目可能很快被搁置一边，而赞助这些项目的国外资金可以使汇率的统一但勉强的调节推迟一段时期。在寻求国际低息贷款——这种援助被看作是伴有金融抑制和非均衡货币的一种黑色或褐色资本市场——的谈判桌上，对储蓄和外汇的过度需求，可以用经济上适当、政治上愉快的方法得到满足。[27]

在非均衡货币制度下，资本的大量流入会伴随汇率的被迫调整。这种流入资本的一部分是为了获得投机利润，另一部分则通常是外国政府和国际机构提供的援助性资本。政府把这些收款的一部分用于偿还卖方信贷和对外负债，另一部分用来补充外汇储备。一般说来，还有大量资本被用来扩大新上市必需品和其他一些低关税商品的进口，结果，国内那些最少得到关税保护的商品的价格会受到急剧下降的压力，而这些商品又是由效率最高的企业生产的。从长远来看，持续的国际收支危机，表面上可以由被迫调节汇率和资本流入来缓解，但实际上却把储蓄从具有比较优势的行业中驱赶出去，且减少了应支付给储蓄者的报酬。

落后经济和国外潜在信贷机构在褐色市场上的讨价还价，并非总能获得国际上的、可最佳地用于本国发展的一般购买力。[28]当“援助”是以授援国本身的产品为内容、其价格又高于自由市场水平时，外国政府往往同意贷款，这实际上是强迫受援国接受授援国支付的比公开合约利率高的利率。更大的代价可能是，授援国的商品代替了具有竞争力的国内产品。在这种情况下，落后经济本来应该接受可替代储蓄，用于自己所选择的项目，然而，它却接受了抑制本国经济发展的国外储蓄。为了平衡国际收支，它接受短期援助但牺牲了自己的比较优势。在有些情况下，援助是以资本设备的形式出现的，这些设备对授援国经济或许曾经是适用的，但对落后经济却并非如此。举例来说，进口的是建筑设备，这些设备对在旧金山建造办公大楼很适用，但要在菲律宾盖仓库或在泰国建学校就不管用了。如果进口国一定要使用这些设备，那么，国内的辅助性资源就会从潜在的利用效率更好的地方抽出来。总之，即使在落后经济与授援国政府或外国直接投资者签订的印制精美的褐色市场合同中，资本流入的全部代价也不可能显现出来。在落后经济的外汇严重短缺时，私人资本的国有化在某种程度上表明，它们对所接受的条款——如铝土矿、阔叶林和石油开发合同中的条款——的不满。原来的褐色市场合同会中止,但在危机再次爆发时,它们又会签订新的合同。只要国内的投资机会被国外援助所取代,或仅仅依靠国外援助,或廉价地出售给国外开发者,落后经济就不会有实质性的金融发展。

援助的流入潜伏着通货膨胀的危险。一国政府接受了国外资金后,往往将它转移到中央银行,而将国内的所得投资于需要少量进口的地方发展项目上。这时就会出现国内货币扩张,对国内商品的过度需求会提高价格水平。某些需求和增长还会波及贸易品市场,使得外汇储备减少。不管是什么原因,包括税入对通货膨胀的无弹性,上述情形都不会在货币稳定中消失。从国外获得援助是对外国储蓄者征税,以便为落后经济进口的一些不合适货物筹措资金,它也是对国内储蓄者征收通货膨胀税的新契机。这种情况表明,一张连接了金融的全部要素——国际的、财政的和货币的——的"无形的网"制约了经济的发展。

政策选择

落后经济以外汇市场为纽带,选择了将国内货币市场与中心货币市场联结的形式。有些国家在某一个时期已经经历了从殖民地货币到非均衡货币这另一个极端的发展阶段,它们的选择落到了非均衡货币上,再加上偶尔的被迫贬值。在这一部分,我们要回顾非均衡货币的情况,考虑到其代价太大,我们主张实行浮动汇率以及进行相应的改革。

不可触价格

非均衡货币这一事实,说明了落后经济中根本不存在国内货币市场、储蓄市场和外汇市场的均衡:对人均收入徘徊在低水平、并在政治上追求某种最低限度的收入增长率的经济来说,均衡只不过是一种幻想。货币供应过多,以及对储蓄和外汇的需求过多,是经济的结构性缺陷,它归因于贫穷,而这些只有通过提高收入才能消除。在非均衡条件下,相对价格作为一种促进发展的手段已经失灵,通过人为干预来消除过度需求在所难免。特别是即使在最好的情况下,汇率变动也不起作用,而在一般情况下,它反而对经济和社会起破坏作用。汇率是不可触价格,“贬值”常常是禁止使用的字眼。

我们可以看到,非均衡货币的支持者立足于两个论点。第一个论点涉及国内储蓄率。他们宣称,边际储蓄倾向是一个常数,在私人部门中,它不受相对价格、包括实际存款利率的吸引力的影响;在公共部门中,它不受税收基础扩大或收益漏损矫正的影响。我们在考察了中国台湾、韩国、印度尼西亚、巴西及其他国家或地区这几年的情况后,就可以看到这一观点的错误所在。第二个论点涉及生产过程中的要素替代问题。增长的线性规划揭示了外汇缺口——对进口投入要素的过度需求——的原因,这种缺口不可能由劳动力成本与资本成本的比率、进口商品价格与国内替代品价格的比率,或出口商品价格与国内投入要素成本的比率的变化来弥补。然而,这种观点不能令人信服,因为相对价格提供了刺激力,某些新商品的出口异乎寻常地增长,甚至有时供过于求;同时,我们可以看到,由于相对价格扭曲暂时纠正,会使生产过程中的要素组合得以调整。[29]支持“常态及永久”非均衡货币的“常数”不再是常数了。

其他赞成非均衡货币的观点可以放进贴有“贬值不起作用”标签的篮子里。据说,不管是在1958—1959年、1962年和1965年的阿根廷,还是在1967年的加纳,或者如智利和哥伦比亚经常出现的情形,都表明外汇市场上的贬值以及相应的措施(如降低名义货币的增长速度),都没有令人满意地解决外汇需求过度的问题。首先,它对财产和收入的再分配是倒退的。相对于非贸易商品价格而言,提高贸易商品价格是对劳动力征收的一种税。与货币抑制连在一起的价格上涨,会减少实际货币存量和银行贷款量,造成失业人数增加。工人阶级对削减实际工资增长率和失业的不满,当然会引起社会的动荡。由于经常性的贬值,甚至工人都失去了对货币的幻觉,纷纷要求提高货币工资,这样就破坏了当局刺激总产量增长的计划。[30]

我们的回答是,维护货币价值高估的措施是不公平的。进口许可证持有者、拥有信贷配额和其他第二货币的人获得了垄断收益。政府的过细干预有助于造成经营的集中和垄断权力的加强。在外汇市场和其他市场上,获得投机性收益的机会是敞开的。出口行业和出口行业中的工人受到了歧视。在一般情况下,从进口替代中获得最大利益的是奢侈品。并且,征税并不是货币贬值,贬值只不过使原来隐藏在政府政策所造成的稀缺中的税收公开化而已。有些措施对当代人征税,表面上使其福利水平下降,而未来几代人将分担因偿还国际褐色市场上的累累债务而缴纳的税款。在货币增长率下降到一个更低的水平和外国市场对本国的出口敞开大门时,汇率调整对劳动就业率的特殊压力可能是暂时的,但资本密集型产业的失业负担则是长期的。

批评贬值的第二个论点是:贬值加速了通货膨胀。各行各业有经验的工人要求提高工资,以应付通货膨胀,这样,菲利普斯曲线会向右移动。贬值带来的失业增加了政府的福利支出、预算赤字和对货币体系征收通货膨胀税的需求。外逃的资本从国外迅速回流,致使货币体系的准备金增加,迫使货币量扩张。外汇的非均衡内生于经济的欠发达,而且必定会因为通货膨胀而再次出现。

我们认为,贬值是由通货膨胀带来的。如果通货膨胀再度发生,相对于实际货币需求的增长而言,其原因只能是名义货币供应的过度增长。货币发行的失控尤其可以从"对政府赤字的过分容忍"中找到原因,实际货币需求增长的滞后,是由于政府实行与贬值有关的补充性政策所造成的失误。[31]汇率的被迫调整往往属于震动性处理,其目的在于阻止外债的增长,但没有同时采取增加政府和私人储蓄、鼓励出口贸易、促进有效的要素替代以及废除大量扭曲的价格信号等等措施。[32]这种调节具有破坏性,其程度之烈足以使关键经济部门崩溃,并使资源不能从一种生产格局向另一种适合资源禀赋的更有效的生产格局顺利转移。

贬值并不是与过去一刀两断。贬值之前一些刺激因素所产生的干扰回波会随之而来,例如通货膨胀和出口的减少。[33]有时,过去的一些政策所引起的外汇过度需求,被错误地解释为是汇率贬值的影响。阿根廷牛肉和皮革的出口在贬值之后继续呈现下跌趋势,其原因并不是贬值,而是因为牧场主正在重新饲养牛仔,早期的政府政策曾对它们征税,使得大批牛群被宰杀。智利的货币贬值没有使通货膨胀立即停止,这是因为膨胀性价格预期效应仍在发生影响。1967年加纳塞地的贬值也没有促进其硬木的出口,这是因为加纳财力不足,使森林到港口之间的运输设施每况愈下。

指责贬值的第三个论点是:贬值加重了以中心货币表示的外债负担,最终将导致还本付息总额的国内价值增加。政府作为债务人必须集中更多的税收，私人债务人必须提高其产品的价格或节省偿付外债的当地开支。有人反驳说，债务负担的增加只是名义的而不是实际的，只是因为债务国货币供应过多所造成的货币账面价值普遍提高的一个方面。由于中心经济贸易商品的价格既定，债务国为还本付息而对中心国的实际出口增长量或进口减少量，在贬值之后并没有扩大。同时，包括贬值的自由化措施刺激了债务国的出口，鼓励了国内产品与进口商品的有效竞争，以致还本付息总额占国内产值的比重反而下降了。[34]

指责贬值的第四种批评是，在国内投机者和国外投资者看来，一旦出现货币贬值，就会有第二次或更多次贬值的可能。一种面临这种前途的货币很可能成为不稳定投机的猎物。然而，以下事实对此却予以了有力的反驳。例如，加拿大和黎巴嫩实行了弹性汇率，巴西和智利近年来也是如此，奥地利和俄国在19世纪也曾实行过弹性汇率。[35]投机者对某种货币进行投机是由于这种货币脆弱，其法定平价同购买力平价之间在商品市场和资本市场上表现出了差异，而不是因为法定平价有所变动。他们寻找的是那种不能抵制汇率进行大幅度被迫调整的货币。

如果其他条件不变的话，国际投资者都希望汇率稳定，以便转移资本和收益。但是，当汇率稳定是依靠禁止外国利润汇回、撕毁贷款合同或对国外企业实施严厉征税来保证时，这种汇率稳定就不受欢迎了。对投资者来说，保护高估货币的措施比贬值更不宜接受。汇价高估的结果是大大提高了储蓄的供应价格，这足以迫使落后经济陷入国际借款的边缘市场。[36]

如果某种货币对中心货币的相对价值不时下滑，那么，有人会认为这种货币在某种程度上已失去了货币特性：走出规定的汇率浮动区间一步，就是向物物交换迈进了一步。[37]如果发展中经济的货币脱离了与中心货币的固定联系，它就失去了作为国际支付手段的效用，其后果之一肯定是出现对中心货币的需求。我们知道，答案一定是：维持非均衡货币的措施阻碍了货币深化。非均衡货币体系导致了国内多种货币体系的并存，增加了支付机制的成本，分割了整个收支总体。它降低了货币的实际存款利率，加剧了利率的波动。蒙特维的亚或阿克拉的货币持有者观察到布宜诺斯艾利斯和洛美*黑市

* 蒙特维的亚系乌拉圭首都，阿克拉系加纳首都，洛美系多哥首都。——译者注

上以中心货币表示的本国货币价格的行情时，几乎不会把实际存款利率当作一种稳定的价格。相当嫌弃而不愿持有货币是非均衡货币体系的明显特征之一。

反对把贬值作为自由化计划的一个组成部分的另一个指责是：贬值削弱了温和派的发展计划。长期外汇过度需求的冲击，迫使国际贸易的参与机构求助于计划当局，从而使当局有机会审查并控制商品与资本的流动。由于落后经济中政府管理部门的软弱无力，这种行为已经失去了它的影响力。不能有效地集中税收或管理国有企业的政府，很难被承认能够通过具体干预来振兴国际贸易。[38]

尽管人们对贬值怀有敌意，但贬值还是在非均衡体系中发生了：汇率在原则上不能触动，但还是一步一步地经常性地往下调整。即使它被管制住了，但对落后经济造成的代价已是巨大的了。大幅度贬值，如1971年12月加纳新塞地贬值90%，并不能很快使出口增加：出口供应对汇率变动的短期弹性不大，因为国外需求的形成需要一定的时间。但是，贬值却能立即使不同部门的进口商以及一些进口替代行业蒙受重大损失，造成企业破产、工人失业。短期弹性是如此的小，以致贬值带来的意外收益不能立即发挥作用，以消除对外汇的过度需求，而意外的损失却不能通过将资源转向新的产品和市场来弥补。更糟的是，在大幅度贬值时，政府很少同时采取其他措施，以缩小国内储蓄缺口。这种恶劣的环境不利于金融深化、私人储蓄的加速增长、更有效的财政效应以及在新的汇率基础上根据市场机会重新配置资源。

弹性汇率

落后经济选择了最糟糕的外汇制度，政府干预又不能有效地抑制带有过度需求的非均衡货币。在各种选择中，殖民地货币由于放弃了主权而无法让人接受。卫星货币依赖与中心经济某种程度的经济一体化，发展中国家很少愿意接受或能够实现这种货币制度。自治货币的汇率几乎没有消除过度需求缺口的余地，并把调整的负担转移到储备、资本流量的变化、名义货币增长率的升降、国内资源的重新分配以及资本品和劳动力的使用率上。我们主张选择弹性汇率，甚至偏向于巴西的“跑步钉住”(trotting peg)。[39]这种汇率并非像人们想象的那样令人失望。[40]

深化金融体制的实际货币政策包括制定国内价格上涨的目标增长速度——最好低一些。当实际货币需求的增长速度给定时,决定价格水平的一个工具就是名义货币的增长率。对于"小型"的发展中经济来说,另一个可供选择的手段是基本不变的汇率,这种汇率可以从中心经济输入通货膨胀率,并通过国际收支调整使名义货币的增长适应中心经济的通货膨胀率。自发性通货膨胀与输入性通货膨胀之间的差别是,前者是由国内的名义货币增长造成的,后者则是国外增加名义货币供应的后果。对于小型经济来说,只有在某一通货膨胀率既符合国内货币当局的愿望,又与国外货币当局的意志一致时,选择哪一种通货膨胀才是无关紧要的。当小型经济与中心经济的偏好存在分歧时,使用两种管制手段——控制国内名义货币和固定汇率——会引起两个货币当局的冲突,而小型经济货币当局的最终失败是不可避免的。[41]冲突的结果就是形成非均衡体系。在两国通货膨胀率及其变动率长期不一致的情况下,通过外汇市场实行卫星货币式的定价,以保证商品和资本的自由输出入是不可能的。如果小型经济想比外部世界更好地对付通货膨胀,那么,唯有弹性汇率才是正确的选择。

深化金融的实际货币政策也意味着外汇的自由兑换——不存在支付许可证或迫于货币当局压力的上缴。货币的最大收入效应和从金融市场获得的其他利益,有赖于在最广泛而又有效率的交易空间进行的自由支付和转移。如果支付受到配给的限制,并不得不承担黑市的成本和风险,那么,上述目标就不可能达到。最理想的外汇市场应该形成单一或统一的即期汇率,而不是与为了消除过度需求的政府干预相联系的多重汇率。[42]

最理想的货币政策要求货币当局对通货膨胀指标有一个明确的规定。通货膨胀的适宜指标似乎是非贸易商品、特别是消费品的价格指数,它在确定生产要素的实际报酬时是一种重要的参照值。在贸易商品和非贸易商品的生产率相对没有提高或下降、但实行弹性汇率的情况下,两类商品的价格水平会以相同的幅度波动。但是,在经济发展过程中,可用于国际贸易的商品的生产力会提高,这会使贸易商品的价格上涨幅度比较小,甚至实际上还会下降。[43]

弹性汇率不会把货币当局资产组合中的国际储备的社会收益率降到一

个很低的水平,以致使它完全取消国际储备。按照流失的资源和其他使用价格,平均储备余额的每一点增加,都可以减轻一点经济发展过程中的汇率波动,从而减少国际贸易中的风险。对此,有几种办法可供选择,其中包括建立让私人积累储蓄的远期外汇市场。但从整个贸易体系来看,这些办法很可能达不到最佳效益。尽管这些办法可行,但考虑到汇率波动加大时整个社会的成本和代价,这些办法仍是不完善的。

外汇市场的自由化——短期汇率自由波动并具有完全的兑换性——会形成远期合同的行情。以中心货币表示的本币远期升水和贴水,抵消了名义利率的差别,使两个国家的储蓄者和投资者仅仅关注资本实际收益率的差别。小型经济通货膨胀率对中心经济通货膨胀率的每次向上偏离,都会导致中心货币的远期升水,而小型经济通货膨胀率的相对下降,会引起中心货币的远期贴水。不管远期汇率水平如何,由于两个经济的实际利率存在差别,储蓄就会流向发展中经济。当即期汇率对相应的通货膨胀经历不敏感、尤其是储蓄流量受制于非均衡体系的干扰时,储蓄流动的方向和规模就不会因为利率在上述情况下出现的虚幻差额而被扭曲。在弹性的即期和远期汇率体制下,货币的自由兑换减少了储蓄的流动风险,而且能够把它当作一种特别有力的政策手段,使储蓄者的实际存款利率提高到储蓄的稀缺价格水平。[44]

落后经济只有推行国内金融深化和外汇自由化,才能吸引国外储蓄。如果落后经济的通货膨胀率下降并趋于稳定,同时外汇市场实行弹性汇率和自由兑换,那么,国外的储蓄者和投资者就可望对落后经济进行较多的直接或间接投资,[45]从而获得十足的存款利率。由资本积累加速而导致的落后经济的加快发展,会产生积累效应,使储蓄者对未来的投资充满信心。同时,随着国外资本的流入,本国货币的汇价上浮能够调节资本流量,使之与小型经济有效吸收资本的能力相适应。这样,资本的流动就不会损害国内的货币体系了。

自由化经济可以降低它对国外储蓄的需求价格。如果落后经济能够提供富有竞争性的利率,并保证外国利润和债务利息通过开放市场汇回国内,那么,展现在国外投资者面前的一些优惠都可以取消,可以更加谨慎地接受带有附带条件的援助,争取国外低息贷款的代表团也可以更好地完成任务。

对于资本贫乏的小型经济来说，为吸引国外储蓄者和投资者而牺牲主权是筹资过程中的一大忌讳，筹资只能依靠相对收益的吸引力。

在金融这张无形的网中，小型经济中外汇市场的自由化，必然预示着财政方面将会受益。当资本市场对外开放、外汇市场实行浮动汇率和自由兑换时，政府就可以对外国的投资征税。如果没有汇率高估从中作梗，出口商即使没有税收豁免也照样能够得到发展，进口商则要缴纳某一适度水平的统一关税，这样，不可能因进口许可证和其他许可证带来的垄断利润而致富。当国内生产按比较优势原则布局、而不是为维持非均衡汇率时，新型行业逃避税收的漏洞就会被堵塞。如果实际汇率能够反映国内外市场的相对盈利，那么，落后经济中逃避征税机关耳目的走私活动也就变得无利可图了。显然，外汇自由化有益于财政改善和金融深化。

注 释

① Egon Sohmen, *Flexible Exchange Rates*(rev. ed.), Chapter VII.

② Frank H.H.King, *Money in British East Asia*, Colonial Research Publication No.19, p.37.

③ 在美国联邦储备体系建立之前，旧金山与纽约之间的汇兑费用似乎比先令与马来半岛货币的汇兑费用的变动范围大。关于先令与马来半岛货币的汇兑费用问题，金(King)曾指出："汇兑成本对银行贷款和投资政策的影响是很小的，把马来半岛地区的银行体系的一部分看作英国银行体系的一部分——两者近乎相同但不完全相同——问题就清楚了。"参 Frank H.H. King, *op. cit.*, p.79.

④ 解决这种"多余"问题的办法并非只是如此简单。美国在危机时期取得了成功，这是因为它采取强制性措施，在外汇市场上按照自己的意愿规定美元币值。

⑤ 关于最佳储备积累问题，下面引用的是从众多文献中寻找出的一小部分：Peter Barton Clark, "Optimal International Reserves and the Speed of Adjustment", *Journal of Political Economy*, March/April, 1970, pp.356—376; Robert Clower and Richard Lipsey, "International Liquidity: The Present State of International Liquidity Theory", *The American Economic Review*, May, 1968, pp. 586—596; Herbert C. Grubel, "The Demand for International

Reserves: A Critical Review of the Literature", *Journal of Economic Literature*, December, 1971, pp. 1148—1166; International Monetary Fund, *International Reserves: Needs and Availability*, Washington, D.C., 1970.

⑥ Ronald I. McKinnon, "Portfolio Balance and International Payments Adjustment", in Robert A. Mundell and Alexander K. Swoboda, *Monetary Problems in the International Economy*, pp.199—234.

⑦ Gunnar Myrdal, *Asian Drama*, Volume III, p.2082.

⑧ Jagdish Bhagwati, "The Theory and Practice of Commercial Policy: Departures from Unified Exchange Rates", International Finance Section, Princeton University, *Special Papers in International Economics*, No.8, January, 1968, pp.48—49; S.C.Tsiang, "The Role of Money in Trade-Balance Stability: Synthesis of the Elasticity and Absorption Approaches", *The American Economic Review*, December, 1951, pp.912—936.

⑨ Harry G.Johnson, *International Trade and Economic Growth*, pp.135—168.

⑩ Frank C. Child, "Liberalization of the Foreign Exchange Market," *The Pakistan Development Review*, Summer, 1968, pp.167—168.

⑪ Ronald I. McKinnon, "Foreign Exchange Constraints in Economic Development and Efficient Aid Allocation", *The Economic Journal*, June, 1964, pp.396—400.

⑫ 关于两缺口模型的论述很多，参见 Hollis Chenery and Alan Strout, "Foreign Assistance and Economic Development", *The American Economic Review*, September, 1966, pp. 679—732; Lauchlin Currie, *Accelerating Development: The Necessity and the Means*; McKinnon, *op. cit.*, pp.400—403; Richard R. Nelson, "The Effective Exchange Rate: Employment and Growth in a Foreign Exchange-Restrained Economy", *Journal of Political Economy*, May/June, 1970, pp.546—564。

⑬ Gunnar Myrdal, *op. cit.*, p.2080.

⑭ Economic Commission for Latin America, *Economic Survey of Latin America*, 1964.

⑮ Jagdish Bhagwati, *op. cit.*, p.62.

⑯ Ian Little, Tibor Scitovsky, Maurice Scott, *Industry and Trade in Some Developing Countries*, p.63.

⑰ Stephen R. Lewis, Jr., *Pakistan: Industrialization and Trade Policies*, pp.148—150.

⑱ Jeffrey G. Williamson, "Capital Accumulation, Labor Saving, and Labor

Absorption Once More", *The Quarterly Journal of Economics*, February, 1971, pp.40—65.

⑲ I.M.D.Little, "The Influence of Economic Policy in Less Developed Countries on the Capital Intensity of Investment, and Growth of Employment", Food Research Institute, Stanford University, December, 1971, pp.4—5, 16—17.

⑳ Jagdish N.Bhagwati and Padma Desai, *India: Planning for Industrialization*, Chapter 18.

㉑ Irving Fisher, *The Theory of Interest*, pp.176—177, 382.

㉒ Ghana's tariff manual, first published in 1966, was amended extensively at least seven times by mid-1971.

㉓ Bank of London and South America, *Review*, June, 1969, pp.347—350.

㉔ 关于韩国资本输入的资料主要来源于 Gilbert T.Brown, *Pricing Policies and Economic Development: Korea in the 1960's*, The Johns Hopkins Press, in press; The Bank of Korea, *Review of the Korean Economy*, 1969。

㉕ Bank of Korea, *op. cit.*, p.120.

㉖ Gilbert T.Brown, *op. cit.*, p.3.

㉗ K.G.Griffin and J.L.Enos, "Foreign Assistance: Objectives and Consequences", *Economic Development and Cultural Change*, April, 1970, pp. 313—327; Charles Issawi, Mitchell Kellman, Simon Rottenberg, "Foreign Assistance: Objectives and Consequences: Comments" and J. L. Enos and K. B. Griffin, "Foreign Assistance: Objectives and Consequences: A Reply to Our Critics", *Economic Development and Cultural Change*, October, 1971, pp.142—158. Gunnar Myrdal has remarked, "Not least in India one often hears the suggestion that financial crises may not be entirely bad, as they induce the Western countries to come forth with assistance", *Asian Drama*, Volume I, p.635, n.1.

㉘ H.Myint, *Economic Theory and the Underdeveloped Countries*, pp.44—46.

㉙ Jeffrey G.Williamson, *op. cit.*; Michael Roemer, "The Neoclassical Employment Model Applied to Ghanaian Manufacturing," Development Advisory Service, Harvard University, 1972.

㉚ Oscar Braun and Leonard Joy, "A Model of Economic Stagnation—A Case Study of the Argentine Economy", *The Economic Journal*, December, 1968, pp.868—887; Richard N.Cooper, *Currency Devaluation in Developing Countries*, International Finance Section, Princeton University, Essays in International Finance, No.86, June, 1971.

㉛ Mario Henrique Simonsen，"Brazilian Inflation：Postwar Experience and Outcome of the 1964 Reforms"，in Committee for Economic Development，*Economic Development Issues：Latin America*，p.325.

㉜ Ian Little，Tibor Scitovsky，Maurice Scott，*op. cit.*，pp.327—329，362—391，468.

㉝ John V.Deaver，"The Chilean Inflation and the Demand for Money"，in David Meiselman(ed.)，*Varieties of Monetary Experience*(Chicago：University of Chicago Press，1970)，pp.7—68；Carlos F.Diaz-Alejandro，*Exchange Rate Devaluation in a Semi-industrialized Country：The Experience of Argentina，1955—1961*(Committee for Economic Development，Supplementary Paper No.21，August，1967)；Robert A.Mundell，"Growth，Stability，and Inflationary Finance"，*Journal of Political Economy*，April，1965，pp.97—109.

㉞ Richard N.Cooper，*op. cit.*，pp.17—18.

㉟ Leland B. Yeager，"Fluctuating Exchange Rates in the Nineteenth Century：The Experiences of Austria and Russia，" in Robert A.Mundell and Alexander K.Swoboda(eds.)，*op. cit.*，pp.61—89；Milton Friedman，*Essays in Positive Economics*，pp.157—203；International Monetary Fund，*Annual Report 1967*，Chapter 4.

㊱ 关于一个国家被迫调整汇率的问题，埃贡·索门(Egon Sohmen)写道："由于实行的是弹性汇率，结果用这一国家货币表示的债权不只包含着汇率风险，而且人们预先就知道可能会有外汇损失。"见 Egon Sohmen，*op. cit.*，p.201.

㊲ Robert A.Mundell，"A Theory of Optimum Currency Areas"，*The American Economic Review*，September，1961，pp.657—665.

㊳ Harry G.Johnson，*op. cit.*，p.25.

㊴ J. B. Donges，*Brazil's Trotting Peg*，Institut für Weltwirtschaft，Kiel，January，1971；George N.Halm(ed.)，*Approaches to Greater Flexibility of Exchange Rates*，The Bürgenstock Papers，Princeton，1970；Ian Little，Tibor Scitovsky，Maurice Scott，*op. cit.*，p.326.

㊵ 弹性汇率遭到了政府的反对，人们都指责政府，使其陷入了困境。约翰·斯图亚特·穆勒认为，独立国家使用自己独特的货币，从而维护其主权，这是一种"未开化的表现"。罗伯特·蒙代尔将弹性汇率制比作"巴尔干化"，假定巴尔干化，将对货币的潜在收益效应造成巨大损失。John Stuart Mill，*Principles of Political Economy*，edited by Sir W.J.Ashley，new impression，pp.614—615；Robert A. Mundell，*International Economics*，pp.182—186， and *Monetary Theory*: *Inflation*, *Interest and Growth in the World Economy*, *p*.93.

㊶ Jagdish Bhagwati, *op. cit.*, pp. 62—63; Peter B. Kennen, "The Theory of Optimum Currency Areas: An Eclectic View,", in Robert A. Mundell and Alexander K. Swoboda, *Monetary Problems of the International Economy*, p.54; Ronald I. McKinnon, "Optimum Currency Areas", *The American Economic Review*, September, 1963, pp. 717—724; Michael G. Porter, " A Theoretical and Empirical Framework for Analyzing the Term Structure of Exchange Rate Expectations ", in International Monetary Fund, *Staff Papers*, November, 1971, p.638.

㊷ Egon Sohmen, *Flexible Exchange Rates*, rev. ed., p.187.

㊸ Ronald I. McKinnon, *Monetary Theory and Controlled Flexibility in the Foreign Exchanges*, Essays in International Finance, International Finance Section, Department of Economics, Princeton University, No. 84, April, 1971, pp.23—27.

㊹ Egon Sohmen, *op. cit.*, Chapters III—IV.

8 落后经济的不稳定性

在前面几章中，我们主要讨论了落后经济的总产量和总收入低下这个问题。分析表明，落后经济之所以摆脱不了贫困，根源于它们的政策失误，这特别严重地影响了金融、财政和国际贸易。政策失误也损害了推动经济发展的杠杆，使得经济发展不可能依靠金融的深化、财政运行状况的改善以及与外部市场的一体化等等杠杆而变为现实。现在我们把研究的时间尺度缩短，讨论落后经济的短期稳定问题。与发达经济相比，落后经济的波动幅度更大，至少在50年代以后是这样。缓慢的增长一直是不稳定的增长。

落后经济围绕趋势线（the trend line）发生短期波动，其原因可以部分地归咎于它们的贸易伙伴：经济的不稳定从相对富有的国家传递到相对贫困的国家。有些波动则显然是以往刺激性政策的回波反应。我们这里所说的经济增长轨迹的变动指的是“周期性波动”，这种震动的中心是针对储蓄的资本市场。每个周期从高于正常水平的经济活动加速到低于正常水平的经济活动减速，要经过几个阶段，这种现象都是政府政策的结果。政府政策竭力把经济推向产出增长率不能持久的繁荣阶段，从而导致了对储蓄的需求过大，各种储备都很紧张，结果，一次周期性的危机会随之而起，于是，经济增长率被迫降低到正常水平之下，一直到资本市场有所松动，为经济的下一轮冲动和以更快的增长速度——超过基本约束条件所允许的限度——作无益的扩张扫清道路。

本章的第一部分指出了落后经济不稳定的表现。第二部分简单地介绍一下人们对落后经济短期不稳定的通常解释。接着，第三部分从繁荣、危机、萧条到复苏，讨论周期性危机的大致特征。第四、第五部分要分析在每个周期阶段中，政府政策的不稳定影响。结论部分讨论减少周期频率和破坏性的政策措施与控制手段。

不稳定性的表现

我们不难列举第二次世界大战以来发达经济不稳定的迹象。美国经济一直在一系列短期经济周期中摇摆。英国经济历来以走走停停而臭名昭著。法国、联邦德国、日本及其他发达经济都有过短期的经济波动。但是，相对而言，这些经济的波动幅度较小，以致有人相当严肃地提出了这样的问题："经济周期过时了吗？"① 有时，人们也许会这样认为，发达经济的不稳定充其量不过是增长率的高低之别，根本不是繁荣与萧条的根本差别。既然经济计量的证据表明，发达经济具有内在的稳定性，总是趋向于在稳定增长的轨道上运行，那么，不稳定只不过是对外部震荡的暂时反应。② 如果上述论证是正确的，那么，发达经济作为一个整体就会比单个经济更加稳定，因为刺激某些国家经济活动的偶发性干扰可以由抑制其他国家经济活动的因素加以平衡。

然而，人们可能对下述问题没有相当的把握：那些福利水平和增长率较低的经济已经找到了稳定增长的良方。③ 对此持悲观态度的人会联想到，在许多或绝大多数低收入经济中，综合性计划是没有什么效果的。④ 即使是这些计划的坚定拥护者，也承认他们那一套东西经常产生国际收支、财政预算或通货膨胀的危机。⑤ 最好的办法是根据行为参数和技术参数的变化，对计划做出相应的调整。然而，在紧迫性困难的压力下，计划的重点经常被搁在一边，政府政策为了临时应付直接的压力，其长期经济计划往往落空。

许多落后经济——不仅仅是在拉丁美洲——的波动不仅是长期的，而且是剧烈的，我们很难甚至不可能进行准确的推测。[6]结果，人们会怀疑，为了经济的稳定而制定的微调型宏观经济政策是否能够达到近期目标。计划对前期干扰的反应滞后或预测不准确，使得经济踏上了需求过大的轨道，即使是很精巧的稳定计划也很少有成功的可能。[7]

落后经济的不稳定性在其对外开放方面表现得更为明显。例如，从1954年到1966年，落后经济的出口收入很少稳定增长过，其数额也许只及发达国家和迅速发展的国家出口收入的一半。[8]落后经济经常出现的情况是，为了节约外汇，有时对进口持非常谨慎的态度；一旦有了外汇节余，管制就过于放松。[9]为了实现出口品种的多样化，不时地对作为主要创汇来源的农产品出口给予限制，而一旦为了解决外汇短缺问题，反过来又会刺激农产品的出口。这些措施对可可之类商品的国际价格和农产品收入的影响是明显的。国际贸易的不可预测性，导致了落后经济外债的增加和还本付息负担的加重。它们对外汇市场交易的种种限制，进一步证实了另一个判断：落后经济贸易的稳定增长还很遥远。[10]

运用横向比较的方法来准确测算各个经济不稳定性的总量数据，还没有找到。[11]对国民产值的估计核算仍然极不准确，从而在反映短期波动时错误的成分居多。而且，与发达经济和迅速增长的经济相比，落后经济的国民产值部分——直接和统一地按年测算——也表现出类似的相对不稳定性，如同在国际贸易账户中一样。它们的电力生产、设备投资或房屋建筑的增长速度很慢，而且很不稳定。

对不稳定性的传统解释

关于落后经济的相对不稳定性，有许多种解释。我们在转入下一部分的分析之前，在此先讨论其中的几个观点。找到一个正确的解释是至关重要的，因为正确的解释可以把那些减少不稳定性的政策与手段同那些使问题更加糟糕的政策与手段区分开来。

输入的不稳定性

存在着这样一种顽固的传统观点——拉丁美洲尤其如此——即落后经济,如乌拉圭、阿根廷和哥伦比亚等的不稳定性是由外部输入的,而不是内生的。有人声称,工业化国家具有固有的不稳定性,它们通过国际收支中的经常项目和资本项目,把这种不稳定性转移给了欠发达的贸易伙伴。在某种程度上,工业化国家这种固有的不稳定性会冲击它们与落后经济的贸易往来,因为,工业化国家的经常项目需求具有收入弹性,而没有价格弹性,同时,在资本项目上,它们的储蓄输出对收入和风险回避的较大变化反应敏感。另外,无论是在繁荣阶段还是萧条阶段,工业化国家医治国内不稳定性的政策都是以邻为壑的:只要能达到自己的目标,它们就向国外倾销商品和输出储蓄;一旦情况需要,它们又阻挠贸易往来。30 年代的历史就是明证。不过,在第二次世界大战、朝鲜战争,甚至 1964—1972 年间,当发达经济通过干预贸易来摆脱外汇市场的困境时,却有一些例外。[12]

有些国家闭关自守,以防止国外的经济波动输入国内,并且取得了明显的成效。30 年代的阿根廷、德国和其他一些国家就是如此。社会主义经济为自己设置了一道屏障,画地为牢,这些经济对与世隔绝的选择,为盛行于落后经济的孤立主义传统开创了先例。自 50 年代以来,进口替代发展迅速,那些贸易条件恶化和深受出口倾销之苦的国家尤其如此。[13]对少数国家来说,尽管国民产值增长率呈现递减趋势,但它们还是保持了相对高的增长速度。它们的经历——包含对依赖发达经济的新殖民主义的反感——部分地说明了它们为什么要实行贸易抑制以及强化与此相关的直接控制。

可以说,外部因素只是第二次世界大战以来落后经济不稳定的一小部分原因。发达经济的周期一直是规则的,波动的时间不长,“经济周期的国际传导机制现在似乎大大减弱了”。[14]国际货币基金组织提出的世界贸易模式——与 1950—1965 年的情况相吻合——估计,发展中国家的出口对发达国家工业生产的反应弹性小于 1。[15]在资本项目方面,低水平国家每年的净输入额变化很小,平均只有 7 亿美元。较发达经济内部的稳定程度是与它们从不发达国家进口商品劳务和输出储蓄的稳定性连在一起的。实际上,落后经济过去一直在它们自己制造的一系列震荡中上下波动。

毋庸置疑，经济波动的某些推动力起源于发达经济，并通过贸易渠道扩散到了落后经济。对于咖啡、可可、橡胶、油料及锡的主要生产商来说，供求双方力量的对比变动，才导致了贸易条件的变化。起源于美国的通货膨胀传递到了其他的发达经济和落后经济中，从1968年以来尤其如此。如果发展中经济允许汇率和利率浮动，将储蓄有效地投资于多样化的农业和工业活动之中，并且对主要的出口商品实行稳定的政策，那么，它们就可以减轻和分散经济波动的冲击。

对落后经济不稳定性的另一种解释是把责任归咎于外部世界。有人认为，一个开放性经济的国内政策必然受到外部因素的干扰。对于参与国际贸易的各个成员国来说，它们必须接受的国际贸易准则与国内市场结构并非总是一致的，结果本国的金融政策、财政政策和国际贸易政策常常失去效力。如果通货膨胀是结构性的，那么，为防止财政赤字和名义货币增长而采取的那些抵御外部干扰的措施，会导致金融危机和增长停滞。他们还认为，那些适合于发达经济的货币政策和其他政策，对落后经济往往是无效的，落后经济的某些不稳定性恰恰就是那些错误政策的不良反应。

上述观点还涉及其他一些内容。例如，国际机构和国外贷款机构常常提出一些不合理的要求。在对处于困境的落后经济提供其援助的条件中，它们过于强调约束性，而对财政、金融和贸易改革重视太少。另外，那套经常用来解决国际收支不平衡的办法，不仅影响了发达经济，而且也影响了落后经济，它对这两者都不是最优的。落后经济需要特殊疗法，但它们却没有得到特殊的对待。

经济专业化

国民产值来源的单调被认为是经济不稳定的重要原因。[16]那些过分依赖油料或棉花、稻米或黄麻、耕牛或糖的落后经济，不仅难以承受国外需求和竞争力变化的压力，而且对国内的震荡也会束手无策。一次农作物歉收、一个部门采用的技术不当和某一工会闹罢工都会引起震荡，并由此严重影响整个国民经济。按照比较利益原则实现专业化生产，是对国民资源的一种冒险赌注，它放弃了预期可以得到的平均收入水平。因此，试图回避风险的政府政策，应该推行多样化的生产。各个落后经济的政策制定者应该始终牢记的是，国内的多样化生产会避免来自国内外两个方面的震荡。

有些落后经济极不相信“市场力量”。它们怀疑，不受政府干预的市场能否防止来自国内外的震荡。开放市场和灵活价格会从稀缺产品中转移出需求，或按比较利益原则配置资源，这都使产出稳定增长的能力大打折扣。它们还认为，专业化意味着脆弱性，落后经济结构是不能承受震荡或消减震荡的。自给自足，通过某一战略部门的关联效应向外扩张以形成多样化的生产格局，按照指令性价格规定产量计划，这些都可能形成一道屏障，防止震荡的冲击以及市场对震荡作出的不合理反应。

这里有一个值得注意的对某种假设的检验：进出口同总产量之比相当高的专业化经济会招致经济的不稳定。在过去的四分之一世纪里，包括墨西哥和巴西在内的一些拉丁美洲国家采取的政策，都是比较依赖出口和实行相对有限的进口替代，尽管有些拉美国家采取了其他类型的政策。[17]中国台湾、日本、韩国、中国香港和新加坡也参与了世界市场一体化。在此，得出如下结论似乎是顺理成章的：基于经济稳定和持续增长的考虑，进口替代成为一种次优的选择；只要作为贸易伙伴的地区集团获得发展，经济的相互依赖性将会加强。

结构性周期

许多观察家认为，整个经济的不稳定是由私营企业的经济结构造成的。许多模型解释了经济连续地、周期性地偏离增长轨道的一般原因。[18]建立这些模型的基础是技术的稳定性和行为惯性，其中对刺激的反应滞后是这些模型的基本内容，而这些都归咎于技术、行为偏好和预测的不确定性。

有些经济发展模型生成了反复循环的短周期。这些模型规定了下列条件：固定的或以一定速率变化的储蓄倾向；对相对价格不敏感的资本—产出比率；受给定流量影响的劳动力供给水平；预定的指数化的外债累积率。如果这些倾向、比率、比例和时间延滞融合在一个适宜的模型里，这种假设的经济就会扩张，一直到过大的需求遇到供应瓶颈的限制，最后只有通过经济衰退来解决。衰退将持续到出现过度需求，这时，经济会出现复苏。趋势线上下的瓶颈，使得经济以其特殊的节奏运动。

不论这种模式适合发达经济的程度如何，它们与落后经济是不相符合的。一个经济的总消费倾向，或储蓄倾向，或总进口倾向，都不是常数，甚至在国民产值与已探明资源储量之比达到“充分利用”时也是这样。资本—劳动力比率和资本—产出比率在各个行业中都不是同一的，它们的增长幅度也不相同。就是在玉米—猪周期*当中，时间延滞也不是常数。在劳动力供应量对实际工资率的变化上，稻谷种植面积对肥料价格的变化上，以及货币利率对实际通货膨胀率的变化上，时间延滞都不是常数。

尤其在落后经济中，由于市场分割，经济的短期波动不能用固态反应模型来解释，固态反应模式只是描述了资源利用的重复和波浪式过程。那些本土行业中有现代化飞地工业、自足型农业中有商品经济型农业、场外市场中有管制性资本市场的经济，并不给人以一种波动的感觉。由于落后经济中国营部门的比重较大，加上政府干预很强，我们越发难以寻求极少量的均衡公式来定义经济的波动。

经济周期

我们认为，落后经济的不稳定是周期性的，每个周期的出现都起源于国内和国外的冲击，它使经济偏离受抑制的增长轨迹。冲击在开始时可能影响各类市场，但只要这种冲击不影响资本市场，其影响很快就会平息。当资本市场上的失衡积累到一定程度时，经济就会通过一系列标准的步骤，从偏离原来轨道的状况重新回到原来的增长轨道上。冲击的余波会持续一段时间，并可能成为阻碍经济增长的因素之一，但它们会逐渐消失。

沿着受抑制增长轨迹发生的周期性波动，是影响金融、财政预算和国际收支的公共政策的结果。如果公共政策没有扭曲相对价格，没有减少储蓄数量，没有错误地配置储蓄，没有缩小人们的预测视野，没有通过其他一些途径阻碍有效地选择积累和配置财富，那么，经济对冲击的吸纳能力就应该较强，冲击对增长的打击就会较少、波动的程度就会较轻。迟缓的经济增长

---

* 源于玉米—猪比率(corn-hog ratio)。该比率意指：农民根据玉米售价和猪售价之比，决定是出售玉米，还是用玉米喂猪、尔后再将猪出售。——译者注

和经济的不稳定性都是人为的扭曲造成的。

经济周期概说

总体资本市场是周期的震源，其作用过程一般是这样的：经济偏离发展趋势线，这是从获得更多的实际储蓄来进行更多的实际投资开始的；尽管收入的相应超速增长产生了新的储蓄增量，但储蓄增量与意愿资本积累之比是递减的；这样一来，对某些储蓄来源——如通货膨胀税、从国外的借款、对某些财富形式不予投资而将资金用于购买另一类财富等等——的依赖加强了；当对储蓄的过度需求到了难以承受的程度时，稳定性危机就会发生；随后的衰退会把经济重新拉回到原来的增长轨道上。在这整个过程中，公共政策扮演了争夺储蓄并鼓励把储蓄用于资本—产出比率较高用途上的角色。

资本市场的流量均衡可由下式表示：

$$c\Delta F(K,\ L) = s \cdot F(K,\ L) \tag{8.1}$$

这里，c 是边际资本—产出比率，该比率在落后经济中变化的范围很大。s 是提供储蓄——国内或国外、公有或私人储蓄者提供的——的平均倾向。等式(8.1)的左边是对实际储蓄的需求，右边是实际储蓄流量。用收入除以上式，可得：

$$c\dot{Y} = s \tag{8.2}$$

当然，我们知道，资本市场的所谓“均衡”是由对所有市场的过度需求进行分别控制而达到的。[19]

而在落后经济中，c 和 s 不是常数。为了便于现在的讨论，我们假设：

$$c(K,\ X,\ r,\ w,\ f,\ v)Y = s(E,\ D,\ r,\ r_f,\ d,\ f,\ v) \tag{8.3}$$

这里，资本—产出比率 c 与生产设备的现有存量 K 具有正数关系，与生产设备存量的使用率 X 具有负数关系，与实际工资率 w 和本币的外汇价格 f 具有正数关系，与国内实际贷款利率 r 具有负数关系。储蓄系数 s 与所有的储蓄来源都有关系，它与 E 和 D——分别表示国内和国外的对应于 K 的股权——具有正数关系，与国内的实际利率 r 和 d 具有正数关系，与国外利率 r_f 和储蓄的净输出量 f 具有负数关系。经济受到的冲击和政府管制的非

连贯性用 v 表示。从公式(8.3)可知，当 Y 上升时，cY 相对于 s 就升高了，Y 相对于比率 s/c 也上升了，这一点对以下的分析很现实，也很重要。

意愿储蓄和投资流量表明了对国内资本存量及其股权的意向调整，该调整使 K 朝着存量均衡状态移动。K 的价值如按再生产成本计算，在达到均衡时，它应与财富所有者计划作为其资产的一部分而持有的 E 和 D 的数量相等。就长期分析而言，给定政府干预方面的约束，可以假定存量的均衡总是通过公式(8.3)所表述的流量变化来保持的。在短期内，存量可能是失衡的，它通过意愿储蓄和投资的流量来矫正。流量也可能是失衡的，如果是这样的话，就会妨碍资产结构的调整。

在图 8.1 中，45 度线 ee' 表示资本市场上需求与供给流量的均衡及供求的事后相等(ex-post identities)。曲线 tt' 是将连续的 Y 值代入公式(8.3)和其他所有市场上同时存在的等式后得到的。图中 ee' 与 tt' 的交点 r 是公式(8.3)的均衡解，表明在产出增长率为 Ox 时，用于国内的意愿储蓄和意愿投资都实现了。我们将 tt' 解释成是落后经济进行积累的长期条件，趋势增长率 Ox 则反映我们在前面各章中所讨论的抑制。当增长率保持在该水平时，储蓄—投资过程的参与者则保持了抑制条件下所意愿的资产—负债结构。

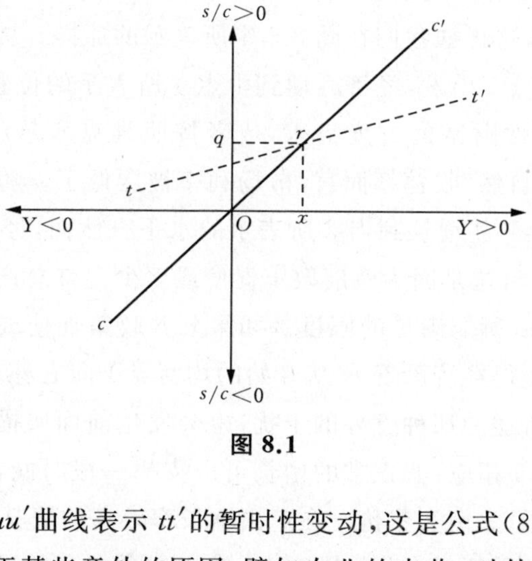

图 8.1

图 8.2 中的 uu' 曲线表示 tt' 的暂时性变动，这是公式(8.3)中的干扰项 v 变动的结果。由于某些意外的原因，譬如农业的丰收，对外贸易条件的暂时改善，未清偿外债条件的放宽等，造成了储备的暂时性增加，使得 tt' 上移，这

样，每一收入增长率下意愿 s/c 的比率都提高了。因此，无需对资产结构实施难以持续的扭曲，增长率就会从 Ox 上升到 Ow，但这种好转只是暂时性的。公式(8.3)的两边都出现了周期性的增长，但到时 uu' 还是要下降到 tt'。从长期来看，即使增长又回复到原来的低水平，该经济的国民收入水平往往会有所提高。当然，意外影响也可能是反方向的，它会使 tt' 暂时下降到 zz'。

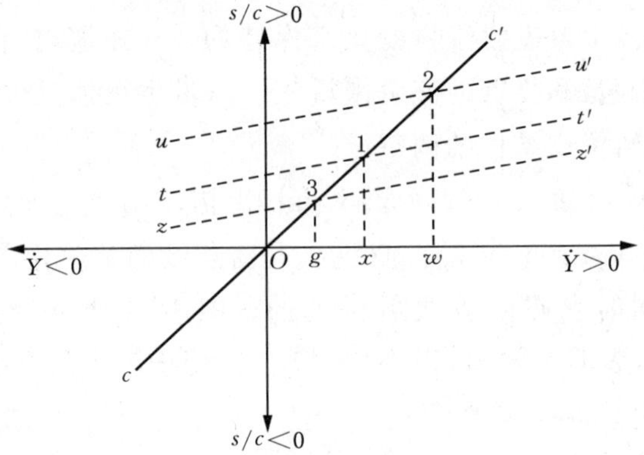

图 8.2

在落后经济的总体经济活动中，使 tt' 上升的失调，常常是人们所熟悉的经济周期的起点，这正如我们在图 8.3 中所表示的那样。从资本市场的流量与存量都均衡的点 1 出发，经济运动到由点 4 所表示的位置，此时，$sc > \dot{Y}$，存在对国内生产性财富的过度需求，或者按照维克塞尔（Wicksellian）的说法，此时相对于“自然”收益率而言，市场利率被压低了。随着物质财富的意愿增长成为现实，$\dot{Y}$ 就增长到点 2 所表示的水平。然而，经济出现“过热”，$\dot{Y}$ 越过点 2 到达点 5，这是因为政府政策促使或至少允许总产出的有效需求增长超过增长率 Ow 所能满足的限度。如果公共政策促使或允许对产出的总需求过度增长，使得经济沿着 tt' 从开始的均衡点 1 向右移动，即使在这种情况下，没有如前所述的那种意外的干扰，也会发生前面所描述的有意外影响时的事情。与点 5 相应，非正常的增长可以支撑一段时间，但这只能以加剧资本市场上的存量失衡为代价。在产出增长率较高的情况下，uu' 和 ee' 之间的差额，可用外债的暂时增加，或者用未被人们预期到的通货膨胀带来的储蓄来弥补。当然解决失衡的这些办法的效果是短命的。这样，周期性扩张阶段就结束了，随后经济便进入了稳定的危机阶段。

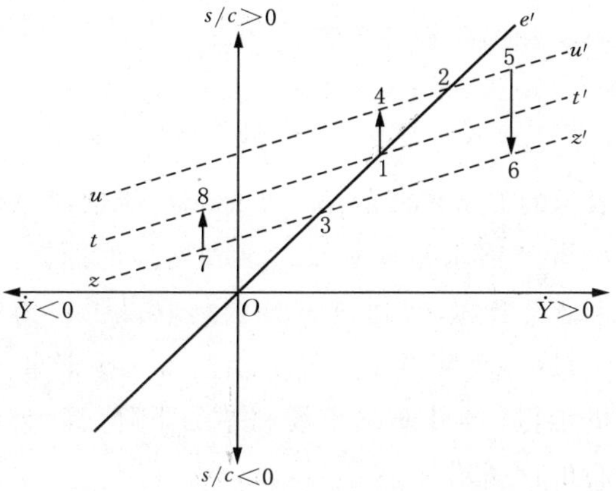

图 8.3

危机由图 8.3 中点 5 到点 6 的轨迹来表示。此时，意外的收获已经被吸收，对储蓄的过度需求已经出现，并暂时得到了解决，现在，对产出的总有效需求遇到了严厉的束缚。曲线 uu'越过了正常的 tt'水平而下降到了 zz'的位置。总有效需求遇到的障碍，驱使经济增长率沿着点 6 至点 3 的轨迹不断地下降。所遇到的约束是矫枉过正型的，它往往使经济下降过头，当衰退结束时，收入可能已经比开始时绝对地下降了，经济到达了点 7 的位置。到一定的时候，周期就会从繁荣阶段的 1—4—2—5、危机阶段的 5—6 和衰退阶段的 6—3—7，延续到复苏阶段的 7—8—1。在这里，经济以稳定的、但仍然是缓慢的速度增长着。此时，经济又等待着新的外部或内部刺激，等待着新一轮周期的来临。人们有理由认为，经济处于点 1 这样的低增长水平，在某种程度上，这是储蓄者和投资者由于一再经历了繁荣、危机和失败而回避风险的结果。

繁荣阶段的公共政策

周期性现象是对实际增长进行随意刺激和公共政策造成的不稳定影响

的共同结果。这些刺激因素开辟了走出缓慢增长的道路，但是，我们这里要考察的政策却将经济引入了危机。本部分我们从对金融政策的分析开始，然后再分析财政政策和国际经济政策。

金融政策

走出点1所表示的经济停滞的第一个标志可能是：实际货币余额需求量和其他流动性金融资产需求量增加了。这种增加的原因，可能是因为得到了农业丰收、进口配额增加、或通过官方谈判取得了较为优惠的外援等消息，从而使预期通货膨胀率降低了。较早地宣布这些消息，会引起储蓄存款和定期存款增长的浪潮、场外非法市场利率的下降、黑市外汇汇价的疲软，并使流入中央银行的储备增加。

即使在通货膨胀率下降的情况下，金融机构贷款量的增长也会比原来要快：贷款配给更加慷慨了。这会按降低的 c——边际资本—产出比率——将储蓄引向投资。例如，储蓄可流入较高的存货平均水平，这样，会减少工厂的停产，使生产能力得到更充分的利用。于是，s/c 比率中分子与分母的变化都会使该比率提高，金融支持着经济走向更快的均衡增长轨道。

在 s/c 短期性上升的推动下，经济加速发展的动力得到了加强，这会使储蓄流量增加，贷款需求也增加。如果此时金融机构的存款利率提高，储蓄率就可以长久地保持在由点2表示的高水平上。如果实际贷款利率提高，运用储蓄时就更要进行甄别，并能够持久地保持 c 的低水平。这是一个推动金融深化的机会，这时，金融深化会支持经济由点1的低速增长向点2所表示的持续高速增长过渡。

落后经济的国内金融政策未能抓住这个促使金融深化的机会。它没有努力推动实际货币需求量和其他金融资产需求量的增长，以作为资本市场的一个资金来源，而是使名义货币量以过快的速度增长，通过征收通货膨胀税来获得储蓄，进行投资。落后经济可能组建了新型的金融机构，以向存款人提供多种形式的金融资产，可能还采取了措施，来推动股票债券市场发展，然而，在存在新的通货膨胀冲击的情况下，所有这些措施对资本市场的影响实际上很小。由这些机构资助的投资，不可能弥合下降的资本—劳动力比率。这种政策会使经济越过点2——资本市场的均衡状态——走向点

5,即产生对储蓄的过度需求。

没有金融的深化,点 2 至点 5 的轨迹就意味着较高的通货膨胀以及有组织金融领域中较低的实际存贷款利率的预期。通过增加的通货膨胀税,通过把收入转移到利润上并进行内源融资投资,通过诸如减少存货等等办法,可以暂时地弥补正在扩大着的 uu' 同 ee' 之间的缺口。但是,实际积累的资产结构与意愿的资产结构的差距也会越来越大。在任一较高的通货膨胀率下,随着通货膨胀税税基的萎缩,实际资金会变得越来越稀缺。这样,资本密集型投资项目的投产竣工就会被推迟,逾期未归还的贷款数量也会成倍增长。危机的降临可能会被某些权宜之计推迟,但危机一旦在这样的情况下到来,就会更加有害。金融深化的时机被错过了,经济又重新回到了图中点 1 所表示的停滞状态。

财政政策

落后经济中的财政政策与金融政策一样,也压低了 s/c 比率,从而阻碍了产出的增长。同样,人们也批评财政政策没有把握住周期所带来的机会。除了在最终以稳定的危机而告终的高涨期外,财政政策没有能够促使经济达到较高的增长水平。也许财政政策过于注重凯恩斯主义的在短期内扩大总有效需求的目标,将其作为吸收过剩劳动力的途径,而忘记了它的储蓄功能以及它为劳动力提供生产性资本的分配功能。对产出的需求的过多重视,将产出的供给问题挤到了后台。

在一个周期中,最先的契机可能出现在财政预算方面。出口商品的国际价格上升,或许使自留税的税入大量增加。某个财政大臣或许在税收的征集和提高政府企业效率方面获得了一时的成功。不管出于什么原因,总之,财政结余增加了,或者赤字减少了,经济走上了 1—4—2 的道路。财政储蓄被用于在上一个繁荣期开始建设的投资项目,使之竣工投产,或被用于更新政府企业的陈旧失修的设备,或被用来降低易腐农产品的储藏成本,这些会导致资本—产出比率指数降低。通货膨胀率的缓解,公众对金融资产需求的增加,也会促使财政的实际税入增加,并通过提高实际利率,引诱政府部门对投资项目进行更认真的分析。

遗憾的是,落后经济的财政政策却驱使经济越过了点 2,并且随着 Y 的增长,还推动过度的储蓄需求进一步扩大。所以如此,原因之一是经济高涨扩大了政府的消费,政府本身的边际消费倾向很高。随着物价加速上涨,政府还要准许税基缩小,并由于要给私人投资减免税收,税收比率也下降了。与此同时,每一个发展中国家的政府梦寐以求的建设项目,如航空港、新的高速公路、水电枢纽等等的建设速度也加快了。这样,资本—产出比率重新上升,政府企业的产品价格却没能与成本同步增长。在感觉到了资本市场的过度需求之后,财政大臣便转而求助于一些权宜之计。

为了延长经济以较快速度增长的时间,可以指望财政当局去寻求更多的国外借款,或动用国际储备。但为了做到这一点,通常的做法是由财政当局迫使金融机构"强制投资"政府债券或其附属公司的债券,来占用更多的金融机构资金。政府还可以抵制来自公共部门的增加工资的要求,还会增加雇员们参加的各种社会保险基金的强制性份额。当这些手段和其他一些类似的权宜手段失去作用之后,尽管此时某些公共建设项目还只是半拉子工程,繁荣阶段也会终止,随后就是危机阶段。

财政政策对繁荣和危机的影响都是剧烈的。增加福利开支,减少对必需的基础设施投资的欠账,会给政府经常项目和投资项目的支出增加压力。政府还被要求以补贴或贷款方式给私人部门以援助,来弥补流入私人部门的储蓄不足。同时,随着税收基础的萎缩,借款来源的减少,财政收入极有可能减少。政府赖以获得储蓄的来源不再能提供那么多的储蓄了,而储蓄的使用则变得越来越必不可少。赤字的弥补更加依赖货币体系,但通货膨胀又使公营部门和私人部门这两方面的过度储蓄需求进一步增加。毫无疑问,人们从繁荣和危机的不断往复中获得的经验,必然使从周期开始到危机的时间间隔缩短:对危机的预期比实际的危机来得更早,预期行为提早了危机的到来。

国际经济政策

落后经济在国民收入的趋势增长率上时,一般只保有很低水平的国际储备。显然,政策制定者认为储备是一种社会收益率很低的财富形式。在外汇市场的非均衡货币情形下,通过对国际收支平衡表中经常项目和资本项目进行一系列的控制,可以保护稀缺的储备。许多相对价格的不合理,特别是按照优惠汇率高估的本币，以及与国外利率相比被抑制的国内实际利率，给维持储备存量带来了危险，但是，进口配额、进口关税、出口补贴和外汇许可证却能够保住储备。人们可能看到，相对于官方储备量而言，外债负担很重，相对于出口额而言，外债的还本付息额很高。外债的一部分可能是截留的外国投资者的应得收入，外债的更大部分则可能是在若干次危机中通过重新谈判而得到重新安排的债务。人们还可能看到，私人外国资产储备的数量庞大，这些外国资产是在多年资本外逃期间辛辛苦苦积累起来的。

引发一个经济周期的契机，往往表现出是与国内或国外大量的储蓄新流量联在一起的外汇供给的增加。新的外国官方信贷可能是通过谈判获得的，如果前景很好，可能还会有私人资金从国外回流进来。既然意愿的国际储备水平很低，储蓄率 s 的上升必然很快就被进口的增加所吸收。这是补充存货和进行其他多种多样的降低资本—产出比率的投资的机会。随着 s/c 上升，经济会走上繁荣阶段的 1—4—2 道路。

经济活动繁荣兴旺的第一个危险，可能是通过进口吸收国外贷款的速度还不够快。众所周知，国际储备的增加会加速货币的扩张和导致通货膨胀。在放松贸易限制的措施还在慎重考虑或小心实施时，银行储备的增加可能已经导致了货币体系对私人部门和公营部门放款限制的松动。结果，由国际收支方面的改善而得到的上升的 s/c，可能又被国内货币管理不当而降低的 s/c 所抵消：$\dot{Y}$ 的增长速度往往慢于 $\dot{P}$ 的上涨。这样，增加的国际储蓄的一部分，只是使出口品在国内市场上被消费掉。

另外一些危险使经济从繁荣走向了“过热”。由出口增长、国外贷款获得、或国际资本回流而增加的储蓄，可能被用于消费品的进口。因为实际利率没有提高，储蓄可能流向资本—产出比率很高的投资项目。因为外汇不具有合理的名义或影子价格，进口品和储蓄都会流向将来只有很小创汇能力的项目。当贸易商预见到经济繁荣将走向过热，他们就会通过少报出口数量、多报进口数量和通过走私使资本外逃，来减少国内储蓄。随着用于购买外汇的国内货币的不断增长的过度供给，随着对国外储蓄的不断增加的过度需求，国民收入增长率将沿着轨迹 4—5 不断上升。

权宜之计可以一时缓和失衡状况，延滞危机的到来。不管有没有国内货币当局的担保，可以进一步积累外债，可以动用国际储备，可以截留向外汇款，甚至还可能得到未深思熟虑就流入的外援。以牺牲国内存货和资本存量为代价，进口也可以得到保证。通过双边贸易协定可以增加一些出口，某些双边协定还允许在一段时间内借方余额的累积。然而，这些权宜之计在国内和国外两个方面都会扭曲财富结构，这种扭曲是不可能持久的。当国民收入增长率 $\dot{Y}$ 达到最高水平时，按当时的相对价格，意愿的 s/c 水平对于进一步扩张总产出所必需的水平来说实在太低，从而危机就不可避免了。于是，国际货币基金组织的一批官员就会赶来。

危机和衰退阶段的公共政策

解决资本市场过度需求的最后手段就是危机的到来，即 $\dot{Y}$ 下降。按照图 8.3 的描述，经济增长率从 uu' 线下降，越过趋势线 tt'，下跌到萧条的 zz' 线水平，即经济沿着 5—6—3—7 轨迹萎缩。我们在此讨论的就是在经济周期的这个阶段的公共政策。下面我们将金融、财政和国际领域的公共政策放到一起讨论。

有许多预示危机降临的标志，有时候，这些标志还包括政治上的变迁。[20] 人们特别注意的往往是相对价格的变化。国内财富——其收益率取决于产量的增长、税收优惠、廉价地获得包括进口品在内的补充性投入要素，以及廉价的资金融通——的市场价值下降了。处于雏形状态的长期证券市场遭到清理。由于借款者的破产和贷款被拖欠，金融机构的资产发生了贬值。与此同时，过剩的需求转移到了国外资产和商品存货、尤其是可在国际上销售的商品的存货上。财富所有者为了避免风险，缩短了视野。

随着危机的加剧，对国内货币余额和其他有组织金融机构金融证券的需求转移了，其原因可能是，通货膨胀被预期将会加速，从而实际存款利率会进一步降低；也有可能是财富所有者感到存款账户会被冻结，如果他们持有极易被课税的金融资产，就必须交纳更多的税，甚至还担心银行的偿还能力。在繁荣到危机的转变过程中，有组织金融的实际规模萎缩了。消费物价指数、中间贸易品价格指数、黑市外汇汇率指数等等都会上升。

危机与 s/c 比率的下降连在一起，储蓄比率下降了，边际资本—产出比率则上升了。s/c 下降的原因可以在所有的部门中找到。随着产出增长率的下降,以及由于采取了减少由进口许可证和信贷配给带来的垄断利润的措施,企业保留的利润也会减少。除了官方账户上的储蓄外,外国储蓄都会避开危机而不流入国内。在公共企业的资金利用率下降时,以及为了满足雇员增加工资的要求——雇员的实际收入增长在繁荣期已经落后了——政府储蓄必然被公共企业的亏损所消耗掉。随着投资更加注重避免风险、而不是更加注重投资效率,c 必然会上升。

危机时的公共政策基本上是对过度需求采取外科手术式的办法,这些过度需求是在繁荣期内由公共政策激起或所容许的。通过减少财政赤字和限制货币体系向私人部门发放新贷款,名义货币量的增长率被降低了,但通货膨胀并没有被制止,这是因为先前的货币过度供应被结转到了现在,此时实际货币需求量减少了,并且危机阶段所采取的紧缩性措施要经过一段时间的滞后才会发生效果。有时,与紧缩性货币控制并存的通货膨胀,被理解成是一种非货币现象,因而,政策又重新转向使名义货币过度增长。

在周期的转折阶段,因财政政策而受到的惩罚也并不轻微。财政政策为在繁荣时期刺激了商品市场的总有效需求而感到懊悔,它通过一些特别手段——增加其在国家彩票和主要出口品所获收入中的份额、对外国企业征收更多的税率、征收特种"开发"税——来获取新的收入。它特别节省资本性支出,还推迟内债和外债的还本付息。看来不大会有这样一天,即通过采取使经济以较高速度稳定增长的措施,包括那些拓宽税收基础并保护该基础不受侵蚀的措施,来使财政预算合理化。

国际经济政策的核心自然就是贬值,并通过它来消除由非均衡货币体制造成的对外汇的过度需求。一般来讲,在贬值之前可能还提高了进口关税,削减了进口配额和出口补贴(或取消了其他出口优惠条件),不过,这实际上是为取消一些贸易中的特殊干预提供了一个机会。如果不想使经济崩溃,减少进口的可能是极为有限的,而且,这种减少又不能使出口立即增加。因此,稀缺的国际储备就要通过获得国外信贷和暂缓偿付外债本息来增加。每一次危机都增加了新的外债负担,使得将来要有更多的国内储蓄被用于还本付息——这就降低了 s 的未来值。

危机留下的伤痕,是经济从繁荣到衰退,再返回到某种迟缓、但稳定的发展这条漫长道路的起点。经济沿着图 8.3 的 zz' 线运动，同时，s/c 的水平在一定时期内会导致对储蓄的超额需求，这一需求必定被以下两种策略中的一种所满足。其一：金融、财政及其他相关政策的改革。但是，落后经济往往采用另一种策略，即其二：通过旨在直接限制总有效需求的手段，来压低增长率 $\dot{Y}$。限制的手段确实包括较低的名义货币增长率、保守的财政预算以及货币贬值，但是，设计一系列新的干预措施来进行限制的诱惑似乎是不可抗拒的。这样做的目的，可能是要减轻某些阶层，比如说劳动者阶层的负担，或复活某些关键性行业（主要是进口替代行业），或修补一些政治屏障。这些手段有选择地限制了过度需求。

选择性的紧缩控制对已建立了比较优势的传统农业和工业是严厉的。农业方面可能希望限制化肥进口、克服设备维修的不足，以及改变贮存设施和运输设备的破损状况。传统工业，特别是外资企业，日子也不好过。管理当局很少有兴趣给新兴产业——特别是那些生产非传统出口商品的行业——以优待。政府倾向于鼓励新兴产业走向自给自足，幻想着具有充分计划的经济隔绝能够避免周期的再次发生。

在周期的最后恢复阶段，经济会将其能量用于暗淡无光的增长上。此时，对超常的高通货膨胀的滞后反应已经下降到了低水平，通货膨胀预期减缓了。各个阶层的财富所有者都认为，在现行的相对价格——特别是储蓄、资本品、外汇和劳动力的相对价格——结构下，对缓慢的积累来说，他们的资产与负债结构在落后经济中可能达到了最好的地步。经济重新回到了点 1 的位置，准备接受新的冲击，并开始新的一轮周期。

稳定和增长的政策

经济周期在某种程度上是一种“政治周期”：

当注意力集中于（在繁荣时期）通过抑制通货膨胀而造成衰退时，当注意力集中于（在衰退时期）通过提高就业而造成膨胀性景气时，这样一种政治性周期可能就会被引发。从一般意义上说，在采取适当行动时的不应有拖延或在最终采取行动时的过于严厉这两者的更迭，是引起周期性不稳定的原因。[21]

中央银行、财政部、计划委员会和资本投资局这些部门，对名义总有效需求同落后经济中典型的产出增长率及通货膨胀率之间的差距的认识，可能存在滞后或误差，而政策施行的错误或滞后会导致不稳定。[22]这些"政治性"因素确实对不稳定负有责任，但它们并不是全部的原因所在。

在我们看来，落后经济对短期性经济震荡的反应方式，同经济增长速度被抑制一样，是由特别影响金融、财政和国际经济某部门的"实际"政策共同造成的。这些政策产生的不稳定影响主要表现在两个方面。一方面，使私人部门的流动资本（包括金融和实物两种形式）保持在较低的水平，造成财政方面很小且无弹性的税收基础，导致官方国际储备的可动用部分减少。另一方面，扭曲关键性相对价格，如实际利率、税率、汇率等等，通过这种扭曲方式，维持了它们的周期性行为。周期性冲击、低水平储备和价格扭曲，必然促成周期性的不稳定。[23]

稳定经济的关键看来不是对产出的总需求进行微调。对发展中国家主要的出口产品市场进行管理所产生的稳定性前景，是吸引人的，但效果不能肯定。适时注入的外国援助和海外私人投资，能够弥补许多市场上由过度需求或过度供给造成的灾难性不平衡，但吸收这些援助和投资流量的成本不是很低的。

对落后经济而言，要想在稳定经济上取得较大的进展，必须依靠金融、财政和国际经济政策的协同自由化。从资本市场发端，再扩展到其他所有市场上的周期性过度需求，在金融未深化的环境中，是不可能被消除的；在财政机制不完善和国际收支长期不均衡的条件下，它也同样不可能被消除。在金融、财政和国际经济政策方面立即着手每一项改革，看来是实现迅速和稳定的经济增长的最优策略。[24]

注 释

① Martin Bronfenbrenner(ed.), *Is the Business Cycle Obsolete*?

② Bert G. Hickman, "Dynamic Properties of Macroeconomic Models: An International Comparison", in Martin Bronfenbrenner(ed.), *ibid*., pp.393—435.

③ O.E.C.D., *National Accounts of Less Developed Countries, 1950—1966*.

④ Albert Waterston, "A Hard Look at Development Planning", *Finance and Development*, June, 1966, pp.8—13.

⑤ Richard D. Mallon, "Planning in Crisis", *Journal of Political Economy*, July/August, 1970, Part II, p.948.

⑥ Arnold C. Harberger, "Economic Policy Problems in Latin America: A Review", *Journal of Political Economy*, July/August, 1970, Part II, p.1012.

⑦ Jere R. Behrman, "Price Determination in an Inflationary Economy: The Dynamics of Chilean Inflation Revisited", Discussion Paper No. 151, The Wharton School of Finance and Commerce, March, 1970, pp.36—39.

⑧ G.F. Erb and Salvatore Schiavo-Campo, "Export Instability, Level of Development, and Economic Size of Less Developed Countries", *Bulletin*, Oxford Institute of Statistics, May, 1970, pp.263—283; Benton Massell, "Export Instability and Economic Structure", *The American Economic Review*, September, 1970, p.628.

⑨ Ian Little, Tibor Scitovsky, Maurice Scott, *Industry and Trade in Some Developing Countries: A Comparative Study*, pp.362—391.

⑩ International Monetary Fund, *Annual Reports on Exchange Restrictions*.

⑪ Simon Kuznets, "Problems in Comparing Recent Growth Rates of Developed and Less Developed Countries", *Economic Development and Cultural Change*, January, 1972, pp. 185—209; Everett E. Hagan and Oli Hawrylyshyn, "Analysis of World Income and Growth, 1955—1965", *Economic Development and Cultural Change*, October, 1969, Part II, pp.52—61.

⑫ Raul Prebisch, *Change and Development: Latin America's Great Task*, Report submitted to the Inter-American Development Bank; W. Arthur Lewis, *The Theory of Economic Growth*, pp.283—292.

⑬ Raul Prebisch, *ibid.*, pp.53—62.

⑭ Richard E. Caves, "Discussion", *The American Economic Review*, May, 1962, p.124.

⑮ Rudolph R. Rhomberg, "Transmission of Business Fluctuations from Developed to Developing Countries", pp. 257—267, in Martin Bronfenbrenner (ed.), *op. cit.*

⑯ Benton F. Massell, *op. cit.*

⑰ Raul Prebisch, *op. cit.*, pp.98—100.

⑱ For examples, see Bert G. Hickman, *op.cit.*, and R.G.D.Allen, *Macro-Economic Theory*, Chapters 19—20.

⑲ 以 *c* 和 *s* 作为系数的一个简单增长模型,见 R.G.D.Allen, *op. cit.*, Chapter 11.

⑳ Richard N.Cooper, "Currency Devaluation in Developing Countries", *Essays in International Finance*, International Finance Section, Princeton University, No.86, June, 1971, pp.28—29.库柏教授根据他对1953—1966年中的24次贬值所做的研究,说道:"作为贬值的一个后果,直接负责的官员遭到罢免的可能性加大了"。在库柏教授考查的实例中,有30%的政府垮台了。

㉑ Martin Bronfenbrenner (ed.), *op. cit.*, p. vii; Michael Kalecki, "Political Aspects of Full Employment", *Political Quarterly*, October, 1943; Joan Robinson, "Kalecki and Keynes", in *Problems of Economic Dynamics and Planning*, Warsaw, 1964, p.340.

㉒ Thomas J. Courchene, "Recent Canadian Monetary Policy", *Journal of Money, Credit and Banking*, February, 1971, pp.35—56.

㉓ 研究少量储备和价格扭曲的交互影响的任何一个完备模型,可能是非常复杂的。有一个很有意思的部分均衡模型与我们的分析相吻合,参 Samuel A. Morley, "The Effect of Government Deficits in an Inflationary Economy", *Ensaios Economicos: Homenagem a Octávio Gouvêa de Bulhões*, Apex, Rio de Janeiro, 1972, pp.431—452。

㉔ 这里重复了下文中的观点:Ronald I.Mckinnon and Edward S.Shaw, "Policies in Restraint of Development", *Program*, International Studies Presidential Advisory Committee, Stanford University, September, 1968。

Financial Deepening in Economic Development
by Edward Stone Shaw
Published by Oxford Publishing Limited

上海市版权局著作权合同登记章图字:09-2014-155

图书在版编目(CIP)数据

经济发展中的金融深化/(美)肖著;邵伏军等译.卢聪等校—上海:格致出版社:上海人民出版社,2014
(当代经济学系列丛书/陈昕主编.当代经济学译库)
ISBN 978-7-5432-2467-4

Ⅰ.①经… Ⅱ.①肖… ②邵… ③许… ④宋… Ⅲ.①金融-研究 Ⅳ.①F831

中国版本图书馆 CIP 数据核字(2014)第 282417 号

责任编辑 彭 琳
装帧设计 王晓阳

经济发展中的金融深化

[美]爱德华·肖 著
邵伏军 许晓明 宋先平 译
卢 骢 洪银兴 彭卫民 校

出 版
格致出版社·上海三联书店·上海人民出版社
(200001 上海福建中路 193 号 www.ewen.co)
编辑部热线 021-63914988
市场部热线 021-63914081
www.hibooks.cn

发 行 上海世纪出版股份有限公司发行中心

印 刷 苏州望电印刷有限公司
开 本 710×1000 1/16
印 张 14
插 页 3
字 数 205,000
版 次 2015 年 1 月第 1 版
印 次 2015 年 1 月第 1 次印刷

ISBN 978-7-5432-2467-4/F·799 定价:42.00 元

当代经济学译库

经济发展中的金融深化/爱德华·肖著
企业的经济性质/兰德尔·S.克罗茨纳编
不完全竞争与非市场出清的宏观经济学/让-帕斯卡·贝纳西著
社会主义经济增长理论导论/米哈尔·卡莱斯基著
工业化和经济增长的比较研究/钱纳里等著
发展中国家的贸易与就业/安妮·克鲁格著
管制与市场/丹尼尔·F.史普博著
企业、市场与法律/罗纳德·哈里·科斯著
发展经济学的革命/詹姆斯·A.道等著
经济市场化的次序(第二版)/罗纳德·I.麦金农著
论经济学和经济学家/罗纳德·H.科斯著
产权的经济分析(第二版)/Y.巴泽尔著
人类行为的经济分析/加里·S.贝克尔著
集体行动的逻辑/曼瑟尔·奥尔森著
企业理论/丹尼尔·F.史普博著
经济机制设计/利奥尼德·赫维茨著
管理困境:科层的政治经济学/盖瑞·J.米勒著
制度、制度变迁与经济绩效/道格拉斯·C.诺思著
财产权利与制度变迁/罗纳德·R.科斯等著
市场结构和对外贸易/埃尔赫南·赫尔普曼 保罗·克鲁格曼著
贸易政策和市场结构/埃尔赫南·赫尔普曼 保罗·克鲁格曼著
暴力与社会秩序/道格拉斯·C.诺思等著
社会选择理论基础/沃尔夫·盖特纳著
拍卖理论(第二版)/维佳·克里斯纳著
时间:均衡模型讲义/彼得·戴蒙德著
托克维尔的政治经济学/理查德·斯威德伯格著
资源基础理论:创建永续的竞争优势/杰伊·B.巴尼著
不完全合同、产权和企业理论/奥利弗·哈特等编著
投资者与市场——组合选择、资产定价及投资建议/威廉·夏普著
科斯经济学/斯蒂文·G.米德玛编
自由社会中的市场和选择/罗伯特·J.巴罗著
从马克思到市场:社会主义对经济体制的求索/W.布鲁斯等著
基于实践的微观经济学/赫伯特·西蒙著
企业成长理论/伊迪丝·彭罗斯著
个人策略与社会结构:制度的演化理论/H.培顿·扬著
私有化的局限/魏伯乐等著
企业制度与市场组织——交易费用经济学文选/陈郁编
所有权、控制权与激励——代理经济学文选/陈郁编

财产、权力和公共选择/A.爱伦·斯密德著
经济利益与经济制度——公共政策的理论基础/丹尼尔·W.布罗姆利著
产业组织/乔治·J.施蒂格勒著
宏观经济学:非瓦尔拉斯分析方法导论/让-帕斯卡·贝纳西著
演化博弈论/乔根·W.威布尔著
一般均衡的策略基础:动态匹配与讨价还价博弈/道格拉斯·盖尔著
资产组合选择与资本市场的均值—方差分析/哈利·M.马科维兹著
金融理论中的货币/约翰·G.格利著
货币和金融机构理论(第1卷、第2卷)/马丁·舒贝克著
家族企业:组织、行为与中国经济/李新春等主编
资本结构理论研究译文集/卢俊编译
企业、合同与财务结构/哈特著
环境与自然资源管理的政策工具/托马斯·思德纳著
环境保护的公共政策/保罗·R.伯特尼等著
生物技术经济学/D.盖斯福德著